U0785573

商务印书馆文库

THE COMMERCIAL PRESS LIBRARY

汉语语法史

王力 著

商务印书馆
创于1897 The Commercial Press

图书在版编目(CIP)数据

汉语语法史/王力著. —北京:商务印书馆,1989. 4
(2024. 8 重印)
(商务印书馆文库)
ISBN 978 - 7 - 100 - 02808 - 0

Ⅰ. ①汉… Ⅱ. ①王… Ⅲ. ①汉语史-语法
Ⅳ. ①H14 - 09

中国版本图书馆 CIP 数据核字(2016)第 257102 号

权利保留,侵权必究。

商务印书馆文库
汉语语法史
王 力 著

商 务 印 书 馆 出 版
(北京王府井大街 36 号 邮政编码 100710)
商 务 印 书 馆 发 行
北京市白帆印务有限公司印刷
ISBN 978 - 7 - 100 - 02808 - 0

1989 年 4 月第 1 版 开本 880×1230 1/32
2024 年 8 月北京第 8 次印刷 印张 12¾
定价:42. 00 元

《商務印書館文庫》編纂大意

本館自 1897 年始創,即着意譯介西學,編纂課本,以昌明教育、開啓民智爲務。

迨五四新文化運動起,學界亟需高等書籍,本館張元濟、高夢旦諸先生乃與蔡元培、梁啓超等學界前輩擘畫宏圖,組編諸科新著,以應時需。是爲本館出版學術著作之始。

爾後數十年,幸賴海内外學人伐山開闢,林林總總,斐然可觀。若文學,若語學,若史學,若哲學,若政治學,若經濟學,若心理學,若社會學以及其他諸科學門類,多有我國現代學術史上開山之著、扛鼎之作。學術著作的出版使本館進一步服務於中國現代教育事業的培植穌民族新文化的搆築,而分享中國學界的歷史光榮。

五十年代以後,本館出書雖以迻譯世界名著、編纂中外辭書爲先,而學術著作的出版亦未曾終止。近年來已先後有多種問世,今後擬更擴大規模,廣征佳作,以求有爲於未來中國文化的建樹。

轉瞬百年。同人等因念本館素有輯印各種叢書的傳統,乃議無論舊著新書,凡足以反映某一時期學術思潮、某一流派學術觀點、某一學科新的建樹、某一問題新的方法以及其他足資長期參閱的作品,均擬陸續選匯爲《商務印書館文庫》而存録之,俾有益於文化積累而取便學林。顧兹事體大,難免力不從心,深望各界讀者、學界通人共襄助之。

商務印書館編輯部

1997 年 10 月

目　　録

第一章　概述

語法是具有很大的穩定性的。數千年來,即有史以來,漢語語法是變化不大的。它靠着數千年維持下來的某些語法特點和以後發展出來的一些特點,以自别於其他的語言。

詞序的固定是漢語語法穩定性的最突出的一種表現。主語在謂語前面,修飾語在被修飾語前面,動詞在賓語前面,數千年如一日。有人分析過甲骨文的語法①,發現它的詞序和現代漢語的詞序基本上是一致的。在上古的全部典籍中,我們也可以看到這一事實。

下面是《論語》裏的兩個例子:

子見南子,子路不説。(雍也)

子在齊聞韶,三月不知肉味。(述而)

這兩句話的語音,當然變化很大了。在詞彙方面也有一些變化。例如現代不説"説"(悦),而説"高興";不説"聞",而説"聽見"。至於"韶"這個名詞,在現代漢語裏也根本用不着了。但是從語法上説,可以説没有什麼變化;現代還是用同樣的詞序,同樣的結構方式。

漢語的虚詞也有相當大的穩定性。"之"、"於"、"與"、"以"、"而"、"則"、"雖"、"若"、"如"等字,直到今天還在書

① 參看管燮初《殷虚甲骨刻辭的語法研究》。1953年中國科學院出版。

面語言中應用着;有些在口語裏還没有替身。例如“三分之一”的“之”,“爲祖國語言的純潔和健康而鬥争”的“而”,這些都是口語和書面語一致的虚詞,而它們正是數千年前傳下來的。

另一方面,漢語語法的穩定性還可以從各地方言的比較中看出來。漢語方言經過數千年的分化,語音上和詞彙上的差别相當大;但是,各地方言的語法可以説基本上是一致的。北京人説“貓比狗小”,廣州人説“貓細過狗”;北京人説“我給他十塊錢”,廣州人説“我俾十個銀錢佢”。這種語法差别不但是細微的,而且是少見的。各地方言語法的統一性體現着漢民族共同語的存在,同時也就證明瞭漢語語法的極大的穩定性,因爲盡管語音和詞彙的變化越來越大了,而語法總是幾千年來一脈相承的。

但是我們不能在語法的極大穩定性中得出語法是不變化的結論。在歷史發展過程中,語法“逐漸發生變化,它逐漸改進着,改良和改正自己的規則,用新的規則充實起來。”①

漢語雙音詞的發展,是漢語語法發展的一大特點。雙音詞歷代都有增長,“五四”運動以後,增長得更快。雙音詞的發展是對語音簡單化的一種平衡力量。由於漢語語音系統逐漸簡單化,同音詞逐漸增加,造成信息傳達的障礙,雙音詞增加了,同音詞就減少了,語音系統簡單化造成的損失,在詞彙發展中得到了補償。雙音詞的發展,是構詞法的問題。因此也可以説,在語法發展中得到了補償。

① 斯大林《馬克思主義與語言學問題》,人民出版社譯本,第23頁。

漢語動詞的情貌(aspect)的產生,是漢語語法的一大發展。動詞有了情貌,語法的規則就更加充實了。詞尾"了"字表示時點,"着"字表示時面。"了"字表示完成貌,"着"字表示進行貌。單就這兩種情貌來說,已經體現了漢語語法上的嚴密化。

漢語處置式的產生,也是漢語語法的一大發展。"把"字句把賓語提到動詞的前面,突出了處置的對象,是把處置的行爲加以强調,有利於思想的表達,這也是漢語語法的一大進步。

補語的發展,也是漢語語法的一大發展。在古代用兩句話才能表達的意思,後代用一句話就可以表達出來了,不但省了時間,而且意思表達的更清楚。例如"諕得一身冷汗"(《宣和遺事》亨集)、"怎麽他說了,你就依的比聖旨還快些?"(《紅樓夢》第8回)這樣的句子不是比古文更生動、更形象、更能充分表達説話人的情感嗎?

量詞的發展,名詞、代詞的詞尾的產生,也都表現了漢語語法的嚴密化。

總之,漢語語法的發展,是朝着嚴密、充實、完全方面發展的。這是社會文化發展的一個方面,所以值得我們深入研究,總結出一些發展的規律來。

第二章　名詞

關於上古漢語名詞的形態，還没有人進行過全面的研究。據我們初步觀察，上古名詞的前面往往有類似詞頭的前附成分，例如“有”字。它經常是加在國名、地名、部落名的前面，如“有虞”、“有扈”、“有仍”、“有莘”、“有熊”、“有庳”等。在《尚書》裏，這一類例子是很多的。現在試舉幾個例子：

何憂驩兜，何遷乎有苗？（皋陶謨）

有夏多罪，天命殛之。（湯誓）

殷既墜厥命，我有周既受。（君奭）

有殷受天命惟有歷年。（召誥）

普通名詞的前面，也有加“有”字的。下面是《尚書》的一些例子：

予欲左右有民，汝翼。（益稷）

盤庚遷於殷，民不適有居。（盤庚）

有王雖小，元子哉！（召誥）

下面是《詩經》的一些例子：

摽有梅，其實七兮。（召南・摽有梅）

發彼有的。（小雅・賓之初筵）

豺虎不食，投畀有北；有北不受，投畀有昊。（小雅・巷伯）

下面是其他書的一些例子：

友於兄弟，施於有政。（論論・爲政）

及有夏孔甲，擾於有帝。（左傳・昭公二十九年）

我們很難由此得出結論説一切名詞都能具備這種形態。不過某些名詞卻總是和“有”字黏在一起。例如“衆”字可能是奴隸的通稱,《尚書》裏常常把“衆”説成“有衆”。例如:

今爾有衆……(湯誓)

有衆率怠弗協。(同上)

乃正厥位,綏爰有衆。(盤庚)

簡孚有衆。(吕刑)

除了“有”字之外,還有“於”字和“句”字,見於“於越”和“句吳”。例如:

於越入吳。(春秋·定公五年)

太伯之奔荆蠻,自號句吳。(史記·吳大伯世家)①

古人以爲這是外族語言裏專有的“發聲”。那也是有一定的根據的。

總之,假定上古時代名詞是有詞頭的話,它的規則還是不能十分確定的。到了戰國以後,除了仿古之外,就不再有這一類的詞頭了。

到了漢代,産生了一個新的詞頭“阿”字。“阿”本是歌部字,在上古念[ai],中古念[a]。現代於“山阿”的“阿”念[ə],於詞頭的“阿”念[a],這個分别是上古和中古所没有的。可以説,現代詞頭“阿”字保存了古音,山阿的“阿”字的讀音則跟着一般歌韻字發展了。

詞頭“阿”字最初用作疑問代詞“誰”字的詞頭(阿誰),而“阿誰”可能是從“伊誰”變來的。“伊誰”在《詩經》裏已經

① 《史記·吳太伯世家》索隱:“顔師古注《漢書》,以吳言‘句’者,夷之發聲,猶言‘於越’耳。”

出現了。例如：

有皇上帝，伊誰雲憎！（小雅·正月）

伊誰雲從？惟暴之雲。（小雅·何人斯）

到了漢代以後，“伊誰”變了“阿誰”。例如：

道逢鄉里人，家中有阿誰？（漢樂府·十五從軍征）

羹飴一時熟，不知貽阿誰？（同上）

向者之論，阿誰爲失？（三國志·蜀志·龐統傳）

從此以後，“阿”字的用途也擴大了，它不但可以作人名和親屬稱呼的詞頭，也可以作人稱代詞的詞頭。它作爲人名的詞頭是從小字（小名）開始的。《漢武故事》説漢武帝的後小字“阿嬌”，這還不一定靠得住，因爲《漢武故事》是僞書。但是曹操小字阿瞞，劉禪小字阿鬥，總算是可靠的。現在我們再舉幾個作爲人名詞頭的例子：

見阿恭，知元規非假。（世説新語·雅量）

阿連才悟如此。（南史·謝靈運傳）

忽出唤曰：“阿鼠！”子文不覺應曰：“諾！”（法苑珠林）

作爲親屬稱呼的詞頭的有下面幾個例子：

阿翁詎宜以子戲父？（世説新語·排調）

阿爺無大兒，木蘭無長兄。（木蘭辭）

阿奴①火攻，固出下策耳。（晉書·周顗傳）

阿婆，佛法言有福生帝王家。（南史·齊本紀下·廢帝鬱林王紀）

隆昌之末，阿戎②勸吾自裁。（南史·王思遠傳）

① “阿奴”指弟。一説“阿奴”是尊輩對卑輩時用的，適用於男和女。

② 胡三省《通鑑》注：“晉宋間人多呼從弟爲‘阿戎’，至唐猶然。”

孝琬呼阿叔。帝怒曰："誰是爾叔?"(北史河間王孝琬傳)

作爲人稱代詞的詞頭,有下面幾個例子:

阿你酒能昏亂,吃了多饒啾唧。(王敷茶酒論)

鴝鵒隔門遥唤:阿你莫漫輸藏。(燕子賦)

登阿儂孔雀樓。(異苑·鬼仙歌)

現在北京話裏的詞頭"阿"少見,只有受方言影響的"阿姨"、"阿婆"等。粤方言詞頭"阿"還可以用在姓氏的前面,如"阿王"、"阿劉";又用在排行的前面,如"阿三"。

詞頭"老"字來源於形容詞"老"字,最初是表示年老或年長的意思。後來由這種形容詞"老"字逐漸虚化爲詞頭。詞頭"老"字可以用於人和動物兩方面。這兩種"老"字都是在唐代産生的。

某些稱謂之前可以加詞頭"老"字,如"老姊"、"老兄"。這些都見於唐代的史料。《晉書·郭奕傳》:"大丈夫豈當以老姊求名?"這種"老"字不像是表示年長的意思,而僅僅是一個詞頭。後來一直繼承着這種用法。現在只舉出《儒林外史》裏的例子:

匡超人走到跟前,請教了一聲"老客",拱一拱手。(第十七回)

原來是老弟!幾時來的?(同上)

那人見牛玉圃,嚇了一跳,説道:"原來是老弟!"牛玉圃道:"原來是老哥!"(第二十二回)

姓上加"老",好像是起源很早,如《論語·述而》:"竊比於我老彭。"但是"老彭"無論是指兩個人(老子和彭祖)或指一人(殷賢大夫),"老"字都不能算是詞頭。姓上加"老",實際上是起於唐代。白居易《戲贈元九李十二》詩:"每被老元偷格律。"老元就是指元稹。後來這種用法也一直沿用下來。

例如：

包貴善畫虎，名聞四遠，號爲老包。（元夏文彥圖繪寶鑑）

老戴，忘其名，吳郡崑山人。（同上）

這潑魔這般眼大，看不見老孫。（西遊記第二回）

既然姓上可以加"老"，名字上也就有可能加"老"了。就現在所看到的史料來看，名字上加"老"比姓上加"老"晚些，最初見於宋代的史料。例如：

老可能爲竹寫真，小坡今與竹傳神。（蘇軾題過所畫枯木竹石詩）（可，指文與可；坡，指軾子過。）

快讀老坡秋望賦。（範成大詩）

（坡，指蘇東坡。）

排行上加"老"起源最晚。中古於排行只用"阿"，如今粵語。例如《南史·臨川王傳》："阿六，汝生活大可。"到什麼時候纔可以用"老"字呢？現在還没有研究清楚。不過至少在清代已經可以這樣用了。現在只舉出《儒林外史》的一些例子：

趙氏有個兄弟趙老二在米店裏做生意。（第六回）

楊執中定睛看時，便是他第二個兒子楊老六。（第十一回）

阿叔道："好呀！老二回來了。"（第十六回）

潘三出去看時，原來是開賭場的王老六。（第十九回）

龍老三，你又來做甚麼？（第二十九回）

"老婆"、"老師"的"老"，最初都不是詞頭。到了宋元時代，妻子也可以稱"老婆"了，這時，"老"字才變成了詞頭。例如：

時運來時，買莊田，取老婆。（宋吳自牧夢粱録）

家中有錢財，有糧食，有田土，有金銀，有寶鈔，則少一個標標致

致的老婆。(元曲秋胡戲妻)

我兩個不曾娶老婆哩。(同上,兒女團圓)

"老師"出現很早,《史記·孟子荀卿列傳》:"齊襄王時,而荀卿最爲老師。"但是這個"老"字只表示年輩最尊的意思,而不是詞頭。到了宋代以後,"老師"的"老"才真正變成了詞頭。例如:

屬句有夙性,説字驚老師。(金元好問示姪孫伯安詩)

兩人見是老師的位,恭恭敬敬,同拜了幾拜。(儒林外史第七回)

動物的名稱上加詞頭"老"字,唐代也已經有了。例如:

我今日形容,正是汝老鼠所爲。(南史·齊宗室傳)①

大蟲老鼠,俱爲十二屬。(唐劉納言諧噱録)②

到了宋代,虎也可以稱"老虎"。例如王惲詩:"眈眈老虎底許來,抱不踞坐何雄哉!"烏鴉也可以稱"老鴉",例如陶谷《清異録》:"巴陵陳氏累世孝謹,鄉里以老鴉陳目之。謂烏鴉能反哺之。"現代方言(如吳語和一部分粵語)也稱烏鴉爲"老鴉"。

現在談談名詞詞尾的産生及其發展。

詞尾"子"字比詞尾"兒"字産生得早。當然,要把詞尾"子"字和非詞尾"子"字區别開來是相當困難的。就現代普通話來説,鑒定詞尾的主要標準是輕聲,但是古代的史料並没有把輕聲記録下來。現在我們只能憑意義來看它是不是詞尾。有六種"子"字不應該認爲是詞尾:第一,是兒子的"子"。

---

① 《南史》,唐李延壽著。

② 舊題朱揆著。

例如《詩・小雅・斯干》:"乃生男子……乃生女子。"其中的"男子"、"女子"實在等於説"男兒子"、"女兒子"。第二,是作爲尊稱的"子",如"夫子"、"君子"。第三,是指禽獸蟲類的初生者,如"虎子"(後漢書・班超傳:"不入虎穴,不得虎子。")"龍子"、"蠶子"。第四,是指鳥卵,如"雞子"、"鳳子"。第五,是指某種行業的人,如"舟子"、"漁子"。第六,是指圓形的小東西,如《史記・高祖本紀》:"左股有七十二黑子。"

但是,在某些情況下,我們就不容易斷定了。例如:

童子佩觿。(詩・衛風・芄蘭)

胸中正,則眸子了焉。(孟子・離婁上)

又聞項羽亦重瞳子。(史記・項羽本紀)

鄉者夫人兒子皆以君。(漢書・高帝紀)

拜請百福,賜我喜子。(易林)

因此,我們至少可以説,在上古時代,"子"字已經有了詞尾化的跡象。特别是像《禮記・檀弓下》"使吾二婢子夾我"(疏:"婢子,妾也。"),只有把"子"字認爲詞尾,才容易講得通。《釋名・釋形體》:"瞳子,子,小稱也。"小稱就是它的詞尾化的基礎。

魏晉以後,到了中古時代,詞尾"子"字逐漸普遍應用起來了。例如:

谷上有石子,紫色。(晉葛洪神仙傳・介象)

(以上晉代)

凡五穀種子,浥鬱則不生。(後魏賈思勰齊民要術》

在馬坊教諸奴子書。(北齊魏收魏書・温子昇傳)

(以上南北朝)

崔行功與敬播相逐,播帶櫚木霸刀子。(隋侯白啓顔録)

快牛爲犢子時,多能破車。(唐房玄齡晉書·石季龍載記上)
何物漢子? 我與官,不肯就。(唐李百藥北齊書·魏蘭根傳)
可憐青雀子,飛來鄴城裹。(同上,神武帝本紀下)
今本無上書年月日子。(唐李延壽南史·劉子遴傳)
之才爲剖得蛤子二,大如榆莢。(北史·徐之才傳)
貴妃放康國猧子於坐側。(唐段成式酉陽雜俎)
俗謂之嫁茄子。(同上)
道士脱衣,以刀子削之。(唐李復言續玄怪録·杜子春)
案上有一小帖子,曰:"錢三萬貫,乞不問此獄。"(唐張固幽閒鼓吹·張延賞)
不得諸道金銅茶籠子。(同上,崔遠)
因命取玉龍子以賜。(唐鄭處明皇雜録)
客户有一小宅子。(唐薛調無雙傳)
氈車子十乘下訖。(同上)
汝於東北舍閤子中紫玉下,取書送郎君。(同上)
至第三車子,果開簾子。(同上)
蘇姑子作好夢也來?(唐蔣防霍小玉傳)
忽見自門抛一斑屏鈿花合子。(同上)
楊枝晨在手,豆子雨已熟。(杜甫别贊上人詩)
泥融飛燕子,沙暖睡鴛鴦。(杜甫絶句)
小片慈菇白,低叢柚子黄。(元稹景申秋詩)
莫抛破笠子,留作敗天公。(李羣玉嘲賣藥翁詩)
一騎紅塵妃子笑,無人知是荔枝來。(杜牧過華清宫絶句)
未戴柘枝花帽子,兩行宫監在簾前。(王建宫詞)
纏得紅羅手帕子,當心香畫一雙蟬。(同上)
(以上隋唐)
詔近侍宫人皆服衫子,亦曰半衣。(後唐馬縞中華古今注)

北齊有長帽、短鞾、合袴、襖子。(後晉劉昫舊唐書·輿服志)

賊平之後,方見面子。(舊唐書·張濬傳)

驢子今日偶來不得。(五代範資玉堂閒話)

遂襟帶間解一琥珀合子。(南唐沈汾續仙傳·元柳二公)

時舉子率以白紙糊案子。(南漢王定保唐摭言·鄭光業)

(以上五代)

宫中號娘子,儀禮與皇后等。(歐陽修新唐書·貴妃楊氏傳)

臨民訟,以骰子擲之,而勝者爲直。(歐陽修新五代史·吳越世家)

好道秦郎供帖子,盡驅春色入毫端。(蘇軾詩)

劄子,猶堂帖也。(宋徐度卻掃編)

即以釵子插冠中。(宋孟元老東京夢華録)

家家無酒,拽下望子。(同上)

或戲謂此二詩乃落葉及柳謎子。(宋胡仔苕溪漁隱詩話)

居民目爲蜆子和尚。(宋釋普濟五燈會元)

天平船子過華亭。(範成大詩)

指笛竅問曰:"何者是浣溪沙孔子?"(宋孫光憲北夢瑣言·孔緯)

患蜀人鐵錢重,不便貿易,設質劑之法……謂之交子。(宋史·食貨志)

户部司郎錢端禮被旨造會子。(同上)

(以上宋代)

一切都可以證明,在中古時代,名詞詞尾"子"字已經很發達了,并且它有構成新詞的能力。"交子"是我國紙幣的開始,"會子"是後來另一種鈔票,這些新詞都由詞尾"子"字來構成。

詞尾"兒"字的起源比詞尾"子"字晚些。

“兒”的本義是小兒(説文:“兒,孺子也。”),因此,凡未脱離小兒的實際意義的字都不能認爲是詞尾。例如:

黄須兒竟大奇也。(三國志·魏志·任城威王彰傳)

何物老嫗,生寧馨兒!(晉書·王衍傳)

有些“兒”字雖不用本義,但是表示舊社會所謂下等人(如“侍兒”)或不道德的人(如“偷兒”),也不算詞尾。例如:

從史嘗盜愛盎侍兒。(史記·袁盎鼂錯列傳)

偷兒!青氈我家舊物。(晉書·王獻之傳)

“兒”字用作詞尾,是從“小兒”的意義發展來的,可能開始是用作小字(小名)的詞尾。這種用法一直傳到後代。例如:

世祖武皇帝……小字龍兒。(南齊書·武帝紀)

梁高祖武皇帝……小字練兒。(南史·梁本紀上)

昨見羅兒,面顔憔悴。(同上,孝義傳下)

已而有娠,而生敬兒,故初名狗兒。又生一子,因狗兒之名,復名豬兒。宋明帝嫌狗兒名鄙,改爲敬兒,故豬兒亦改爲恭兒。(同上,張敬兒傳)

洛陽人獻給合蒂迎輦花,帝令御車女袁寶兒持之。(唐顔師古隋遺録)

谷兒抹琵琶。(白居易詩)

鄜州籍中有紅兒,善爲音聲。(唐摭言)

雪兒者,李密之愛姬。(北夢瑣言)

克用少驍勇,軍中號曰李鴉兒。(新五代史·唐本紀)

周太祖少賤,黥其頸上爲飛雀,世謂之郭雀兒。(新五代史)

鳥獸蟲類也用“兒”字,但是其中有兩種情況:第一種情況是確指鳥獸蟲類的初生者。例如:

可憐巢裏鳳凰兒。(庾信詩)

代北有豪鷹,生子毛盡赤。渥窪騏驥兒,尤異是龍脊。(杜甫送李校書詩)

衆中見毛骨,猶是麒麟兒。(杜甫奉送魏六丈佑少府之交廣詩)

養得新生鵓鴿兒。(花蕊夫人詩)

病起巢成露鶴兒。(李洞贈二惠大師詩)

第二種情況才是用作詞尾。例如:

蘆筍穿荷葉,菱花罥雁兒。(王維戲題示蕭氏甥詩)

細雨魚兒出,微風燕子斜。(杜甫水檻遣興詩)

驚起沙灘水鴨兒。(李羣玉詩)

平白地湧出一條八爪金龍,把這鴛鴦兒拆散了。(宣和遺事亨集)

飛下一個仙鶴兒來。(宣和遺事亨集)

京師民有似雪浪,盡頭上戴着玉梅雪柳鬧鵝兒,直到鰲山下看燈。(同上)

由於文字上缺乏輕聲的表示(而且當時詞尾不一定就用輕聲),我們在古書上不容易劃清這兩種情況的界限。

"孩兒"的"兒"也不一定是詞尾。可能像"嬰兒"一樣,"兒"字有它的實在意義。例如:

一雙前進士,兩個阿孩兒。(唐摭言)

至今洛中人呼應天禪院爲香孩兒營。(孔平仲談苑)

鄜州田氏作泥孩兒名天下。(陸游老學庵筆記)

彭祖尚年八百歲,陳郎猶是小孩兒。(宋錢易南部新書)

至於無生之物,或雖有生而無所謂初生者,"兒"字的詞尾性就非常明顯了。例如:

小車兒上看青天。(邵雍小車吟)

船兒傍舷回。(梅堯臣詩)

深注脣兒淺畫眉。(蘇軾詩)

又以油面糖蜜造爲笑靨兒。(東京夢華録)

皆以新葫蘆兒爲遺。(同上)

枕前淚與階前雨,隔個窗兒滴到明。(北夢瑣言・徐月英詩)

簾兒下見個佳人。(宣和遺事亨集)

恁的,交(教)你兩口兒完聚如何?(同上)

有一隻曲兒,喚做《賀聖朝》。(同上)

那遊覽之際,肩兒廝挨,手兒廝把,少也是有五千來對兒。(同上)

見那酒店前掛着一個酒望兒。(五代史平話・樑史)

郭威被刺污了斂(臉)兒,思量白淨面皮今被刺得青了。(同上,周史)

如果作一個比較謹慎的説法,應該説詞尾"兒"字是從唐代才開始產生的。

小稱容易發展爲愛稱。但是,就普通話來説,只有"兒"字發展爲愛稱,"子"字没有發展爲愛稱。比較"老頭兒":"老頭子";"小貓兒":"小貓子"。

在開始變爲詞尾的時候,"兒"和"子"不一定都念輕聲。至少是可輕可重,否則没法子把"兒"和"子"放在律詩裏。名詞"兒化"的情況也比較後起,所以詞尾"兒"字能在律詩中獨佔一個音節,甚至於用作韻腳。詞尾"兒"字獨成一個音節,在今天某些方言裏還是這樣,例如杭州和冀南。

名詞"兒化"以後,韻母在一定的條件下受"兒化"的影響。例如"盤兒"變爲[p'ar],"小孩兒"變爲[ɕiauxar],等等。

在現代各地漢語方言中,名詞形態發展情況並不一樣,特别是在"兒"、"子"的問題上。南部方言(粵、閩、客家)基本上維持着上古漢語的情況，很少或完全不用詞尾“兒”和“子”。廣州話只説“刀”，不説“刀子”①；只説“鉸剪”，不説“剪子”；只説“鐵箝”，不説“箝子”；只説“竹”，不説“竹子”；只説“禾”，不説“稻子”；只説“葉”，不説“葉子”。像“筷子”一類的詞，在粵方言裏非常罕見，而且也不普遍；如廣西南部有些地方就只説“筷”，不説“筷子”②。詞尾“兒”字在粵方言裏是絶對不用了③。

吳方言除個别地方（如杭州）外，一般只用詞尾“子”字，不用“兒”字。如蘇州話只説“桃子”，不説“桃兒”。“子”字的應用範圍也比較窄些。例如蘇州只説“繩”，不説“繩子”；只説“剪刀”，不説“剪子”。

除了“子”和“兒”之外，比較常見的詞尾是“頭”字。

首先我們要撇開似是而非的情況。例如“石頭”這個詞的時代很早，今天的南京，在東漢末就稱爲石頭城。但是，“石頭”又稱“石首”，可見“頭”字是有實義的。“碼頭”在唐代就有了，但當時寫作“馬頭”，可見“頭”字仍有實義。像下面所舉的“被頭”、“號頭”、“年頭”，其中的“頭”字都不能算作詞尾：

被頭不煖空沾淚，釵股欲分猶半疑。（唐韓偓惆悵詩）

---

① 廣州有“刀仔”一類的説法。但“刀仔”的意義是“小刀”，並不等於普通話的“刀子”。廣州“仔”念[tʃɐi]，“子”念[tʃi]，也並不同音。

② 也有相反的情況，例如博白話裏有“桃子”、“李子”。但是這種“子”字只用於果名，可見那是開花結子的“子”，並不是詞尾。

③ 廣西博白有“鷄兒”、“豬兒”一類的説法，那只是“小鷄”、“小豬”的意思。博白的“兒”等於廣州的“仔”。

凡役,數萬人曳一大木,千人置號頭,頭一㘞,千人齊和。(舊唐書·薛懷義傳)

乃取年頭月尾,孤經絶句。(新唐書·楊瑒傳)

真正的詞尾應該像下面這些例子:

沔水有物如三四歲小兒……常没水中,出膝頭,小兒不知,欲取弄戲,便殺人。(水經注)

前頭看後頭,齊著鐵鈷鉾。(南朝樑企喻歌辭)

兩邊角子羊門裏,猶學容兒弄鉢頭。(唐張祜容兒鉢頭詩)

願隨仙女董雙成,王母前頭作伴行。(唐項斯送宫人入道詩)

可見詞尾"頭"字的産生,應該是在南北朝。宋元以後,詞尾"頭"字用得更加普遍了。例如:

徒步當車饑當肉,鋤頭爲枕草爲氈。(黄庭堅詩)

歇處何妨更歇些,宿頭未到日頭斜。(楊萬裏山村詩)

一時念頭差了。(京本通俗小説菩薩蠻)

則離得半個日頭。(王實甫西廂記第四本第四折)(半個日頭,半天。)

只見一般的囚徒……卻在晴日頭裏曬着。(水滸傳第二十八回)

只見廚桌上有些雞毛和雞骨頭。(同上,第四十六回)

戴宗撚指間走到跟前看時……有二十副座頭。(同上,第三十九回)

又將那各房頭搬出去的箱籠物件,從頭仔細尋遍。(西遊記第十六回)

牙齒變做門扇,舌頭變做菩薩。(同上,第六回)

"五四"以後,由於西洋語言的影響,現代漢語有了一些新興的名詞詞尾。

首先應該指出一些似是而非的情況。在"工人"、"詩人"

等詞裏,“人”字不能認爲是詞尾。無疑地,“工人”、“詩人”在現代漢語裏都是單詞,不是仂語,但是,它們的搆成方式是和上古“匠人”“穡人”相同的,“人”字也有它的實義。況且《國語·周語》裏已經有“工人”出現(“工人展車”),更無所謂新興的詞尾了。

“主義”也不是詞尾,因爲“主義”可以獨立成爲意義,和西洋詞尾-ism 不同。

“者”字情况稍有不同。古代漢語的“者”字一般只放在動詞和形容詞的後面,如“作者”、“隱者”、“來者”、“老者”、“大者”、“小者”,或者放在敍述性仂語的後面,如“將命者”、“負版者”、“竊鈎者”。至於像“帝國主義者”之類,“者”字放在名詞性仂語的後面,的確是屬於詞尾的性質。

“家”字也有詞尾的性質。中國古代早有“法家”、“名家”之類,但那和今天的“藝術家”、“文學家”之類到底有些不同。“法家”、“名家”的“家”是學派的意思,我們不能説“一個法家”、“一個名家”。可是現在我們説“一個藝術家”、“一個文學家”。不過“藝術家”等的“家”也是從“法家”的“家”發展來的。

真正新興的名詞詞尾是“品”、“性”、“度”等。

“品”字當物品講,是鴉片戰争以後的事。《易·干卦》:“品物流形。”“品”只是衆多的意思。《書·禹貢》:“厥貢惟金三品。”“品”只是種類的意思。“品”字又有等級(品第、品級)的意思。至於“品”字當物品講,則是來自日本。日本人把英語的 things 譯爲“物品”,food 譯爲“食品”,work 譯爲“作品”,production 譯爲“産品”,我們就照様采用了。

“性”字和英語詞尾-ty,-ce,-ness 大致相當。這也是受了日本譯文的影響。日本人把英語的 possibility 譯爲“可能性”,importance 譯爲“重要性”(或“重大性”),impermeability 譯爲“不滲透性”(或“不可滲透性”)等等,我們都采用了。當然我們自己也創造了一些。

“度”字大致相當於英語詞尾-th,如 length 譯爲“長度”,strength 譯爲“强度”等。也有不是-th 的,如 height 譯爲“高度”,speed 譯爲“速度”等。這也是受了日本譯文的影響。

應該指出,“度”字這個詞尾的産生是比較晚的。大致在二十世紀二十年代以前,它還没有産生,這是可以從當時出版的英漢字典(例如《英華合解辭彙》)得到證明。

第三章　稱數法　單位詞

漢語稱數法是十進制：十十爲百，十百爲千，十千爲萬。萬數以上，有億、兆、京、垓、秭等等。這些數有三種稱數法：下數以十萬爲億，十億爲兆，十兆爲京，十京爲垓，十垓爲秭；中數以萬萬爲億，萬萬億爲兆，萬萬兆爲京，萬萬京爲垓，萬萬垓爲秭；上數以億億爲兆，兆兆爲京，京京爲垓，垓垓爲秭。現在通行的説法是百萬爲兆（下數），萬萬爲億（中數）。

此外還有一些特別稱數法。例如十日爲一旬（《書·堯典》："朞三百有六旬有六日。"）；十二年爲一紀（《書·畢命》："既歷三紀。"），又一千五百年爲一紀（《史記·天官書》："五百載大變，三大變一紀。"）；三十年爲一世（《論語·子路》："如有仁者，必世而後仁。"

有些數目字的意義是古今不同的。玆舉"兩"、"參"、"什"、"佰"、"再"五字爲例。

"兩"字在先秦時代，用來指稱天然成雙的事物，或敵對雙方的人。例如：

髧彼兩髦，實維我儀。（詩·鄘風·柏舟）

我叩其兩端而竭焉。（論語·子罕）

五管在上，兩髀爲脇。（莊子·人間世）

兩涘渚崖之間，不辨牛馬。（同上，秋水）

兩造具備。（書·吕刑）

"兩"字用作狀語時,表示對兩人或兩物施以同一的行爲。例如:

與其譽堯而非桀,不如兩忘而閉其所譽。(莊子·外物)

目不能兩視而明,耳不能兩聽而聰。(荀子·勸學)

漢代以後,一般"二"數都可以稱"兩"了。例如:

二人視事數月,而兩縣皆治。(漢書·薛宣傳)

大將軍王鳳薦慶忌前在兩郡著功迹。(同上,辛慶忌傳)

"參"、"什"、"佰"(伯、百)在上古時代表示分母或倍數①。例如:

先王之制,大都不過參國之一,中五之一,小九之一。(左傳·隱公元年)

夏后氏五十而貢,殷人七十而助,周人百畝而徹,其實皆什一也。(孟子·滕文公上)

周人之俗,治産業,力工商,逐什二以爲務。(史記·蘇秦列傳)

故關中之地於天下三分之一,而人衆不過什三。(同上,貨殖傳)(以上表示分母。)

窺敵觀變,欲潛以深,欲伍以參。(荀子·議兵)

小國寡民,使有什伯之器而不用。(老子)

或相倍蓰,或相什百。(孟子·滕文公上)

日以治之,日不什脩;知以治之,知不什益。(墨子·尚賢中)

今有人於此,什子,子能什譽之而一自譽乎?(墨子·公孟)(以上表示倍數。)

凡在二物上面加上一人,湊成三個,也叫做"參"。

吾與日月參光。(莊子·在宥)

---

① 有個別例外,因爲"參"、"什"、"佰"只在寫法上與"三"、"十"、"百"有分別,所以用法上容易混同。

擬於舜禹,參於天地。(荀子·不苟)
則通於神明,參於天地矣。(同上,儒效)
君子者,天地之參也。(同上,王制)
功參天地,澤被生民。(同上,臣道)
天有其時,地有其財,人有其治,夫是之謂能參。舍其所以參,而願其所參,則惑矣。(同上,天論)
明參日月,大滿八極,夫是之謂大人。(同上,解蔽)
積善而不息,則通於神明,參於天地矣。(同上,性惡)

"再"字在上古時代用作數詞,表示"兩次"。例如:

五歲再閏。(易·繫辭上)
一再則宥,三則不赦。(國語·齊語)
季文子三思而後行。子聞之,曰:"再,斯可矣。"(論語·公冶長)
一呼而不聞,再呼而不聞,於是三呼耶?(莊子·山木)
吾再逐於魯。(同上)
一歲而再獲之。(荀子·富國)
既馳三輩畢,而田忌一不勝而再勝。(史記·孫子吳起列傳)

到了唐代(或較早),"再"字發展爲一種新的意義(舊義同時沿用),表示"第二次",仍是數詞。例如:

朝廷雖無幽王禍,得不哀痛塵再蒙。(杜甫冬狩行)
寺憶新游處,橋憐再渡時。(杜甫後游修覺寺)

直到近代(大約在明代或較早),"再"字才發展爲副詞,表示"又一次"。

零數的表示,也有多次變化。

在最初的時候(春秋時代以前),"十"被認爲是整數,"十"以上是零數。因此,"十"的後面要插進一個"有"字。在殷虚卜辭中,寫作"㞢"(有)或"又"。例如:

俘人十㞢六人。

自今十年㞢五。

旬㞢二日。

十犬又五犬。

十月又一月。

在《書經》裏更爲嚴格。"十"和零數中間必須加上"有"字，全書没有例外。例如：

十有一月朔巡守，至於北岳。（舜典）

肇十有二州，封十有二山。（同上）

惟十有二祀，王訪於箕子。（洪範）

肆高宗之享國五十有九年。（無逸）

如果有百數，"百"和"十"之間也要加"有"字。例如：

朞三百有六旬有六日。（書·堯典）

到了春秋、戰國時代，雖然也有人沿用這種"有"字，例如：

吾十有五而志於學。（論語·爲政）

孔子行年五十有一而不聞道。（莊子·天運）

吾求之於陰陽，十有二年而未得。（同上）

卽去大梁百有二十裏耳。（荀子·强國）

但是，就在同一部書裏，也没有處處都依照這個規則。例如：

今臣之刀十九年矣。（莊子·養生主）

以姦者七十二君。（同上，天運）

鼓之，二十五弦皆動。（同上，徐無鬼）

三年之喪，二十五月而畢。（荀子·禮論）

可見當時一般口語已經不用這種"有"字了。

後代所謂"零"，和上面的"有"字的概念完全不同。"零"是零位的意思，如"一百零八"，"三千零五十六"等等。

這種"零"字是近代才有的。上古時代直到中古時代,都不用"零"字。例如:

初入元,百六陽九。(漢書·律歷志)

十纏九十八結,爲百八日煩惱。(智度論)

冬至後一百五日爲寒食。(荆楚歲時記)

至於孝平,郡國百三,縣邑千四百八十七。(後漢書·郡國志序)

於是乃以桃一一擲上,正得二百二顆。(神仙傳·張道陵)

零位的表示,首先是從數學上的演算開始的。因爲演算時用籌(即數碼),碰到有零位的數字,用筆寫下來的時候,容易引起差錯,所以創造一種"〇"號代表零位,例如6020作六〇二〇。"〇"號的應用,最早見於宋代數學家的著作中①。但是在當時的書面語言裏還是不用"零"字來表示。《三國志平話》:"展開看之,乃二百單五年。"用"單"不用"零"。《水滸傳》也只稱"一百單八將",不稱"一百零八"。後來《紅樓夢》第一回才説女媧氏煉成頑石"三萬六千五百零一塊"。可見稱數法的"零"字是近代才産生的。

"一"字在"十"、"百"、"千"、"萬"的前面,在上古時代常常是不説出來的。例如:

歲星出,東行十二度,百日而止,反逆行。(史記·天官書)

填星出百二十日而逆西行,西行百二日反東行。(同上)

一龠容千二百黍。(漢書·律歷志)

權與物均重萬一千五百二十銖。(同上)

序數,在上古時代不用"第"字。月的序數如"二月"、"八

① 參看錢寶琮《古算源考》7頁、83頁。

月”、“十二月”等，至今不用“第”字。其他序數，現代用“第”字的，古代也不用“第”字。例如：

一，五行：一曰水，二曰火，三曰木，四曰金，五曰土。（書·洪範）

二，五事，一曰貌，二曰言，三曰視，四曰聽，五曰思。（同上）

“第”字最初是個名詞（次第），表示功勳的名次，或爵位的位次。例如：

平陽侯曹參身被七十創，攻城略地，功最多，宜第一。（史記·蕭相國世家）

於是孝文帝乃以絳侯勃爲右丞相，位次第一；平徙爲左丞相，位次第二。（史記·陳丞相世家）

“第”字真正用作序數的詞頭，大約在晉代以後（或較早）[①]。例如：

尚書郎正用第二人。（世說新語·方正）

我何如卿第七叔？（同上，品藻）

七試者：第一試，昇到門不爲通；第二試，使昇於草中守黍驅獸；……（神仙傳·張道陵）

第一塚者，昔有真人骸骨，今乃已得人形。第二塚見有仙衣一對，道經一函。第三塚有玉液丹。（十二真君傳）

可於西市東壁南第三店爲我買魚作鱠。（仙傳拾遺）

乃雲是第五洞寶仙九室之天。（原仙記）

今此第二十二寶亦不久留於人間。（仙傳拾遺）

兄弟排行也是序數。上古時代有伯、仲、叔、季。“伯”是老大，“仲”是老二，“叔”是老三，“季”是老四。“孟”也是老

---

① 先秦諸子每篇標題，往往標爲某某第一，某某第二。這恐怕是後人所加，不足爲據。

大,"季"也可能是老三。到了唐代以後,兄弟排行復雜起來了,堂兄弟也可以同排行,所以改用數目字。例如:

斂袂前,問其姓。曰:"姓張。"對曰:"妾亦姓張,合是妹。"遽拜之,問第幾。曰:"第三。"問妹第幾。曰:"最長。"遂喜曰:"今日多幸,遇一妹!"(虬髯客傳)

非一妹不能識李郎,非李郎不能遇一妹。(同上)

三郎令候一娘子、李郎久矣。(同上)

又名武仙郎者問歸舜曰:"君何姓氏行第?"歸舜曰:"姓柳,第十二。"

曰:"柳十二自何許來?"(續玄怪録)

爲足下轉達桂家三十娘子。(同上)

岐王宅裏尋常見,崔九堂前幾度聞。(杜甫江南逢李龜年)

又如杜甫稱高適爲高三十五,稱岑參爲岑二十七,白居易稱元稹爲元九,韓愈稱張籍爲張十八等,不勝枚舉。

排行第一的"一"(如《虬髯客傳》的"一妹"、"一娘子"),通常説成"大"。例如:

宿業師山房期丁大不至。(孟浩然詩題)

送王大校書。(同上,詩題)

夏日南亭懷辛大。(孟浩然詩題)

聽董大彈胡笳兼寄語弄房給事。(李欣詩題)

觀公孫大娘弟子舞劍器行。(杜甫詩題)

自河南經亂,關內阻饑,兄弟離散,各在一處。因望月有感,聊書所懷,寄上浮樑大兄,於潛七兄,烏江十五兄,兼示符離及下邽弟妹。(白居易詩題)

這種"大"字一直用到現代,如"大哥"、"大嫂"等等。

* * *

單位詞是名詞的一種,它表示人物的單位,經常和數目字一起用，所以又叫做"量詞"。不同類的事物有不同的單位詞（如馬稱"匹"，車稱乘），所以又叫做"類別詞"（classifiers）。單位詞主要有兩種：第一種是度量衡單位，如"尺、寸"，"昇、鬥"，"斤、兩"等；第二種是天然單位，如"個"、"只"、"張"、"枚"等。第一種是一般語言都具備的；第二種是東方語言（包括日本語）所特有的。

第二種單位詞又可細分爲兩類：第一類是表示人物單位的，如"個"、"只"、"匹"、"張"等；第二類是表示行爲單位的，如"次"、"回"等。第二類産生的時代要比第一類晚得多。

我們先談人物單位，然後再談行爲單位。

在上古漢語裏，人物數量的表示，可以有三種方式。第一種方式是最常見的，就是數詞直接和名詞結合，數詞放在名詞的前面，不用單位詞。例如：

一人有慶，兆民賴之。（書·吕刑）　有美一人，清揚婉兮。（詩·鄘風·野有蔓草）

二十有八載，帝乃殂落，百姓如喪考妣，三載四海遏密八音。（書·舜典）

一言以蔽之。（論語·爲政）

我亦欲正人心，息邪説，距詖行，放淫辭，以承三聖者。（孟子·滕文公下）

人皆有七竅，以視、聽、食、息。（莊子·應帝王）

第二種方式在上古是比較少見的，就是把數詞放在名詞的後面，不用單位詞。例如：

越翼日戊午，乃社於新邑，牛一，羊一，豕一。（書·召誥）

齊爲衛政，伐晉冠氏，喪車五百。（左傳·哀公十五年）

有虞氏官五十，夏后氏官百。（禮記·明堂位）

漢王聽其計,使盧綰、劉賈將卒二萬人,騎數百,渡白馬津。(史記・高祖本紀)

召所從食漂母,賜千金,及下鄉亭長錢百。(漢書・韓信傳)

第三種方式也是比較少見的,就是把數詞放在名詞的後面,並帶單位詞。例如:

用賚爾秬鬯一卣,彤弓一,彤矢百。盧矢百,馬四匹。(書・文侯之命)

囚蔡叔於郭鄰,以車七乘。(同上,蔡仲之命)

不稼不穡,胡取禾三百廛兮!(詩・魏風・伐檀)

皆賜玉五瑴,馬三匹。(左傳・莊公十八年)

萊人使正輿子賂夙沙衛以索馬牛皆百匹。(同上,襄公二年)

子產以幄幕九張行。(同上,昭公十三年)

負服矢五十個。(荀子・議兵)

如果是度量衡單位,就必須用第三種方式。例如:

當秦之隆,黃金萬鎰爲用。(戰國策・秦策)

漢王賜良金百鎰,珠二鬥。(史記・留侯世家)

令民入米六百斛爲郎。(漢書・王莽傳下)

有時候,名詞省略了,就只剩數詞和單位詞,這種單位詞往往是表示度量衡單位的。例如:

養弟子以萬鍾。(孟子・公孫醜下)

郡守,秦官,掌治其郡,秩二千石。(漢書・百官公卿表上)

漢語的單位詞起源很早。在殷墟卜辭中,我們能看見的單位詞就有“丙”(“馬五十丙”)、“朋”(“貝十朋”)、“卣”(“鬯三卣”)、“昇”(“鬯二昇”)。但是,這些單位詞只限於度量衡單位（昇）[1]、容量單位（卣）和集體單位（十貝爲朋，若干馬爲丙），還没有天然單位如“匹”、“張”等。

原始的天然單位表示法是在數詞後面重復同樣的一個名詞，例如殷虚卜辭中所見：

羌百羌。

人十㞢六人。

玉十玉。

直到西周金文中還存在着這種結構方式。例如：

田十田。

孚人萬三千八十一人。孚馬□匹，孚車卅兩，孚牛三百五十五牛，羊卅八羊。

在先秦時代，度量衡制度建立以後，出現了許多度量衡單位詞，如“丈”、“尺”、“寸”、“昇”、“鬥”、“石”、“鍾”、“斤”、“鈞”、“鎰”等，但是，表示天然單位的單位詞還是很少的。據我們所知，只有“匹”、“乘”、“兩”（指車和屨）、“張”（指幄幕）、“個”（指矢）等極少數的幾個字。我們可以説，表示天然單位的單位詞在先秦已經萌芽了，但真正的發達還在漢代以後。漢代就有許多新興的單位詞。例如：

木器髤者千枚。（史記・貨殖列傳）

關東流民二百萬口。（漢書・萬石君傳）

迺賜叔孫通帛二十匹[2]。（史記・叔孫通列傳）

馬、牛、羊、驢、槖駝七十餘萬頭。（漢書・西域烏孫傳）

旃席千具。（史記・貨殖傳）

---

① 殷代的“昇”也可以認爲是容量單位。

② 布匹的“匹”跟馬匹的“匹”不同，故認爲是新興的單位詞。

離宫别館,三十六所。(班固西都賦)

以後歷代單位詞都有增加,不一一列舉。

上面説過,不同類的事物有不同的單位詞。那麽,這些單位詞是怎樣分類的呢?現在把常見的單位詞分别説明如下①:

1. 枚

"枚"字的本義是樹干,引申爲單位詞,樹一棵爲一"枚"。《史記·貨殖傳》正義引釋名:"竹曰個,木曰枚。"但是,在現存的古書中,没有樹一棵爲一枚的例子;"枚"字已經發展爲意義非常廣泛的單位詞。在起初的時候,"枚"字似乎只指無生之物。例如:

木器髤者千枚。(史記·貨殖傳)

中有裹藥二枚。(漢書·外戚傳)

槍二十枚。(墨子·備城門)②

石重千斤以上者九枚。(同上)

請干將鑄作名劍二枚。(吳越春秋)

越王乃使大夫種索……文笥七枚。(同上)

後代一般仍指無生之物。例如:

乃命左右取珊瑚樹……條干絶世,光彩溢目者六七枚。(世説新語·汰侈)

又能吞刀劍數千枚。(神仙傳·孫博)

常煮鷄子十枚以内帳中。(同上,茅君)

谷上有石子,紫色,光緑甚好,大如鷄子,不可勝數。乃取兩枚。

① 關於單位詞的分類,參看劉世儒的《魏晉南北朝量詞研究》。

② 《墨子·備城門》以下諸篇非墨子所作,當係後人所僞託。

（同上，介像）

乃各握棊子十數枚。（神仙感遇傳・羅公遠）

但是，有時候也指稱動物。例如：

太守賜良鰒魚百枚。（東觀漢記）

得魚長一尺者一萬五千枚。（齊民要術）

只，鳥一枚也。（説文解字）

因得病，吐蟲蟲十餘枚。（宋書・顧覬之傳）

只是不能指稱人類①。

2. 箇（個、個）

《説文》："箇，竹枚也。"《史記・貨殖傳》："竹竿萬個。"正義引《釋名》："竹曰個，木曰枚。"

和"枚"字一樣，"箇"（個、個）字發展成爲意義非常廣泛的單位詞②。在起初的時候，"箇"（個、個）字似乎只指無生之物③。例如：

負服矢五十個。（荀子・議兵）

（顔注："個讀曰箇。箇，枚也。"）

鹿皮四個。（國語・齊語）

（韋注：個，枚也。）

① 《墨子・備臨高》："矢高弩臂三尺，用弩無數，出人六十枚。"孫詒讓注："'出'疑當作'矢'，此謂大矢也。"可見不是指人。劉世儒在他的《魏晉南北朝量詞研究》中舉了兩個"枚"字指人的例子，但是他也説當作物來看待。

② 關於"個"字作爲單位詞，問題比較復雜。先秦古書中出現幾處"一個"，如《書・泰誓》"若有一個臣"，《左傳襄公八年》"亦不使一個行李告於寡君"，昭公二十八年"君亦不使一個辱在寡人"等，王引之以爲都是"介"字的別體，這裏不舉爲例。

③ 例外：《國語・吳語》："譬如羣獸然，一個負矢，百羣皆棄。"

到了南北朝以後,“箇”字漸漸可以指動物和人。例如:

且寺内先有數箇猛狗。(王劭舍利感應記別録)

兩箇黄鸝鳴翠柳。(杜甫詩)

天生男女共一處,願得兩箇成翁嫗。(捉搦歌)

3. 只

《説文》,“只,鳥一枚也。”在起初的時候,用來指稱鳥類。例如:

常預炙鷄一只,以綿漬酒中暴干以裹鷄。(世説新語・德行注引謝承後漢書)

石鶴一只。(任昉述異記)

白雉三只又集於平陽。(魏書・世祖紀)

孔雀羣飛……王家恒有千餘只。(同上,鄯善國傳)

同時,也用來指稱本來成雙的事物①。

鳧至,舉羅張之,但得一只舄焉。(後漢書・王喬傳)

棺中無人,但遺一只履而已。(神仙傳)

其人與臣一只履。(洞冥記)

化爲白鵠,至閣前,迴翔欲下。威儀以帚擲之,得履一只。(南康記)

乃賜奔戎珮玉一只。(穆天子傳)

癸巳,至於羣玉之山,於是載玉萬只。(同上)

只是不能指人類②。

4. 頭

“頭”字一般指獸類。例如:

---

① 也許這個用法更早。《公羊傳・僖公三十三年》:“匹馬只輪無反者。”“只”與“匹”並舉,也可以認爲是單位詞。

② 今廣東南部和廣西南部方言對於人也稱“只”,是例外。

獲畜産五萬餘頭。(漢書・昭帝紀)

責單於馬萬匹,牛三萬頭,羊十萬頭。(漢書・王莽傳)

後來鳥類、蟲類也可以稱"頭"。例如:

率民養一豬,雌鷄四頭,以供祭祀。(齊民要術)

昌樂村獲白鳩一頭。(南齊書・祥瑞志)

口中飯盡成大蜂數百頭。(神仙傳)

夢見青蠅數百頭來在鼻上。(魏志・管輅傳)

5. 口

"口"字最初用作人的單位詞。《孟子・梁惠王上》:"八口之家,可以無饑矣。"那個"口"字是一般名詞,不是單位詞,但是單位詞"口"字都是從這裏轉變來的。到了漢代,"口"字就用作單位詞了。例如:

募民徙朔方十萬口。(漢書・武帝紀)

關東流民二十萬口。(同上,萬石君傳)

南北朝以後,"口"字還可以用於家畜,特别是用來指羊。例如:

賜羊千口,帛千匹。(魏書・干什門傳)

寄一婢三奴,驢一頭,羊十口。(神仙傳)

同時,器物有口的東西都可稱"口"。例如:

今促具罌缶數百口。(三國志・吳志・孫静傳)

即賜絹千疋,刀百口。(同上,甘寧傳注引江表傳)

獲大小鐵器九千餘口。(宋書・索虜傳)

水南十裹,有井數百口。(水經注卷三十八)

6. 匹

"匹"字一般用來指馬。例如:

馬四匹。(書・文侯之命)

桓公係馬三百匹。(管子・小匡)

7. 張

"張"的本義是開弓,引申爲弓的單位詞。例如:

寵有强弩數千張。(後漢書・明帝八王傳)

獻其國弓三十張。(三國志・魏志・陳留王傳)

但是,凡可以張開的東西都可以稱"張"。早在《左傳昭公十三年》就有:"子産以幄幕九張行。"後來,"繖(傘)"可以稱"張",如庾信《謝趙王賚馬並繖啓》:"奉教,垂賚紫騮馬並銀釘乘具紫油繖一張。"凡作用在平面者也都可以稱"張"。例如:

絳地縐粟罽十張。(三國志・魏志・東夷倭人傳)

須紙四萬五十四張。(甄鸞笑道論)

8. 條

"條"字的本義是樹枝,引申爲單位詞,指稱長條狀的東西。例如:

條屬者,通屈一條繩若布爲武,垂下爲纓。(禮記雜記上"喪冠條屬"鄭注①)

以青絲大絛繩六條兩岸引進。(隋杜寶大業雜記)

後來道路也可以稱"條"。例如:

競戲三條術。(顧野王艷歌行)

三條綺陌平。(梁簡文帝登烽火樓詩)

---

① 我在《漢語史稿》中説"條"作單位詞始見於唐代,是錯誤的。劉世儒先生舉《禮記》鄭注來糾正我。但他引文有誤。"屈"誤作"取","爲"誤作"内"。標點也有誤:"者"下應斷句,"繩"下不應斷句。"若"是"或"的意思,"繩若布"是"繩或布"的意思,所以"繩"下不能斷句。

條文也可以稱“條”。有趣的是,條文稱“條”,在漢代已出現了。例如:

大辟四百九條。(漢書・刑法志)

又增法五十條。(同上,王莽傳)

單位詞又可以轉變爲名詞的詞尾,使這個名詞成爲雙音詞。最早的這種雙音詞大概是“人口”。例如《漢書・王莽傳》:“羌豪良願等種,人口可萬二千人。”後來到了南北朝,這種雙音詞才大量産生。例如①:

車乘萬兩。(三國志・吳書・陸遜傳)

車乘填街衢,綺羅盈府寺。(顔氏家訓・治家篇)

而江南書本,穴皆誤作六。(同上,書證篇)

班師,出帝賫馬匹。(魏書・樊子鵠詩)

在宋元以後的語録、話本小説裏,這種雙音詞也很常見。例如:

凡寫文字,須高執墨錠。有那大蟲要來傷牛只。(五代史平話・周史)

吾手下官員皆不似翼德。(三國志平話卷上)

卻説周瑜用帳幕船隻。(同上,卷中)

奪到旗旛金鼓馬匹極多。(三國志通俗演義・劉玄德斬寇立功)

你們見押着車乘。(同上,曹操興兵報父仇)

董卓裝載金珠段疋好物數千餘車。(同上,董卓火燒長樂宮)

上古時代,單位詞是放在名詞後面的。先秦只説“馬三百匹”,不説“三百匹馬”;只説“幄幕九張”,不説“九張幄

---

① 例子採自劉世儒《魏晉南北朝量詞研究》16 頁。

幕”。後代文言文也沿用這個詞序。但同時我們也注意到，就在先秦時代，容量單位詞已經可以用於名詞前面了。例如：

一簞食，一瓢飲。（論語·雍也）

今之爲仁者，猶以一杯水救一車薪之火也。（孟子·告子上）

到了漢代，不但度量衡單位詞可以放在名詞的前面，連天然單位詞也可以放在名詞的前面。例如：

烏孫以千匹馬聘漢女。（史記·大宛列傳）

其富人至有四五千匹馬。（同上）

陸地千足羊，澤中千足彘。（同上，貨殖列傳）

安邑千樹棗，燕秦千樹栗。（同上）

南北朝以後，這種詞序變爲正常的詞序。例如：

卞令目叔向朗朗如百間屋。（世說新語·賞譽）

甲成一聚枯骨矣。（神仙傳·老子）

昇於市買十餘匹絹。（同上，張道陵）

令求一片鉛。（同上，尹軌）

又能隱三軍之衆，使成一叢林木。（同上，劉政）

龍女卽與八餅金。（法苑珠林·俱名國）

作兩道虹橋，以通南北。（博異傳·許漢陽）

一女郎取一捲文書以示。（同上）

諮仗取一杓水。（唐摭言·鄭光業）

便干托煎一椀茶。（同上）

先生與一只履，化爲犬。（仙傳拾遺·鬼谷先生）

後來，在白話裏，這種詞序差不多完全取代了舊詞序。例如：

一片心只待求食巴謾，兩只手偏會拿雲握霧。（宣和遺事亨集）

過了七十個日頭，有苗歸服。（五代史平話·梁史）

將一口劍送與黃巢。（同上）

射雁得書，分明是教取哥哥行這一條活路。（同上）

撞着一陣軍馬。(同上)

忽見一少年將一口刀要賣。(同上)

陣前一員將綽馬出陣。(同上)

突破數重圍,得出。(同上,唐史)

將兩疋馬,二張弓與兩個試那武藝。(同上,晉史)

頭戴一頂金水鍍的頭魁,身披一副銀片砌的鎖甲。(同上)

起的一陣惡風,揚沙走石。(同上)

奈他有三般病,怎生把錢付他去得?(同上,漢史)

劉知遠輸了三十貫錢。(同上)

有五個後生在橋上賭錢。(同上)

見一座莊舍,十分齊整。(同上)

小人請一張劍。(同上,周史)

兩枝鐵戟重八十斤。(三國志通俗演義·曹操興兵報父仇)

山後閃出一彪力生軍來到。(同上,袁紹孫堅奪玉璽)

單位詞前面的數字如果是"一",常常被省略。這種語法形式起源很早。《公羊傳·僖公三十三年》:"匹馬只輪無反者。"應該認爲是這種語法形式的開始[①]。不過在當時不能認爲是省略"一"字,而是單位詞本身就表示單獨。真正省略"一"字應該是較晚的事。《世説新語·德行》:"管寧、華歆共園中鋤菜,見地有片金。""片金"似應解作片形的金,還不是"一片金"的省略。《維摩詰經變文》:"權時作個慰安人。"這可以説是省略了"一"字。"一"字的省略大量出現的情況應是在宋元以後。例如:

① 過去我不承認"匹馬只輪"的"匹"和"只"是單位詞(見《漢語史稿》中册,240頁注⑤),現在我的看法有了改變。

方要做好事,又似乎有箇做不好事底心。(朱子語類輯略卷二)
學者初看文字,只見得箇渾淪物事。(同上)
枕前淚與階前雨,隔箇牕兒滴到明。(北夢瑣言引徐月英詩)
叫個丫頭領那尼姑進去。(清平山堂話本·戒指兒記)
忽一夜得個夢。(五代史平話·唐史)
待尋個在外的差遣。(同上,晉史)
待要別尋個事,將這廝打死。(同上)
副能討得個喫飯處。(同上,漢史)
爲女孩兒三娘子招個劉知遠入贅。(同上)
將個妹妹嫁與一個事馬的驅口。(同上)
欲展外域,先立個標幟。(同上,周史)
當時待覓個死來,誰知不死。(三國志平話卷上)
遂化陣清風不見了。(三國志通俗演義·祭天地桃園結義)
典韋殺條血巷。(同上,陶恭祖三讓徐州)

由上面的例子看來,往往是抽象名詞前面省略"一"字。有些地方,加上"一"字反而不順口。這也是一種語法的發展。

* * *

下面講表示行爲的單位詞,也叫做動量詞。

在上古時代,行爲的次數不用單位詞來表示,而是把數目字放在動詞的前面。例如:

吾日三省吾身。(論語·學而)
子重、子反於是乎七奔命。(左傳·成公七年)
公輸盤九設攻城之機變,子墨子九距之。(墨子·公輸)
古之語大道者,五變而形名可舉,九變而賞罰可言也。(莊子·天道)
孔子行年六十而六十化。(莊子·寓言)

三咽,然後耳有聞,目有見。(孟子·滕文公下)

騏驥一躍,不能十步;駑馬十駕,功在不舍。(荀子·勸學)

行爲單位詞大約起源於南北朝時代,盛行在唐宋以後。

行爲單位詞大致可以分爲兩種:一種是通用單位詞;另一種是專用單位詞。

通用單位詞常見的有"過"、"回"、"次"、"度"四字。

"過"字在魏晉南北朝盛行,其意義略等於後來的"次"字。例如[①]:

香湯洗數十過。(高僧傳·譯經)

今欲思論一過。(三國志·吳志·趙達傳)

餘嘗往返十許過。(水經注卷三十四)

清晨建齒三百過者,永不動揺。(抱樸子·雜應)

無因徐徐以腹揩屋棟數十過。(神仙傳卷七)

一日之中,與天上相反覆者十數過。(神仙傳·王遠)

又咽液二七過,又當急按所痛處二十一過。(真誥·協昌期)

咽液九過,畢,以手按鼻之邊左右上下數十過。(同上)

鍊金内清酒中,約二百過出入卽沸矣。(抱樸子·金丹)

隋唐以後,"過"字漸漸少見,代之以"回"(迴)字[②]。例如:

一日千樹能千迴。(杜甫百憂集行)

生涯盡幾回?(杜甫龍門詩)

一柱觀頭眠幾回?(杜甫所思詩)

忽雲俱異城,飲啄幾回同?(杜甫寄賀蘭銛)

---

① 例子除一例外採自劉世儒《魏晉南北朝量詞研究》250頁。

② "回"字在魏晉南北朝已有出現,如《西曲歌·江陵樂》:"試作兩三回";範雲《閨思》詩:"幾回明月夜,飛夢到郎邊。"但還不多見。參看劉世儒《量詞研究》259頁。

一日須來一百迴。(杜甫三絶之二)

漸老逢春能幾回?(杜甫絶句漫興之四)

此曲秖應天上有,人間能得幾迴聞?(杜甫贈花卿)

江城含變態,一上一回新。(杜甫上白帝城)

使者徒勞百萬迴。(杜甫承聞河北諸道節度使入朝歡喜口號絶句之四)

羇栖愁裏見,二十四迴明。(杜甫月之二)

一日踏春一百回。(孟郊詩)

早潮才落晚潮來,一月周流六十回。(白居易詩)

家去幾千裏,月圓十二回。(於鄴詩)

"次"字在南北朝已有出現,例如沈仲由文(全陳文卷十七):"劉道朔坐犯七次偷[①]。"隋唐以後也有沿用,例如唐張籍《祭退之》詩:"三次論諍退,其志亦剛强。"但是大量出現則在元明以後。例如:

玄德兩次訪孔明不遇。(三國演義第三十八回)

吾今四次以禮相待。(同上,第八十九回)

汝第七次擒住,吾方傾心歸服。(同上,第九十回)

先拿些水洗了兩次。(紅樓夢第七十七回)

只從那日起,便一連召見了八九次。(兒女英雄傳第四十回)

"度"字的意義和"過"字差不多,也是魏晉南北朝就用作單位詞,它的用途不如"過"字的用途那樣廣泛。例如:

策數度水戰,不能克。(三國志・吳志・宗室傳)

忽一度還家。(搜神記卷四)

燮一日三度設之。(搜神記卷六)

到了隋唐以後,"度"字反而比"過"字常見。例如:

---

① 例子採自劉世儒《量詞研究》263頁。

一晝之間,三度接見也。(易晉卦孔穎達疏)

九度附書向洛陽,十年骨肉無消息。(杜甫天邊行)

幾度寄書白鹽北。(杜甫寄裴施州詩)

崔九堂前幾度聞。(杜甫江南逢李龜年詩)

從詞序上説,"過"字一般用於動詞(及其賓語)的後面,"度"字一般用於動詞(及其賓語)的前面,這是單位詞"過"和"度"在語法上的分别。

專用單位詞常見的有"遍"、"周"、"匝"、"遭"、"番"、"場"、"陣"、"頓"、"合"、"發"、"下"等。這些單位詞都是魏晉南北朝以後才出現的。

"遍"字一般用於讀書。例如:

但讀千遍,自得其意。(抱樸子·祛惑)

吾貴覽讀一遍,便卽别構户牖。(魏書·張吾貴傳)

讀書百徧而義自見。(三國志·魏志·王肅傳注引魏略)

常願講法華經千遍。(神法感遇傳·釋玄照)

筌抄讀數千遍。(同上,李筌傳)

敍述一件事也叫做一遍。例如:

黄宗旦又向妻子説了孩兒啼叫的事一遍。(五代史平話·梁史)

"遍"的意義又可以擴大,略等"過"、"回"、"次"。例如:

叩齒二七遍。(真誥·協昌期)

自顯陽門及昇階凡數三遍。(王劭舍利感應記)

臣見此枝三遍枯死。(洞冥記·東方朔)

"周"字有時也當"遍"字講。

臣拜紙詔,伏讀一周。(三國志·吳志·陸凱傳注引江表傳)

輒於母前伏誦三周。(車永答陸士龍書)

但是後來一般作“匝”字講。

夢走馬上山,還繞舍三周。(十六國春秋輯補·前涼録)

“匝”字用於環繞,義等於“繞舍三周”的“周”。例如:

繞樹三匝,無枝可依。(曹操短歌行)

繞山一匝。(唐僧傳·義解篇)

忽見光繞高先住處塔三匝。(同上,習禪篇)

五百青雀飛來,繞菩薩三匝而去。(水經注卷一)

水飾行繞池一匝。(大業拾遺記·水飾圖經)

“遭”字作爲行爲單位詞,起源更晚。“遭”字一般只用於行走。例如:

他若下世爲人,我也同去走一遭。(紅樓夢第一回)

才不枉走這一遭兒。(同上,第六回)

“番”字表示集體單位,這就是説,行爲是多次重復的。例如:

因示語攻難數十番。(世説新語·文學)

弼自爲客主數番。(同上)

君四番後,當得見同。(同上)

每相攻難,年餘後,但一兩番。(同上)

迺致問數番。(高僧傳·義解篇)

李榮來共論議,往復數番。(啓顔録·李榮)

後來“番”字也可以單純表示次數。例如:

週年半載卻歸來覷咱一番也好。(五代史平話·漢史)

武鄉侯四番用計,南蠻王五次遭擒。(三國演義第八十九回)

若敢再放我回去,必然報四番之恨。(同上)

但是,在多數情況下,“番”字仍表示多次反覆。必須歷時頗久才叫做“番”。例如:

又將這病無妨的話開道了一番。(紅樓夢第十一回)。
忙忙奔至停靈之室,痛哭一番。(同上,四十六回)
忙另穿戴一番。(同上)
左右前後亂找了一番。(同上)
因又把他方才的話度量了一番。(兒女英雄傳第十四回)
合金玉姐妹私下計議一番。(同上)

"場"字也是集體單位詞,表示歷時最久的一次。例如:

千場縱博家仍富。(高適邯鄲少年行)
一場春夢不分明。(張泌寄人詩)
原來竟是一場大夢。(紅樓夢第九十八回)
拿些出去給他養病,也是你姐妹好了一場。(同上,第九回)
日後若有好處,也不枉你跟着他熱了一場。(同上,第一百十九回)
那時岫煙被老婆子聒噪了一場。(同上,第十回)
又被寶釵搶白了一場。(同上,第一百十五回)

"陣"字也是集體單位詞,表示歷時較久。例如:

須臾雲晦雷發,驚耳駭目……如此數陣,雲電息滅。(幽明録)
曹操攔住,大殺一陣。(三國志通俗演義·劉玄德斬寇立功)
薛蝌此時被寶蟾鬼混了一陣。(紅樓夢第九十一回)
笑一陣,説一陣。(同上,第三十一回)
連忙用手拂落了一陣。(兒女英雄傳第四回)
哭一陣,笑一陣,罵一陣,拜一陣。(同上,第八回)

"頓"字也是集體單位詞,表示數量之多。一般指打罵,但也指喫飯。"頓"字作爲行爲單位詞,大約是隋唐以後的事。例如:

未到日中,已打兩頓。(隋侯白啓顔録)
打我們一頓,也是願受的。(紅樓夢第七十八回)

難道還打我一頓不成?(同上,第七十五回)

他倒罵了彩雲一頓。(同上,第四十五回)

餓了幾天,各各飽餐一頓。(兒女英雄傳第九回)

"合"字用作行爲單位詞,交戰一次叫做一合。例如:

衝突賊軍數十合。(南齊書·張敬兒傳)

每蕩一合,輒大殺傷。(同上,戴僧静傳)

連鬥五十餘合,不分勝負。(三國演義第五回)

兩個人鬥了三十餘合。(同上,五十九回)

"下"字表示時間的短暫。在起初的時候,"下"字表示從上到下的動作。例如:

縛之著樹,鞭杖百餘下。(三國志·蜀志·先主紀注引典略)

卽鞭十下,如是五人各打十下。(百喻經·五人買婢共使作喻)

被撻百下。(魏書·毛修之傳)

道士以小石扣之數十下①。(原仙記·馮俊)

後來"下"字也一般地表示時間的短暫,不限於從上到下的動作。在這個意義上,也可以説成"下子"。例如:

踢一下子唬唬也好。(紅樓夢第三十回)

那一天不跌兩下子?(同上,第四十回)

此外,另有一種行爲稱數法,就是用工具(包括手、眼、口、聲等)的名稱作爲單位詞。這種語法結構大約是南北朝以後才有的。例如:

巴東三峽巫峽長,猿鳴三聲淚沾裳。(巴東三峽歌)

呼曄爲别駕數十聲。(宋書·範曄傳)

文襄使季舒歐帝三拳。(魏書·孝静紀)

① 在這種情況下,也可以用"發"字。例如《柳毅傳》:"然後扣樹三發。"

食兩口,便覺。(南齊書·王奂傳)

擣三萬杵。(韋誕墨方)

各擊數千鐘。(魏書·李崇傳)

那裴豹一直趕來,被郭威勒回馬射了一箭。(五代史平話·周史)

一刀把蹇碩砍翻。(三國志通俗演義·何進謀殺十常侍)

以上講的是稱數法和單位詞。單位詞是漢語的特點之一。在現代漢語裏,稱數法離不開單位詞。天然單位詞從無到有,從簡到繁,從事物單位再到行爲單位詞,是漢語發展史上值得注意的現象,所以我們在本章裏詳細地加以論述。

第四章　人稱代詞[①]

上古人稱代詞，第一人稱有“吾、我、卬、餘、予、臺（音怡）、朕”等；第二人稱有“汝（女）、若、乃、而、戎”等；第三人稱有“其、之、厥”等。

從意義上説，這些人稱代詞應該分爲兩大類：第一類是純然指人的代詞，即第一、第二人稱；第二類是兼指事物的人稱代詞，即第三人稱。

從語音上説，這些人稱代詞也應該分爲兩大類。第一類代詞相互間是雙聲關係，也就是聲母相同，韻母不同，即第一、第二人稱；第二類代詞相互間是疊韻的關係，也就是韻母相同，聲母不同，即第三人稱。

第一人稱分爲兩個系統：

（一）ŋ 係　ŋa 吾　ŋai 我　ŋaŋ 卬

（二）d 係　die 餘，予　diə 臺[②]　diəm 朕

第二人稱只有一個系統：

n 係　ȵia 汝（女）　ȵiai 爾　ȵiak 若

nə 乃　ȵiə 而　ȵiuəm 戎

---

① 這一章基本上依照《漢語史稿》第三十五節《人稱代詞的發展》，略有補充和删改。

② 近年來我把喻母四等的上古音擬測爲［ʎ］，這裏把“餘、予、臺”的上古音擬測爲 d-，是假定較古時代的讀音。

第三人稱也只有一個系統：

iə 係　gia 其　ȶiə 之（還有 kiuat 自成一類）。

依上表看來，上古人稱代詞具有相當整齊的系統，各個代詞都有對應關係：第一人稱的"吾、餘、予"和第二人稱的"汝"相應，都是古韻魚部字；第一人稱的"我"和第二人稱的"爾"相應，都是古韻歌部字；第一人稱的"臺"和第二人稱的"而"、"乃"（"乃"是"而"的變體）相應，又和第三人稱的"其、之"相應，都是古韻之部字；第一人稱的"卬"和第二人稱的"若"相應，是古韻陽鐸對轉；第一人稱的"朕"和第二人稱的"戎"相應，都是古韻侵部字。這決不是偶然的。因此，有人以爲這是人稱代詞的變格，從而得出結論説太古漢語是一種屈折語。[①]

我們不要走得太遠了，不必拿西洋語言來比附，我們只能就事論事，用字不同，應該體現他們的語法作用不同。

有人認爲用字不同表現時代不同。對於"餘"和"予"、"女"和"汝"，可以拿時代不同來解釋。《尚書》用"予"，《左傳》用"餘"；《尚書》用"汝"，《論語》用"女"，這似乎可用時代不同來説明。因爲"餘"和"予"同音[②]，"汝"和"女"同音，只是寫法不同罷了。但是，如果不同音的兩個人稱代詞同時出現在一部書裏，情況就不同了。特别是在同一篇文章裏，甚至在同一個句子裏，"吾"和"我"（或"吾"和"予"）同時並用，或"汝"和"爾"同時並用，就不能歸結於時代不同和方言不

① 參看 karlgren, proto-chinois, langue flexionnelle (Journal asiatique, 1920, 205—32)。

② 有人注意到《楚辭》"予"字押上聲韻，那麽"予"和"餘"也不完全同音。

同。如果説毫無分别的兩個人稱代詞在一種語言中(口語中)同時存在,并且經常同時出現,那是不能想像的。

"吾"字用於主位和領位,不用於賓位。除非在否定句裏,賓語提到動詞前面的時候,"吾"字纔可以用於賓位。例如:

久矣,吾不復夢見周公。(論語·述而)
吾見其居於位也。(論語·憲問)
不失其身而能事其親者,吾聞之矣。(孟子·離婁上)
(以上是用於主位)
德之不修,學之不講,聞義不能徙,不義不能改,是吾憂也。(論語·述而)
吾道一以貫之。(論語·里仁)
叟!不遠千裏而來,亦將有以利吾國乎?(孟子·樑惠王上)
(以上是用於領位)
吾日三省吾身。(論語·學而)
(以上是主位,領位並用)
居則曰:"不吾知也。"(論語·先進)
我勝若,若不吾勝。(莊子·齊物論)
(以上是用於否定句的賓語)

"我"字用於主位、領位和賓位。例如:

用之則行,舍之則藏,唯我與爾有是夫!(論語·述而)
我欲仁,斯仁至矣。(同上)
我未見好仁者,惡不仁者。(論語·里仁)
(以上用於主位)
竊比於我老彭。(論語·述而)
三人行,必有我師焉。(同上)
(以上用於領位)

由也好勇過我。（論語・公冶長）
太宰知我乎？（論語・子罕）
有鄙夫問於我。（同上）
苟有用我者，三月而已可也。（論語・子路）
（以上用於動詞後的賓位）
孟孫問孝於我。（論語・爲政）
善爲我辭焉。（論語・雍也）
默而識之，學而不厭，誨人不倦，何有於我哉？（論語・述而）
不義而富且貴，於我如浮雲。（同上）
二三子以我爲隱乎？（同上）
出則事公卿，入則事父兄，喪事不敢不勉，不爲酒困，何有於我哉！（論語・子罕）
（以上用於介詞後的賓語）

依我揣測，在原始時代，"我"字只用於賓位，"吾"字則用於主位和領位，這就是"吾"、"我"在語法上的分工。往往在同一個句子裏，"吾"、"我"同時並用，最能説明它們在語法上的分工。例如：

如有復我者，則吾必在汶上矣。（論語・雍也）
（"我"，賓位；"吾"，主位）
吾王之好鼓樂，夫何使我至於此極也？（孟子・梁惠王上）
（"吾"，領位，"我"，賓位）
即必先從事乎愛利人之親，然後人報我以愛利吾親也。（墨子・兼愛下）
（"我"，賓位；"吾"，領位）
吾君殺我而不辜。（墨子・明鬼下）
（"吾"，領位；"我"，賓位。）
今者吾喪我。（莊子・齊物論）

("吾",主位;"我",賓位。)

既已知吾知之,而問我。(莊子·秋水)

("吾",主位;"我",賓位)

故非我而當者,吾師也;是我而當者,吾友也;諂諛我者,吾賊也。(荀子·修身)

("我",賓位;"吾",領位。)

試看在《論語》中,"我"字用於主位、領位的,比"吾"字用於主位、領位的少得多,這也可以作爲"吾"、"我"在語法上分工的例證。

上文説過,在先秦時代,除了否定句在賓語提到動詞前面的情況下,"吾"字不用作賓語。但是到了戰國時代,已經出現了少數例外。例如:

夫子嘗與吾言於楚。(左傳成公十六年)

是其生也與吾同物。(左傳桓公六年)

(以上用於介詞後的賓位)

吾服女也甚忘,女服吾也亦甚忘。(莊子·田子方)

故辟門除涂,以迎吾入。(荀子·議兵)

(以上用於動詞後的賓位)

到漢代,也有"吾"字用於賓位的情況。例如:

且吾度足下之智不如吾,勇又不如吾。(史記·酈生陸賈列傳)

過汝,汝給吾人馬酒食極欲。(同上)

餘在,天下誰敢害吾者?(論衡·感虛)

到了中古時期,這種情況更爲常見。例如:

足下昔稱吾於潁川。(嵇康絶交書)

今人歸吾,吾何忍棄去?(三國志·蜀志)

汝何以言吾?(葛洪神仙傳·老子)

爲吾謝帝。(同上,李少君)

汝有仙骨,故得見吾耳。(同上,劉根)

(以上晉代)

爲子則孝,爲臣則忠。有孝有忠,何負吾邪?(世説新語·賢媛)

(以上南北朝)

吾道如是,道豈在吾?(王維六祖碑銘)

與足下別久矣。以吾心之思足下,知足下懸懸於吾也。(韓愈與孟東野書)

嫂常撫汝指吾而言曰。(韓愈祭十二郎文)

昔伏羲始造網罟,得此龜以授吾。(洞冥記·黃安)

若復求吾,乃谷城下黃石也。(仙傳拾遺·張子房)

(以上唐、五代)

從殷代到西周,"朕"和"乃"(而)只限用於領位。①例如:

汝能庸命巽朕位。(書·堯典)

命汝作納言,夙夜出納朕命。(同上,舜典)

臣作朕股肱耳目。(同上,益稷)

無廢朕命。(詩·大雅·韓奕)

汝弗能使有好於而家。(書·洪範)

而邦其昌。(同上)

其害於而家。(同上)

古我先王暨乃祖乃父胥及逸勤。(同上,盤庚)

勉出乃力。(同上)

春秋戰國以後,"朕"字漸漸兼用於主位了,但是"乃"、"而"仍以用於領位爲常。例如:

---

① 關於"朕"用於領位,是從甲骨文金文中看出來的,有一些例外。

而先皆季氏之良也。(左傳定公八年)
王曰:"舅氏,餘嘉乃勛。(同上,僖公十一年)
若纂乃孝服。(禮記·祭統)
汝知而心與左右手背乎?(史記·孫子吳起列傳)
必欲烹而翁,則幸分我一杯羹。(同上,項羽本紀)
必欲烹乃翁,幸分我一杯羹。(漢書·項籍傳)

除此之外,"餘"(予)和"吾、我"在語法上有什麼不同,"汝"(女)和"爾"、"若"在語法上有什麼不同,還没有人能够劃分清楚。《尚書·盤庚》說"聽予一人之作猷",《酒誥》卻說"惟我一人作恤"。甚至在同一篇《大誥》裏,前面說"惟我幼冲人",後而卻又說"肆予冲人永思艱"。在類似的結構中,所用的第一人稱代詞不一致。

"汝"和"若"没有什麼區别。魚鐸互轉是常有的事。《論語》的"吾語女",到了《莊子·天運》、《秋水》、《庚桑楚》仍舊作"吾語女"(《漁父》作"吾語汝");但是,《莊子·人間世》卻說"吾將語若"和"吾語若"。可見"若"就是"汝"(女)。

就現有的史料觀察,還看不出"汝"和"爾"的分别來。《尚書·盤庚》有"格汝衆"、"則惟汝衆自作弗靖"、"邦之臧,惟汝衆",卻又有"凡爾衆,其惟致告"、"罔罪爾衆"。在同一篇內,同一結構方式(後面都有"衆"字),時而用"汝",時而用"爾"。

在某些作品中,"汝"和"爾"嚴格地區别開來。例如《禮記·檀弓》有如下一段話:

商,汝何無罪也?吾與汝事夫子於洙泗之間,退而老於西河之上,使西河之民疑汝於夫子,爾罪一也。喪爾親,使民未有聞焉,爾罪二也。喪爾子,喪爾明,爾罪三也。而曰汝何無罪歟!

王充《論衡》引這一段話，大同小異，但是，“汝”、“爾”的位置完全和《檀弓》相同。這裏“汝”字在主位和賓位，“爾”字在領位。因此我猜想，在原始時代，本來是“汝”字用於主賓位，“爾”字用於領位的。所以在某些作品中仍保留着這種語法。《墨子》“汝”（女）字共出現了 8 次，全都是用於主賓位的；“爾”字共出現了 7 次，全都是用於領位的，可以作爲例證。

> 夏德大亂，予既卒其命於天矣，往而誅之，必使汝堪之。（非攻下）
> 往攻之，予必使汝大堪之。（同上）
> 予既沈漬殷紂於酒德矣，往攻之，予必使汝大堪之。（同上）
> 帝享女明德，使予錫女壽，十年有九。（明鬼下）
> 來，吾語女。（非儒下）
> 湯曰：“非女所知也。”（貴義）
> 待女以千盆，授我五百盆。（同上）
> 若予既率爾羣對諸羣以征有苗。（兼愛下）
> 且爾卿大夫庶人，予非爾田野土葆之欲也。（明鬼下）
> 若不共命①，御非爾馬之政。（同上）
> 予必懷亡爾社稷，滅爾百姓。（迎敵祠）

在上古時代，領位不加“之”字，不能説“吾之”、“我之”、“予之”、“汝之”、“爾之”等②。到了後代，才有加“之”字的。例如：

> 吾觀爾之才，當一戰而霸。（唐白行簡李娃傳）
> 今子一朝及此，我之罪也。（同上）

---

① “若”義同“汝”，故用於主位。
② “誰”字領位必須加“之”，是例外。

張兄保爾之命,不然,爾且擄矣。(唐元稹鶯鶯傳)

汝之疾,遇我即生。(前蜀杜光庭仙傳拾遺)

這是後代人稱代詞領位加"的"的先河。

第三人稱的情況比較單純。"其"字用於領位,"之"字用於賓位。"厥"字的用法和領位的"其"大致相當。例如:

天用勦絶其命。(書·甘誓)

厥田惟上下,厥賦中上,厥貢鹽絺。(同上,禹貢)

今時既墜厥命。(同上,召誥)

無念爾祖,聿脩厥德。(詩·大雅·文王)

盡其心者,盡其性也。(孟子·盡心)

北冥有魚,其名爲鯤。(莊子·逍遥游)

安民則惠,黎民懷之。(書·皋陶謨)

暫遇姦宄,我乃劓殄滅之。(同上,盤庚)

學而時習之,不亦説乎!(論語·學而)

"之"字有時被認爲領位,在先秦時代,比較常見的形式是"爲之……"。例如《論語·公冶長》:"千室之邑,百乘之家,可使爲之宰也。"其實是一種誤解。這種"之"字應當認爲是賓位;"爲之宰"的"之"和"宰"是雙賓語,結構同"與之粟",意思是給千室之邑、百乘之家作宰。

上古第三人稱不用於主位。凡是現代漢語需用主語"他"或"他們"的地方,在上古漢語裏只用名詞來復説上文,或者省略主語。名詞復説的有如下幾個例子:

齊侯欲以文薑妻大子忽,大子忽辭,(左傳桓公六年)

且私許復曹衛。曹衛告絶於楚。(同上,僖公二十八年)

臾駢之人欲盡殺賈氏以報焉。臾駢曰:"不可。"(同上,文公六年)

主語省略的有如下的幾個例子：

公謂公孫枝曰："夷吾其定乎？"對曰："臣聞之，唯則定國。"（左傳僖公九年）

以告，遂使收之。（同上，宣公四年）

郤子至，請伐齊，晉侯弗許；請以其私屬，又弗許。（同上，宣公十七年）

上古有一個"彼"字可用作主語，但是"彼"字的指示性很重，又往往帶感情色彩，並不是一般的人稱代詞。例如：

彼奪其民時，使不得耕耨以養其父母。（孟子·梁惠王）

彼丈夫也，我丈夫也，吾何畏彼哉？（同上，滕文公）

在多數情況中，整部書不見一個"彼"字，如果它是一般的人稱代詞的話，決不會這樣少見。

"其"字在某些情況下很像主語。但是，實際上它仍是處於領位。例如《孟子·告子》："其爲人也好善"，實際上等於說"樂正子之爲人也好善"。依上古語法，動詞及其賓語可以名物化，所以"其"字後面的動詞或動賓結構已經變爲名詞性詞組，而"其"字本身仍居於領位。

"其"字在上古時代等於名詞加"之"字，下面的這些例子最能說明問題：

水之積也不厚，則其負大舟也無力。（莊子·逍遥游）

風之積也不厚，則其負大翼也無力。（同上）

聖人之愛人也，人之與名，不告，則不知其愛人也。（同上，則陽）

（"其"字代"聖人之"。）

直到晉代以後，"其"字才能用作介詞後的賓語[①]。例如：

① 這是吕叔湘先生發現的，見吕著《漢語語法論文集》，181—182頁。我補充了一些例子。

可引軍避之,與其空城。(三國志・魏志)

今夕風甚猛,賊必來燒軍,宜爲其備。(同上,滿寵傳)

有人遺其雙鶴。(世説新語・言語)

雲是卿爲其計。(同上)

孔稚珪從其受道法。(南齊書・褚伯玉傳)

也可以用於雙賓語。例如:

少君乃與其成藥二劑。(晉葛洪神仙傳)

有相識小人貽其餐。(世説新語・方正)

從子將婚,戎遺其一單衣。(晉書・王戎傳)

但是,"其"字永遠不用作動詞後的賓語[①]。例如:

若其欲來,吾角巾徑還烏衣。(世説新語・雅量)

人所應有,其不必有;人所應無,己不必無。(同上,賞譽下)

其若見問,當作依違答之。(宋書・劉邵傳)

其恒自擬韓白。(南齊書・垣崇祖傳)

乞白服相見,其永不肯。(同上,魚腹侯子響傳)

有時候,"其"字用作遞係式的主語。例如:

便使其唱理。(世説新語・文學)

求其醫理。(仙傳拾遺・徐福)

盧文進誘其攻城。(五代史平話・唐史)

每落一子,俾其退立於西北牖下,俟我算路,乃始進之。(北夢瑣言)

上古人稱代詞的單復數没有明確的界限。當然,有些人稱代詞是專用於單數的,如"朕"、"予"(餘)、"臺"、"卬";但是,"我"、"吾"、"爾"、"汝"則可兼用於復數。下面是一些用於復數的例子:

① 參看吕叔湘《漢語語法論文集》182 頁。我添了一些例子。

天既訖我殷命,…故天棄我。(書・西伯戡黎)

我國家禮亦宜之。(同上,金滕)

二公曰:"我其爲王穆卜。"(同上)

我二人共貞。(同上,洛誥)

楚弱於晉,晉不吾疾也。晉疾,楚將辟之,何爲而使晉師致死於我?(左傳襄公十一年)

汝母侮老成人。(書・盤庚)

爾不從誓言,予則孥戮汝,罔有攸赦。(同上,湯誥)

我無爾詐,爾無我虞。(左傳宣公十五年)

以吾一日長乎爾,無吾以也。……如或知爾,則何以哉?(論語・先進)

戰國以後,人稱代詞有加"儕"、"等"、"曹"、"屬"等字表示復數的。例如:

吾儕小人皆有闔廬以辟燥濕寒暑。(左傳襄公十七年)

吾儕小人食而聽事,猶懼不給命而不免於戾,焉與知政?(同上,襄公三十年)

公等皆去,吾亦從此逝矣!(史記・高祖本紀)

公等碌碌,所謂因人成事者也。(同上,平原君列傳)

我曹言,願自殺。(漢書・外戚傳)

上以若曹無益於縣官,今欲盡殺若曹。(同上,東方朔傳)

吾愛之,重之,不願汝曹效也。(馬援誡兄子嚴敦書)

吾屬今爲之虜矣!(史記・項羽本紀)

雍齒尚爲侯,我屬無患矣。(同上,留侯世家)

吾並斬若屬矣!(漢書・灌夫傳)

而屬父子宗族懞漢家力,富貴累世。(同上,元後傳)

但是,嚴格地説,這並不算人稱代詞的復數。"吾儕"、"吾等"、"我曹"、"我屬"等於説"我們這些人","儕、等、曹、屬"

並非表示復數的詞尾。真正人稱代詞復數是“我們”、“你們”、“他們”。那是宋代以後的事了。

*　　*　　*

在中古時期,人稱代詞的發展,有兩件重要的事實。第一,人稱代詞有了新的形式,如“儂”、“俺”、“咱”、“你”、“伊”、“渠”、“他”;第二,人稱代詞有了復數,如“我們”、“你們”、“他們”。

“儂”字屬於第一人稱,比較少見。例如:

道子頷曰:“儂知! 儂知!”(晉書會稽王道子傳)

寄言向江水,汝意憶儂不?(李白秋浦歌)

侯印幾人封萬户,儂家只辦買孤峰。(司空圖白菊雜書)

他年一舸鴟夷去,應記儂家舊姓西。(蘇軾次韻代留別)

“咱”字也寫作“偺”、“喒”,用於第一人稱,始見於宋代。例如:

你若無意向咱行,爲甚夢中頻相見?(柳永玉樓春)

咱孤單一身,流落外裏。(五代史平話樑史)

咱有一個計策。(同上)

我這裏啓大師,用咱也不用咱?(西廂記第二本楔子)

“俺”字用於第一人稱,始見於宋代。例如:

且不罪,俺略起,去洗耳。(辛棄疾夜游宫)

俺細思鎮州密邇太原。(五代史平話・樑史)

俺使他招那王鎔。(同上)

都道是金玉良緣,俺只念木石前盟。(紅樓夢第五回)

“你”字,嚴格地説,不算新詞,它只是“爾”字的音變。例如:

狐截尾,你欲除我我除你。(隋書・五行志)

共你論相殺事，何須作書傳雅語？（北史・李密傳）

我將去探你姐姐。（五代史平話）

“伊”字大約起源於第四世紀到第五世紀，唐代繼續使用着。例如：

江家我顧伊，庾家伊顧我。（世説新語・方正）

伊詎可以形色加人不？（同上）

伊必能克蜀。（同上，雅量）

使伊去，必能克定西楚。（同上）

勿學汝兄，汝兄自不如伊。（同上，品藻）

令伊旦夕添香，日夜禪堂暖熱。（維摩詰經菩薩品變文乙）

悶卽交伊合曲，閑來卽遣唱歌。（同上）

“渠”字始見於《三國志・吳志・趙達傳》：“女壻昨來，必是渠所竊。”“渠”字應該認爲是“其”字變來的。① 到了唐代，“渠”字就大量出現了。下面是從唐張文成《遊仙窟》裏摘出的一些例子：

今朝忽見渠姿首，不覺慇懃着心口。

聞渠擲入火，定是欲相燃。

渠未相撩撥，嬌從何處來？

天生素面能留客，發意關情並在渠。

眼多本自令渠愛，口少元來每被侵。

女人羞自嫁，方便待渠招。

聊將代左腕，長夜枕渠頭。

卽今無自在，高下任渠攀。

“伊”、“渠”在六朝、唐代的時候很重要。到了宋代，由於

---

① 吕叔湘先生説：“‘渠’字大概就是‘其’的變式”，并且説：“六朝的非領格的‘其’可能就是傳寫口語裏的‘渠’。”參看《漢語語法論文集》182 頁。

"他"字在口語裏更普遍地應用,"伊"、"渠"已經很少見了。到了現代,除普通話用"他"外,"伊"、"渠"仍在一些方言中使用着。上海話用"伊"(不過已由影母變爲喻母);廣州話用"渠"(寫作"佢",由平聲變爲上聲),客家話也用"渠"(讀成不送氣)。

"他"作爲人稱代詞,起源於唐代①。例如:

繡羽銜花他自得,紅顔騎竹我無緣。(杜甫清明)

顧我無衣搜藎篋,泥他沽酒拔金釵。(元稹遣悲懷)

雖作拒張,又不免輸他口子。(張文成遊仙窟)

計時應拒得,佯作不禁他。(同上)

自隱多姿則,欺他獨自眠。(同上)

已與他作期約。(蔣防霍小玉傳)

宋代以後,人稱代詞"他"字就更普遍地應用了。現在只舉出宋代的幾個例子:

這個卻須由我不由他了。(朱子語類輯略卷四)

聖人知天命以理,他只是以術。(同上)

或是他天資高俊,被他暬見得這個物事,亦不可知。(同上,卷六)

然小行者被他作法,變作一個驢兒。(大唐三藏取經詩話上)

外有一庫,可令他守庫。(同上)

人稱代詞"他"是從無定代詞"他"變來的。"他"在上古時代是"别的",也寫作"它"。"他"字在上古可以指人,"他

① 楊樹達《高等國文法》70頁引《後漢書·方術傳》"還他馬,赦汝罪"一例,以爲其中的"他"是第三人稱代詞。查《後漢書·費長房傳》原文是"還它馬,赦汝死罪"。"它"字没有先詞,不該認爲是人稱代詞。這個"它"字應作"别人"講。

人”意思是“别人”，例如《詩經・鄭風》：“子不我思，豈無他人？”《小雅・巧言》：“他人有心，予忖度之。”也可以指事物，例如《詩經・鄘風》：“之死矢靡它。”《小雅・鶴鳴》：“它山之石，可以攻玉。”《孟子・樑惠王下》：“王顧左右而言他。”人稱代詞的“他”正是從“他人”的“他”來的。

人稱代詞復數詞尾“們”字最初見於唐代，例如劉知幾《史通・外編・雜説中》，“渠們底箇，江左彼此之辭。”但這只是一個孤證，而且意義不明。一般還是認爲詞尾“們”字起於宋代，在最初寫作“懣”（滿），後來寫作“瞞”（瞞）、“門”、“們”。[①] 例如：

對酒當歌渾冷淡，一任他懣嗔惡。（趙長卿詞）

不因你瞞番人在此，如何我瞞四十裏路來？（周密齊東野語）

學人言語未曾巧。看他門得人憐，秦吉了。（辛棄疾詞）

在他們説，便如鬼神變怪，有許多不可知的事。（朱子語類）

咱們祖上也是宋民。（周密癸辛雜識續集下）

你們見押着車乘。（三國志通俗演義卷二）

“們”的來源還不清楚[②]，看來“們”字也經過不分單復數的階段，也就是説，它並不單純表示復數，只簡單地作人稱代詞和某些指人的名詞（特别是有關人倫方面）的詞尾。“懣”、“門”等字不表示復數的例子，在宋元詞曲中很不少。例如：

自家懣都望有前程。（晁元禮詞）

我扶你門歸去。（元曲張協狀元）

---

① 參看吕叔湘《漢語語法論文集》145—168 頁；張相《詩詞曲語詞彙釋》669 頁。

② 吕叔湘先生以爲來自“輩”字，但是他也不十分肯定。

“們”又寫作“每”。“們”與“每”是否完全同音,尚待考證。但它們作爲詞尾的意義,則是一樣的。例如:

先王功臣無辜被戮,令他每三個托生做三個豪傑出來。(五代史平話・樑史)

我每同將軍歸投黄大王。(同上)

須索去尋他每來共圖大事。(五代史平話・樑史)

全不記得咱每兄弟帶挾他在懸刀峰下結義做兄弟。(同上)

咱每既得天命,則人怨其如我何?(同上,唐史)

若他們父子能卻契丹,便要禪代我位,咱亦甘心。(同上 晉史)

但是“咱每”則往往表示單數。例如:

黄宗旦因行從青草村過,但聽得烏鳶巢裏孩兒叫道:“耶耶!你存活咱每,他日厚報恩德。”(五代史平話樑史)

黄巢思量:“咱每今番下了第,是咱的學問短淺。”(同上)

黄巢看了這首詩,道是:“詳詩中意義,是教咱每去投奔王仙芝也。”(同上)

今才得長安,便要來姦占咱每渾家。(同上)

探聽得王鎔屬官周武與咱每是個姻眷。(同上)

朱温見恁地,説道:“黄巢舊時到咱家裏,與咱每結義爲弟兄,也是咱每哥哥。”(同上)

郭威道:“卻不叵耐這廝欺負咱每!”(同上周史)

“您每”也可以表示單數。例如《五代史平話・樑史》:“朱五經看了這詩道:‘秀才,您每下第不還鄉?’”“您每”指的是黄巢一個人。

“咱每”壓縮爲一個單音詞,就是[tsam],後來變爲[tsan],漢語拼音寫作 zán,漢字仍寫作“咱”或“偺”、“喒”。“咱”zán 表示復數,也可以表示單數。

“你每”壓縮爲一個單音詞，就是[nim]，後來變爲[nin]，漢語拼音寫作 nín，漢字寫作“您”。“您”既然等於“你每”，所以“您”字在最初的時候，是表示單數的，等於説“你們”。例如：

咱是您的姐夫。（五代史平話・唐史）

您孩兒們識個什麽？（同上，周史）

教您夫妻盡百年佳偶。（董西廂）

若您兄弟送他，我卻官中共您理會。（劉知遠）

在宋元時代，“您”字也可以用於單數，但並不表示尊敬，相反地，往往表示蔑稱，例如：

您恃兇暴，陵虐主帥，殘暴百姓。（五代史平話・唐史）

您於我雖是有功，終不可不誅您，以謝魏之百姓。（同上）

欲得您生肉，以飽我士卒。（同上）

您平常間詆毀我做“李亞子鬥鷄小兒，初何足言！”（同上）

您是不顧恩義的賊！（同上，漢史）

尊輩對卑輩也可以用“您”。例如：

爲天下君，不是易事，您可在意着。（五代史平話・周史）

限一月您要收捕董璋。（同上，晉史）

晉主謂劉知遠曰：“您部署京城。”（同上）

“您”字用作尊稱，恐怕是最近二三百年的事。

“怹”字也應該是“他們”的合音，後來變爲表示單數，但是不見於宋元詞曲，這裏不詳細討論了。

現代北京話人稱代詞第一人稱復數有包括式和排除式的分別：包括式是“咱們”，把對話人包括在内；排除式是“我們”，把對話人排除在外。在《紅樓夢》裏，這種區别最爲明顯。例如：

今兒甄家送了來的東西,我已收了;咱們送他的,趁着他家有年下送鮮的船,交給他帶了去了。(第七回)

你不用在這裏混攪了,咱們到寶姐姐那邊去罷。(第六十七回)

咱們只管作詩,等他來罰他。(第四十三回)

就是咱們娘兒四個鬥呢,還是添一兩個人呢?(第四十七回)

要不趁他們喝酒,咱們兩個到珍大奶奶逛逛去。(第一百八回)

又是什麽没有錢,只合我們奴才要。(第七十三回)

老賢甥,你不知我們邢家的底裏。(第七十五回)

你老人家自己承認,别帶累我們受氣。(第十九回)

這是我們底下人的銀子,凑了先送過來。(第四十三回)

來了好些姑娘奶奶們,我們都不認得。奶奶姑娘們快認親去。(第四十九回)

最近幾十年來,北京話的"我們"也可以用於包括式。

包括式和排除式的區别在什麽時代開始,還没有研究清楚。但是我們看見《三國志平話》卷上:"孫堅言咱們是猫狗之徒,飯囊衣架。"似乎包括式"咱們"在宋代就産生了。

*　　*　　*

現代漢語受西洋語言的影響,人稱代詞發生了兩種重要的變化。

第一種變化是"他"字分化爲"他"、"她"、"它"。[①] 這是受了西洋人稱代詞性别的影響,分爲陰、陽、中性。"他"、"她"、"它"在當時,一般人瞭解爲相當於英語的 he、she、it;實際上,它們的復數形式"他們"、"她們"、"它們"比英語分得

① 最初寫作"牠"(意符從"物"省),後來改作"它"。也有人於動物寫作"牠",非動物寫作"它"。

更細（英語人稱代詞復數不分性別）。人稱代詞性別只表現在書面語言上。口語中無從表示這種分别①。

第二種變化是"它們"的應用。本來，指物的"他"（它）在漢語裏是非常罕見的②。至於復數形式更是絶對不用了。但是，由於吸收西洋語法，在書面語言中也逐漸有"它們"出現了。例如：

〔野雀野鹿〕爲什麽當初不逃到人類中來，現在卻要逃到鷹鸇虎狼間去？或者，鷹鸇虎狼之於它們，正如跳蚤之於我們罷。（魯迅夏三蟲）

如果要直接地認識某種或某些事物，便只有親身參加於變革現實、變革某種或某些事物的實踐的鬥争中，才能觸到那種或那些事物的現象，也只有在親身參加變革現實的實踐的鬥争中，才能暴露那種或那些事物的本質而瞭解它們。（《毛澤東選集》第一捲 1952 年北京版，276 頁）

這些國家的絶大多數都在執行着和平中立的外交政策。它們在國際事務中起着愈來愈大的作用。（劉少奇中國共産黨中央委員會向第八次全國代表大會的政治報告）

"威虎山"上堆藏着木材等東西，養一頭猛狗名"老虎"；還有一頭灰狗也不弱。它們對小趨都有愛慕之意。小趨還小，本能地怕它們。（楊絳干校六記，42 頁）

今後長時期内，可能在口語裏還不能接受這種新的形態，但是，它所起的增加語言明確性的作用將使它在書面語言中更加廣泛地應用起來，那是可以肯定的。

---

① 當初有人建議"他"讀 tā，"她"讀 yī，"它"讀 tō，後來没有能够實行。

② 參看王力《中國語法理論》下册 320—322 頁。

*　　*　　*

這裏附帶談談有人稱代詞作用的尊稱和謙稱。這些尊稱和謙稱都是名詞或名詞性詞組。

《孟子・盡心下》説："人能充無受爾汝之實，無所往而不爲義也。"《仙傳拾遺》説："楊伯醜……征至京師，見公卿不爲禮，人無貴賤，皆汝之。"可見漢族自古就認爲用人稱代詞稱呼尊輩或平輩是一種没有禮貌的行爲。自稱爲"餘"、"我"之類也是不客氣的，因此古人對於稱呼有一種禮貌式，就是不用人稱代詞，而用名詞。稱人則用一種尊稱，自稱則用一種謙稱。

在先秦時代，禮貌式大致可以分爲五類。

（一）自稱不用"餘"、"我"等，而用自己的名。例如：

子曰："丘也幸，苟有過，人必知之。"（論語・述而）

樂正子見孟子曰："克告於君，君爲來見也。"（孟子・梁惠王下）

平原君曰："勝已泄之矣。"（戰國策・趙策）

（二）稱人以爵位或身份，自稱也可用身份。例如：

敢煩大夫謂二三子，戒爾車乘，敬爾君事，詰朝將見。（左傳・僖公二十八年）

以是藐諸孤，辱在大夫，其若之何？（同上，僖公九年）

公子若反晉國，則何以報不谷？（同上，僖公二十四年）

君之訓也，二三子之力也，臣何力之有焉？（左傳・成公二年）

公西華曰："正唯弟子不能學也。"（論語・述而）

（三）稱人以美德，如"子"、"先生"、"叟"等[1]；自稱以不德，如"寡人"（寡德之人）、"不谷"（不善）、"孤"（少德之人）

① 《儀禮・士冠禮》注："子，男子之美稱。"《戰國策・衛策》注："先生，長者有德之稱。"（"先生"最早是先我而生之意）。《史記》集解引劉熙《孟子》注："叟，長老之稱。"

等。例如：

非不説子之道，力不足也。（論語·雍也）

勝請召而見之於先生。（戰國策·趙策）

王曰："叟，不遠千裏而來，亦將有以利吾國乎？"（孟子·梁惠王上）

叟何人也？叟何爲此？（莊子·在宥）

先君之思，以勖寡人。（詩·邶風·燕燕）

豈不谷是爲？（左傳·僖公四年）

今數雄已滅，唯孤尚存。（資治通鑑·赤壁之戰）

（四）以地代人，作爲尊稱。例如：

陛下嘗軔車於趙矣。（戰國策·秦策）

足下有意爲臣伯樂乎？（同上，燕策）

征兵滿萬，不如召募數千，閣下以爲何如？（韓愈再與鄂州柳中丞書）

（五）以對話人所使用的人來代他。例如：

寡人將率敝賦以從執事。（左傳·昭公二十五年）

敢盡布之執事，俾執事實圖利之。（同上，成公十三年）

臣不佞，不能奉承先王之教，以順左右之心。（戰國策·燕策）

是僕終已不得舒憤懣以曉左右。（司馬遷報任安書）

後代這種尊稱和謙稱還有多種形式，這裏不必一一敘述。

*　　*　　*

其次，談談反身代詞"自"、"相"。

《馬氏文通》把"自、相"二字都歸入互指代字，那是對的，楊樹達認爲"自"是代詞，"相"是副詞，我認爲不妥。"自"和"相"都是反身代詞，用作狀語，不應分屬兩個詞類①。

① 法語反身代詞 se，有時可以譯成"自"，有時可以譯成"相"，可見"自、相"都是反身代詞。

“自”字,古今的意義是一樣的。例如:

夫人必自侮,然後人侮之;家必自毁,而後人毁之;國必自伐,而後人伐之。(孟子·離婁上)

山木自寇也,膏火自煎也。(莊子·人間世)

老去悲秋强自寬。(杜甫九日藍田崔氏莊)

死去憑誰報?歸來始自憐。(杜甫喜達行所在)

“相”字的最初意義(互相)也沿用到現在。例如:

二氣感應以相與。(易·咸卦)

剛柔相摩,八卦相蕩。(易·繫辭上)

國與國不相攻,家與家不相亂。(墨子·兼愛上)

喜則交頸相靡,怒則分背相踶。(莊子·馬蹄)

人生不相見,動如商與參。(杜甫贈衛八處士)

但是,“相”字很早就可以指單方面。在這種情況下,既可以指物,也可以指人,可以譯作倒裝的賓語“我”、“我們”、“你”、“你們”、“他(它)”、“他(它)們”①。例如:

世之相後也,千有餘歲。(孟子·離婁下)

夫驥一日而千裏,駑馬十駕則亦及之矣。……終身不可以相及也。(荀子·修身)

(以上指物)

其能降以相從也。(左傳·隱公十一年)

而公擁兵數萬,不肯相救。(史記·張耳陳餘列傳)

易世矣,宜勿復相怨。(漢書·遊俠傳)

小生乃欲相吏耶②?(同上,朱雲傳)

---

① 因此,我們覺得“相”字應該認爲是代詞,楊樹達把這種“相”字譯作“見”是不對的。

② 師古注:“言欲以我爲吏乎?”

承阿母相邀,詣劉徹家。(漢武内傳)

兒童相見不相識。(賀知章回鄉偶書)

告别無淹晷,百憂復相襲。(杜甫送率府程録事還鄉)

元都道士來相訪。(杜甫題李尊師鬆樹障子歌)

(以上指"我")

昔者相過今不得。(杜甫偪仄行)

春山無伴獨相求。(杜甫題張氏隱居)

以子棲心至道,抗節不回,故來相救耳(仙傳拾遺)

(以上指"你")

羊秉爲撫軍參軍,少亡,有令譽。夏侯孝若爲之叙,極相贊悼。(世説新語·言語)

謐見之嗟嘆,遂爲作叙。於是先相非貳者,莫不斂衽讚述焉。(同上,文學)

先公勳業如是,君作東征賦,云何相忽略?(同上)

蘇峻之亂,庾太尉南奔見陶公,陶公雅相賞重。(同上,儉嗇)

故人入我夢,明我長相憶。(杜甫夢李白)

(以上指"他")

耶娘妻子走相送。(杜甫兵車行)

(以上指"他們")

與人期行,相委而去。(世説新語·方正)

(以上指"人家")

這是由反身代詞發展爲代詞賓語,發展的道路是很清楚的。

*　　*　　*

最後,附帶講一講上古時代的兩個無定代詞"莫"和"或"。

"莫"字,楊樹達稱爲"無指代名詞",譯成現代漢語就是

"没有誰","没有什麼"。這種"莫"字,上古時代最爲常見。例如:

如火烈烈,則莫我敢曷。(詩・商頌・長發)

莫赤匪狐,莫黑匪烏。(詩・邶風・北風)

八世之後,莫之與京。(左傳・莊公二十二年)

莫我知也夫!(論語・憲問)

莫聞莫見,則必以爲無。(墨子・明鬼下)

君仁莫不仁,君義莫不義。(孟子・離婁上)

莫神於天,莫富於地,莫大於帝王。(莊子・天道)

故人主欲强國安樂,則莫若反之民。(荀子・君道)

"莫"字前面也可以有先詞,表示範圍。例如:

汝惟不矜,天下莫與汝争能;汝惟不伐,天下莫與汝争功。(書・大禹謨)

謂人莫己若者亡。(尚書・仲虺之誥)

從者病,莫能興。(論語・衛靈公)

邊國至境,四鄰莫救。(墨子・七患)

九夷之國莫不賓服。(同上,非攻中)

夫水行莫如用舟,而陸行莫如用車。(莊子・天運)

夫哀莫大於心死。(同上,天道)

將以爲智邪?則愚莫大焉;將其爲利邪?則害莫大焉;將以爲榮邪?則辱莫大焉。(荀子・榮辱)

婦人莫不願得以爲夫,處女莫不願得以爲士。(荀子・非相)

到了漢代以後,"莫"字發展爲副詞,等於説"勿",表示禁止。例如:

莫如商鞅反者!(史記・商君列傳)

其去剛卯,莫以爲佩;除刀錢,勿以爲利。(漢書・王莽傳中)

但是,"莫"字作爲無定代詞,仍沿用到中古以後。例如:

沈竿續蔓深莫測。(杜甫渼陂行)

古先莫能儔。(杜甫奉同郭給事詩)

寬心應是酒,遣興莫過詩。(杜甫可惜詩)

此則才行事跡,莫不闕如。(史通·叙事)

感人心者莫先乎情,莫始乎言,莫切乎聲,莫深乎義。(白居易與元九書)

舉天下之豪傑,莫能與之争。(歐陽修伶官傳序)

非劉豫州莫可以當曹操者。(資治通鑑·赤壁之戰)

直到今天,無定代詞"莫"字還存在某些成語裏,如"莫不歡欣鼓舞"、"莫大的光榮"、"莫測高深"、"莫名其妙",等等。

"或"字,楊樹達叫做"虛指指示代名詞"。我想,叫做"虛指代詞"就可以了,不必叫做"指示代名詞",因爲"或"字也有人稱代詞的性質。

"或"是"莫"的反面:"莫"是没有人,"或"是有人;"莫"是没有什麽,"或"是有些。例如:

或燕燕居息,或盡瘁事國;或息偃在床,或不已於行。(詩·小雅·北山)

或謂孔子曰:"子奚不爲政?"(論語·爲政)

子曰:"吾未見剛者。"或對曰:"申棖。"(同上,公冶長)

或殺人,其國家禁之。(墨子·天志下)

或謂惠子曰:"莊子來,欲代子相。"(莊子·秋水)

或聘於莊子。(同上,列禦寇)

或百步而後止,或五十步而後止。(孟子·梁惠王上)

行,或使之;止,或尼之。(同上,梁惠王下)

或曰:"百裏奚自鬻於秦養牲者五羊之皮,食牛以要秦穆公,信乎?"(同上,萬章上)

魯欲背晉合於楚。或諫,乃否。(史記·魯世家)

楚欲殺之。或諫,乃歸解揚。(同上,晉世家)

和“莫”字一樣,“或”字也可以有先詞,在此情況下,往往用兩個以上的“或”字。例如:

後世之君子,或以厚葬久喪以爲仁也義也,孝子之事也;或以厚葬久喪以爲非仁義,非孝子之事也。(墨子·節葬下)

能不龜手一也,或以封,或不免於洴澼絖,則所用之異也。(莊子·逍遥游)

二者或有餘於數,或不足於數,其於憂一也。(同上,駢拇)

是以臣或弑其君,下或殺其上。(荀子·富國)

左右或默,或言馬以阿順趙高。(史記·秦始皇本紀)

諸生或言反,或言盗。(同上,叔孫通傳)

其神或歲不至,或歲數來。(同上,封禪書)

無定代詞“或”字發展爲現代連詞“或”字(或者),如“或多或少”、“或遠或近”、“這塊地可以種高粱或玉米”等。從什麽時代起“或”字用作連詞,還没有研究清楚[①]。

① 用兩個“或”字作連詞,時代較早;用一個“或”字作連詞,時代較晚。我疑心後者是受外國語的影響。

第五章　指示代詞

在上古漢語裏，指示代詞和人稱代詞的關係非常密切。"其""之"兩字是比較明顯的例子。楊樹達先生把"其"、"之"歸入指示代詞①，是有相當理由的。"其"、"之"既然可以指物，就和第一、二人稱專指人的不同。殷虚卜辭中不用"其"、"之"作人稱代詞，可見它們不是和"餘"、"汝"、"朕"等人稱代詞同時産生的，可能是它們先用作指示代詞，然後發展爲人稱代詞。

"之"字用於指示的時候，是用作定語的（所謂"指示形容詞"），它是近指的指示代詞②，等於現代的"這"。例如：

之子於歸，宜其室家。（詩・周南・桃夭）

之子於歸，遠送於野。（詩・邶風・燕燕）

之人也，之德也，將磅礴萬物以爲一世蘄乎亂。（莊子・逍遥游）

之二蟲又何知！（同上）

雖然，之二者有患。（同上，人間世）

之八者，存可也。（同上，在宥）

之數物者，不足以厚民。（同上，庚桑楚）

---

① 楊樹達《高等國文法》，88—95頁。

② 《馬氏文通》認爲這種"之"字和"其"字是指示代字（校注本46頁、50頁），我們同意這個看法。

之人之言不可以當,必不審。(墨子・經説下)

之馬之目盼則爲之馬盼,之馬之目大而不謂之馬大;之牛之毛黄則謂之牛黄,之牛之毛衆而不謂之牛衆。(墨子・小取)

"其"字用於指示的時候,也是用作定語的,它是特指(非近指,亦非遠指)的指示代詞,略等於現代漢語的"那種"、"那樣"、"那個"。它具有特定的意義,古人用它來表示它後面的名詞所代表的人物是"適當"的。例如:

非其鬼而祭之,諂之。(論語・爲政)

若由也,不得其死然。(同上,先進)

苟有其備,何故不可?(左傳・昭公五年)

語道而非其序者,非其道也。語道而非其道者,安取道?(莊子・天道)

今欲舉大事,將非其人不可。(史記・項羽本紀)

僕誠以著此書,藏之名山,傳之其人。(文選・司馬遷報任安書)

第二人稱"若"、"爾"兩字,同樣地可以用作指示代詞,作爲定語。"若"字以用於近指爲常。例如:

君子哉若人!尚德哉若人!(論語・憲問)

君如有憂中國之心,則若時可矣。(公羊傳・定公四年)

聞若言,莫不揮泣奮臂而欲戰。(戰國策・齊策)

爲天下之長患,致黔首之大害,若説爲深。(吕氏春秋・振亂)

"爾"字則以用放遠指爲常,但在某些情況下,近指和遠指的分别是不清楚的。"爾"字用於定語,在上古還没有見到過;但在南北朝的時候,"爾"字就已經有這種用法了。例如:

許掾嘗詣簡文,爾夜風恬月朗。(世説新語・賞譽下)

爾時話已神悟,自參上流。(同上,言語)

爾夕三更,子恪徒跳奔至建陽門上。(南史・豫章王子恪傳)

“爾”和“若”是有共同來源的,但是在語法作用上,它們有一個不同之點:在用作指示代詞的情況下,“若”字不能用作賓語和謂語,而“爾”字可以用作賓語和謂語,等於現代漢語的“那個”、“那樣”或“這個”、“這樣”。例如:

孔子在衛,有送葬者,而夫子觀之,曰:“善哉爲喪乎!足以爲法矣。小子識之。”子貢曰:“夫子何善爾也?”(禮記・檀弓上)

王曰:“若如公言,並不如此二人耶?”謝曰:“身意正爾也。”(世説新語・品藻)

名教中自有樂地,何爲乃爾也?(同上,德行)

王曰:“君何以不行?”江曰:“恐不得爾。”(同上,方正)

“爾”字用於“那樣”、“這樣”的意義,一直沿用到唐宋以後。例如:

使嘉賓不死,鼠子敢爾邪?(晉書・郗超傳)

果爾,後將易吾姓也。(同上,桓温傳)

正自不能不爾耳。(同上,謝安傳)

未能免俗,聊復爾耳。(同上,阮咸傳)

汝等不應爾。(南史・裴邃傳)

再思喟然曰:“吾等誠負天下。”巨源曰:“時當爾耳。”(新唐書・韋巨源傳)

事已爾,叵奈何。(同上,賈餗傳)

在上古時代,最常見的指示代詞是“是”、“斯”、“此”、“兹”,它們都是近指。例如:

子於是日哭,則不歌。(論語・述而)

是食言多矣,能無肥乎?(左傳・哀公二十五年)

君與大夫不善是也。(同上,襄公二十六年)

先王之道,斯爲美。(論語・學而)

誰能出不由户？何莫由斯道也？（論語・雍也）
某在斯！某在斯！（同上，衛靈公）
賢者而後樂此，不賢者雖有此不樂也。（孟子・梁惠王上）
賢者亦有此樂乎？（同上，梁惠王下）
念兹在兹。（書・大禹謨）
文王既没，文不在兹乎！（論語・子罕）

與"此"相對立的是"彼"字。"彼"字是十足的遠指代詞。例如：

彼亦一是非，此亦一是非。（莊子・齊物論）
彼以利合，此以天屬也。（同上，山木）
息壤在彼。（戰國策・秦策）

唐宋以後，在口語裏，"這、那"代替了"此、彼"。"這"字也寫作"者"、"遮"[①]。例如：

冬夏遞互用，長年只這是。（寒山詩）
不省這個意，修行徒苦辛。（拾得詩）
牟尼這日發慈言。（維摩詰經菩薩品變文）
這個修行是道場。（同上）
這賊争敢輒爾猖狂？（張義潮變文）
擾擾受輪迴，只緣疑這箇。（王安石詩）
細想從來，斷腸多處，不與者番同。（晏幾道詞）
待我遮裏兵才動，先使人將文字與番人。（揮塵録餘話）
這箇風俗如何得變？（李延年集）
莫輕這一粒，千百粒盡從這一粒生。（指月録）
獸王問那大王。（妙法蓮花經變文）
雅頌在於此，浮華致那邊。（釋尚顔詩）

① 參看吕叔湘《這那考原》，見《漢語語法論文集》，179—181 頁。

在宋代,“那”字有一種特殊用法,看起來似乎是多餘的,其實它起着特指的作用,有點象英語的冠詞,例如:

朱温共那哥哥朱全昱、朱存侍奉那母親王氏。(五代史平話·梁史)

那朱温葬了那爺爺,侍奉他的娘娘王氏,和那兩個哥哥同往徐州録事押司劉崇家。(同上)

王鐸上表,自請做諸道行營都統,辟崔安潛做那副都統。(同上)

趙廷隱選那善射的五百人在中路藏伏。(同上,晉史)

有那右廂指揮使盧順密帥部兵出營。(同上)

有那大蟲要來傷殘牛只。(同上,周史)

這種“那”字的用法,後代没有沿用下來。

關於“這、那”的來源,衆説紛紜,莫衷一是。

《説文》:“者,别事詞也。”朱駿聲説:“今‘者番’、‘者回’字,俗以‘迎這’字爲之。”可見朱氏以爲指示代詞“這”字是從别事詞“者”字來的。但是,“者”字一向是被飾代詞(見下文),怎麽能够忽然掉换一個相反的位置,變爲定語了呢?

比較近理的推測應該是由指示代詞“之”字轉變而來。“之”、“者”同屬照母。由於口語和文言讀音分道揚鑣,“之”字的口語音到了中古和文言的“者”音相混了(聲調微異),就有人借“者”字表示。但是,許多人覺得“者”字並非本字,所以又寫作“這”、“遮”。

我在《漢語史稿》(284 頁)上説:“‘那’字的來源比較簡單,如果不是上古的指示代詞‘若’字,就是‘爾’字。”現在我的看法改變。“那”字最初是疑問代詞,後來才轉變爲指示代詞。

唐宋時代有狀語代詞,"能"、"能爾"、"能許"、"能樣"、"能底"、"能亨"、"能地"、"能箇"、"如許"、"爾許"等①,略等於現代漢語的"這麽"、"那麽"。例如:

芳意何能早?孤榮亦自危。(張九齡詩)

若教俯首隨韁鎖,料得如今似我能。(蘇軾詩)

俄變見金蛇能紫,玉蟾能白。(劉克莊詞)

數樹直青能爾瘦,一軒殘照爲誰留?(陳師道詩)

着花能許瘦,落子不多長。(楊萬裏詩)

玉蕊縱妖嬈,恐無能樣嬌。(侯寘詞)

最愛河堤能底巧,截他山脚不勝齊。(楊萬裏詩)

他年青史總無名,他也能亨,我也能亨。(徐淵子詞)

客路如天杳杳,歸心能地寧寧。(石孝友詞)

貧養山禽能箇瘦,病關芳草就中肥。(皮日休詩)

問怎生禁得如許無聊。(柳永詞)

相府如潭,侯門似海,那得煙霄爾許高!(葛長庚詞)

天公能許巧,剪水作冰花。(陸暢詩)

這些都可能是來自"爾"字。上文説過,"爾"字本來就有"這樣"、"那樣"的意義。"寧馨"可能是"爾"字的方言變形。"爾"、"寧"古雙聲,"寧"破裂爲"寧馨","寧"、"馨"疊韻。"寧馨"、"能亨"、"爾許"、"寧許"、"能許"等都是一聲之轉(雙聲或疊韻),它們代表着不同的時代和不同的方言。由於當時"地"、"底"可以用作詞尾,所以"能"的後面又可以帶"地"或"底",成爲"能地"、"能底"等形式。

此外,在唐宋人的語録裏,已經有了"恁麽"這樣一個形

① 參看張相《詩詞曲語辭匯釋》319—321 頁,324—325 頁。

式。從語音上看,"恁麽"就是後來的"那麽",但在最初的時候,"恁麽"既可以表示"那麽",也可以表示"這麽"。例如:

古往今來多少聖賢豪傑,韞經綸事業不得做,只恁麽死了底何恨!(朱熹答陳同叔書)

在宋元的詞曲裹,"恁麽"只寫作"恁"(有時候寫作"惹"),或者在"恁"字後面加個詞尾"的"。例如:

十四五閑抱琵琶尋。堂上簸錢堂下走,恁時相見已留心。(默記引望江南詞)

便只恁成辜負。(黄機詞)

婆婆,我且問你,你挑着惹多鞋做甚麽?(巾箱本琵琶記)

早知恁的難拚,悔不當初留住。(柳永詞)

若不恁的呵,不濟事。(玉鏡臺)

到了《水滸傳》,"恁的"又寫成"恁地"。例如:

偌大一個少華山,恁地廣闊,不信沒有個獐兒兔兒?(第一回)

老人家,如何恁地下禮?折殺俺也!(第四回)

阮小二道:"休恁地説!"(第十五回)

"這麽"、"那麽"的出現,可以説是很晚的事,我們還没有研究清楚它們最初出現在什麽時代。這裹舉出《紅樓夢》的一些例子:

璉二奶奶要傳,你們也敢這麽回嗎?(第七十一回)

熬了這麽大年紀。(第五十五回)

我打諒我是和你們姑娘那麽好性兒。(第七十四回)

我也没那麽大精神和他們盡着吵去。(第八十二回)

*　*　*

下面講兩個特殊代詞:"者"和"所"。

《馬氏文通》把"者"、"所"都認爲是接讀代字,這是對的。黎錦熙在他的《國語文法》裏稱爲聯接代名詞,也是對的。楊樹達認爲"者"字是指示代名詞,也是對的;但是他認爲"所"字是被動助動詞,則是錯誤的。我在《中國現代語法》中認爲"所"字是一種"記號",那也不妥。最後,我還是采用了《馬氏文通》的説法,認爲"所"字是一種特殊代詞[①]。

"者"字

"者"字是所謂被飾代詞,它通常用在形容詞、動詞或動詞性詞組後面組成一個名詞性的詞組,表示"……的人"或"……的事物"。例如:

老者安之,朋友信之,少者懷之。(論語·公冶長)

仁者不憂,知者不惑,勇者不懼。(同上,憲問)

饑者易爲食,渴者易爲飲。(孟子·公孫醜上)

往者不可諫,來者猶可追。(論語·微子)

仲尼之徒無道桓文之事者。(孟子·樑惠王上)

雖有天下易生之物也,一日暴之,十日寒之,未有能生者也。(孟子·告子上)

不爲者與不能者之形何以異?(孟子·樑惠王上)

這種"者"字一直沿用到現代,而且作爲詞尾,産生一些新詞,如"作者"、"讀者"、"記者"、"工作者"等等。

"者"字又可以用於復指。復指有三種情况:

第一,"者"字結構等於後置的修飾語。例如:

佗小渠披山通道者,不可勝言。(史記·河渠書)

(等於説:其它披山通道的小渠不可勝言。)

---

① 但是我不把"所"字叫做"接讀代字",因爲"所"字的詞性和英語的relative pronoun並不相同。

請益其車騎壯士,可爲足下輔翼者。(史記・刺客列傳)

(等於説:請您增加一些可以作爲您的輔翼的車騎壯士。)

高乃與胡亥、丞相斯陰謀破去始皇所封書賜公子扶蘇者。(史記・始皇本紀)

(等於説:……破去始皇所封的賜給公子扶蘇的書信。)

這種句法一直沿用到後代。例如:

因明宗名做嗣源的在鎮州守德勝城。(五代史平話・晉史)

有妻兄柴守禮的孩兒名榮的,郭威養以爲子。(同上,周史)

第二,"者"字直接放在名詞後邊,來復指主語,引出判斷。這種"者"字有"這個人"或"這個事物"的意思。例如:

政者,正也。(論語・顔淵)

巡狩者,巡所守也。(孟子・梁惠王下)

黄帝者,少典之子,姓公孫,名曰軒轅。(史記・五帝本紀)

秦始皇帝者,秦莊襄王子也。(同上,秦始皇本紀)

絳侯周勃者,沛人也。(同上,絳侯周勃世家)

第三,"者"字放在主謂結構或述賓結構的後面,這個主謂結構或述賓結構作爲一個整體,而用"者"字復指,來解釋原因,有"這是因爲"的意思。例如:

井鼃不可以語於海者,拘於虚也;夏蟲不可以語於冰者,篤於時也;曲士不可以語於道者,束於教也。(莊子・秋水)

木直中繩,輮以爲輪,其曲中規,雖有槁暴不復挺者,輮使之然也。(荀子・勸學)

故懷負石而赴河,是行之難爲者也,而申徒狄能之,然而君子不貴者,非禮義之中也。(同上,不苟)

人君無智愚賢不肖,莫不欲求忠以自爲,舉賢以自佐,然亡國破家相隨屬,而聖君治國累世而不見者,其所謂忠者不忠,而所謂賢者不賢也。(史記・屈原列傳)

吾屬廷尉者,欲致之族。(同上,張釋之傳)

這種"者"字,《馬氏文通》以爲是提頓,楊樹達以爲是表提示的語末助詞,其實這種"者"字仍是復指代詞,不過用來引出原因罷了。

"所"字

"所"字是一種特殊代詞,它放在動詞前面,作爲動詞的賓語,它和動詞結合後,成爲名詞性詞組。例如:

绿兮絲兮,女所治兮。(詩·邶風·绿衣)

百爾所思,不如我所之。(同上,鄘風·載馳)

唯器與名不可以假人,君之所司也。(左傳·成公二年)

知變化之道者,其知神之所爲乎?(易·繫辭上)

視其所以,觀其所由,察其所安。(論語·爲政)

在開始的時候,"所"字結構是名詞性詞組,只用作主語或賓語。後來這種"所"字結構也可以用作主語。例如:

仲子所居之室,伯夷之所築與,抑亦盜跖之所築與?所食之粟,伯夷之所樹與,抑亦盜跖之所樹與?(孟子·滕文公下)

天所立大單於敬問皇帝陛下無恙。(史記·匈奴列傳)

漢之所置傅相方握其事。(同上,賈誼列傳)

舜本臣敞所厚吏。(同上,張敞列傳)

有的語法書以"所"字結構帶名詞者爲正例,以不帶名詞者爲省略[①],這是顛倒了語言發展的歷史。

同時,"所"字結構又可以用作定語,修飾"者"字。這也是後起的語法現象。例如:

所入者變,其色亦變。(墨子·所染)

① 參看黎錦熙《比較文法》122頁。

其所厚者薄，而其所薄者厚。（禮記·大學）

臣之所好者道也。（莊子·養生主）

巢非不完也，所係者然也。（荀子·勸學）

然則先王以人之所不欲者賞，而以人之所欲者罰邪？（同上，正論）

由於介詞來自動詞，所以"所"字也可以用作介詞的賓語，如"所以"、"所爲"、"所與"、"所自"、"所由"等。例如：

君子進德修業：忠信，所以進德也；修辭立其誠，所以修業也。（易·干卦）

易有四象，所以示也；繫辭焉，所以告也；定之以吉凶，所以斷也。（同上，繫辭上）

《鹿鳴》，君所以嘉寡君也，敢不拜嘉？《四牡》，君所以勞使臣也，敢不重拜？（左傳）

拱把之桐梓，人苟欲生之，皆知所以養之者。（孟子·告子上）

曰莊薑，薑而無子，衛人所爲賦《碩人》也。（左傳·隱公三年）

諭以所爲起大事。（史記·項羽本紀）

揖所與立。（論語·鄉黨）

其妻問所與飲食者。（孟子·離婁下）

驕奢淫佚，所自邪也。（左傳·隱公三年）

自古至今，所由來遠矣。（史記·三王世家）

"所以"結構又發展爲解釋原因①。例如：

今吾游於雕陵而忘吾身，異雀感吾顙，游於栗林而忘真，栗林虞人以吾爲戮，吾所以不庭也。（莊子·山木）

① "所爲"結構也有同樣的作用。例如：

上所爲數問君者，畏君傾動關中。（史記·蕭相國世家）

所爲見將軍者，欲以助趙也。（戰國策·燕策）

君非自知我也,以人之言而遺我粟;至其罪我也,又且以人之言。此吾所以不受也。(同上,讓王)

故羣臣去忠而事私,百姓怨非而不用,賢良退處而隱逃,此其所以喪九牧之地而虚宗廟之國也。(荀子·解蔽)

後來又發展爲推究原因,"所以"結構移到前面去。例如:

漢王所以具知天下厄塞、户口多少、强弱之處、民所疾苦者,以何具得秦圖書也。(史記·蕭相國世家)

庶民所以安其田裏而亡嘆息愁恨之心者,政平訟理也。(同上,循吏列傳)

推究原因的"所以",一直沿用到現代,解釋原因的"所以",後來變爲連詞,等於"故"字。(詳見十一章連詞部分)

漢代以後,"所"字用於被動句,"所"字詞性虚化了,變爲被動詞的詞頭。例如:

世子申生爲驪姬所譖。(禮記·檀弓)①

衛太子爲江充所敗(漢書·霍光傳)

車騎大將軍爲種所敗於冀西。(後漢書·安帝傳)

楊樹達認爲《馬氏文通》把"所"字歸入接讀代字是錯誤的,他認爲"所"字是被動助動詞,於是引起了他和黎錦熙的争論。其實從歷史發展看,問題就解決了。先秦時代,"所"字確是代詞;漢代以後,"所"字除沿用爲代詞外,又虚化爲助動詞詞頭。這樣解釋,應該是比較合理的。

---

① 《禮記》是西漢戴聖編定的書。

第六章　疑問代詞

疑問代詞自古就分爲指人和指物兩種,而且大致可以分爲三係,如下:

（一）ʑ 係(指人)

（甲）主、賓語:誰 ʑĭuəi

（乙）主語(常用於選擇問):孰 ʑĭuk

（二）ɣ 係(指物)

何 ɣai　　曷 ɣɑt　　胡 ɣɑ　　奚 ɣie

侯 ɣo　　遐 ɣeɑ

（三）o 係(指處所)

惡(烏)ɑ　　安 ɑn　　焉 ĭɑn

現在分别加以敘述。

"誰"字指人,用作主語和賓語。例如:

誰生厲階,至今爲梗?(詩・大雅・桑柔)

誰能執熱,逝不以濯?(同上)

(以上用作主語)

吾誰欺?欺天乎?(論語・子罕)

寡人有子,未知其誰立焉。(左傳・閔公二年)

(以上用作動詞賓語。)

吾誰與爲親?(莊子・齊物論)

且夫暴國之君將誰與至哉?(荀子・議兵)

(以上用作介詞賓語。)

"誰"字又可以用作謂語。例如：

然則富貴爲賢以得其賞者誰也。(墨子・尚賢中)

胡不嘗試相與求亂之者誰也？(荀子・富國)

偶然也用作定語。例如：

吾不知誰之子,象帝之先。(老子)

(用"之"字作爲中介。)

何法之道,誰子之與也？(荀子・王霸)

"誰"的另一形式是"疇"字,用法大致相同。例如：

疇咨若是登庸？(書・堯典)

疇逆失而能存？(漢書・司馬相如傳)

疇能是恤？(左思蜀都賦)

疇可與乎比抗？(張衡思玄賦)

"誰"和"疇"在語音上的差别,可能是由於地域的不同或時代的不同。

"孰"字主要是用於選擇問。例如：

女與回也孰愈？(論語・公冶長)

師與商也孰賢？(同上,先進)

哀公問：弟子孰爲好學？(同上,雍也)

父與夫孰親？(左傳桓公十五年)

聖王有百,吾孰法焉？(荀子・非相)

"孰"字還可以指無生之物,而"誰"字則没有這種功能。例如：

五色不亂,孰爲文采？五聲不亂,孰應六律？(莊子・馬蹄)

是可忍也,孰不可忍也？(論語・八佾)

天下之害孰爲大？(墨子・兼愛下)

木與夜孰長？智與粟孰多？爵、親、行、賈,四者孰貴？(同上,經說下)

萬物一齊,孰短孰長?(莊子·秋水)
故純樸不殘,孰爲犧尊?白玉不毀,孰爲珪璋?(同上·馬蹄)
舍是而孰足爲也?(荀子·王霸)
是高爵豐禄之所加也,榮孰大焉?(同上·議兵)

"何"字指物[①],以用於賓語爲常。例如:

内省不疚,夫何憂何懼?(論語·顔淵)
然而天何欲何惡者也?(墨子·法儀)
朕又何知?(莊子·在宥)
無禮何以正身?(荀子·修身)
今夫仁人也,將何務哉?(同上,非十二子)

"何"字用作定語,兼指人和事物。例如:

王何卿之問也?(孟子·萬章下)
是何人也!(莊子·養生主)
嗟我何人,獨不遇時當亂世!(荀子·成相)
(以上指人)
"何器也?"曰:"瑚璉也。"(論語·公冶長)
此何木也哉?(莊子·人間世)
子何術之設?(同上,山木)
此何怪也?(荀子·榮辱)
(以上指事物)

"何"字用作狀語,大致等於現代漢語的"爲什麽"或"怎麽",例如:

夫子何哂由也?(論語·先進)
先生何止我攻鄭也?(墨子·魯問)
何先生之憊邪?(莊子·山木)

---

① 偶然也指人,如《詩·小雅·蓼莪》:"無父何怙?無母何恃?"

故周公南征而北國怨，曰："何獨不來也？"東征而西國怨，曰："何獨後我也？"(荀子·王制)

"曷"、"奚"、"胡"的應用範圍比"何"字窄得多，它們不能指人，不用作主語。"奚"字用作賓語的比較少見，"曷"、"胡"用作賓語者更是個別的情況[①]。它們通常只用作狀語，很少用作定語。例如：

衛君待子而爲政，子將奚先？(論語·子路)
問臧奚事，則挾策讀書；問谷奚事，則博塞以游。(莊子·駢拇)
(以上用作賓語)
子奚不爲政？(論語·爲政)
子奚哭之悲也？(韓非子·龢氏)
時日曷喪？予及汝皆亡。(書·湯誓)
天曷不降威？(同上，西伯戡黎)
曷足以美七尺之軀哉？(荀子·勸學)
人盡夫也，父一而已，胡可比也？(左傳桓公十五年)
誰爲君夫人？餘胡弗知？(同上，襄公二十六年)
同始異終，胡可常也？(同上，昭公七年)
又胡可得而有邪？(莊子·知北游)
子胡不南見老子？(同上，庚桑楚)
(以上用作狀語)

指物的"何"、"奚"又可以指處所。例如：

有是三者，何向而不濟？(左傳昭公四年)
子路宿於石門。晨門曰："奚自？"(論語·憲問)

"遐"、"侯"二字應是"胡"的音變。"胡"、"遐"同屬古韻

① 《馬氏文通》引《詩·邶風·式微》："胡爲乎泥中。"說："蓋'胡、曷'二字，惟爲'爲'字所司，未見有司於其他介詞者。"

魚部;"胡"、"侯"是魚侯旁轉。這兩個字作爲疑問代詞只出現在上古時代,後代就罕見了。就在上古時代,它們只用作狀語[①]。例如:

樂只君子,遐不眉壽?(詩·小雅·南山有臺)

心乎愛矣,遐不謂矣?(同上,隰桑)

周王壽考,遐不作人?(同上,大雅·棫樸)

今侯渫過而不辭?(吕氏春秋·觀表)

君乎!君乎!侯不邁哉?(史記·司馬相如列傳)

吁!漢帝之德,侯其禕而!(張衡東京賦)

就先秦的情況來説,〇係"惡"、"安"、"焉"只是指處所。它們都是影母字,"安"與"焉"是既雙聲,又疊韻,所以它們的意義是相通的。例如:

君子去仁,惡乎成名?(論語·里仁)

天下惡乎定?(孟子·梁惠王上)

惡在其爲民父母也?(同上)

居惡在?仁是也;路惡在,義是也。(同上,盡心上)

惡往而不暇?(莊子·達生)

安往而不愛哉?(同上,山木)

人焉廋哉?人焉廋哉?(論語·爲政)

天下之父歸之,其子焉往?(孟子·離婁上)

有些"惡"、"安"、"焉"雖不明顯指處所,并且大致可以由"何、曷、胡、奚"代替,但是由於本義不同,引申義也有細微的分別。這一類的"惡"、"安"、"焉",實際上等於現代漢語的

① 揚雄《法言·先知》:"法無限,則庶人田侯田,宅侯宅,食侯食,服侯服。""侯"字用作定語,是例外。

“哪裏”。“惡得”、“惡能”、“安能”、“焉能”、“焉得”等於“哪裏能够”；“安知”、“焉知”等於“哪裏知道”。例如：

惡得有其一而慢其二哉？（孟子·公孫醜下）

吾惡能知其辯？（莊子·齊物論）

暴而不戢，安能保大？（左傳宣公十二年）

吾以夫子爲天地，安知夫子之猶若是也？（莊子·德充符）

子非魚，安知魚之樂？（同上，秋水）

鶴實有禄位，餘焉能戰？（左傳閔公二年）

焉知其所終？焉知其所始？（莊子·山木）

總之，疑問代詞 ʑ 係、ɤ 係、○係之間分别，在先秦是相當清楚的，到了漢代以後，界限變爲不那麽清楚了。但是，“誰”仍指人，保存爲今天的“誰”；“何”仍指物，在今天則説成“什麽”。這個大界限仍是清楚的。

從南北朝起，史料中出現了一個疑問代詞“底”字，它的意義和“何”字相同。例如：

日冥當户倚，惆悵底不憶？（子夜歌）

寒衣尚未了，郎喚儂底爲？（子夜四時歌·秋夜）

單身如螢火，持底報郎恩？（歡聞歌）

我與歡相憐，約誓底言者？（懊儂歌）

徒勞無所獲，養蠶持底爲？（采桑度）

持底喚歡來，花笑鶯歌詠。（西烏夜飛）

到了唐代以後，“底”字用得更普遍了。例如：

空芳酒食饌，持底解人頤。（王維慕容承攜素饌見過詩）

緣底名愚谷？都由愚所成。（王維愚公谷之二）

花飛有底急？老去願春遲。（杜甫可惜詩）

久待無消息，終朝有底忙？（杜甫寄邛州崔録事詩）

盤渦鷺浴底心性？獨樹花發自分明。（杜甫愁詩）

陶冶性靈有底物？新詩改罷自長吟。（杜甫解悶之七）

有底忙時不肯來？（韓愈同水部張員外籍曲江春游詩）

甯戚飯牛緣底事？陸通歌鳳亦無端？（元稹放言詩）

若拋風景常閒坐，自問東京作底來？（白居易早出晚歸詩）

柳映江潭底有情？望中頻遣客心驚？（李商隱咏柳詩）

風流真底事？常欲傍清羸。（李商隱贈宗魯笻竹杖詩）

吹皺一池春水，干卿底事？（南唐書・馮延己傳）

疑問代詞"底"字的來歷，這是尚待研究的問題。顏師古《匡謬正俗》說："俗謂何物爲'底'，此本言'何等物'，後省'何'，直雲'等物'耳。……今人不詳根本，乃作'底'字，非也。"這種揣測的話，是靠不住的。

現代漢語裏的"什麽"（甚麽）不是從"何"字演變來的，也不是從"底"字演變來的。"什麽"在唐代就産生了。《集韻》說："不知而問曰'拾没'。"在唐代，"什麽"也有寫成"是勿"的。例如：

玄宗問黄幡綽："是勿兒可憐？"對曰："自家兒可憐。"（趙璘因話録）

但是一般總是寫作"什麽"、"甚麽"、"甚末"，或者單寫一個"甚"字（"甚"是"什麽"的合音），也有說成"甚底"的。例如：

耶孃甚處傳書覓？（敦煌零拾・雀踏枝）

韓愈問牛僧孺："且以拍板爲什麽？"（唐摭言）

下面是宋元以後的例子：

劫劫地走覓什麽？（蘇軾醉僧圖頌）

在此作什麽？（景德傳燈録）

説箇道理如此，看是什麽人卜得？（朱子語録）

我父親是誰？名喚甚末？（元曲·認金梳）
又不會做甚經紀。（五代史平話·梁史）
慕容三郎問他有甚底病。（同上）
城上望東南角無甚人馬。（三國志通俗演義卷二）
玄德臨去時分付你甚麼來？（同上，卷三）

除了“什麼”之外，還有“遮莫”。“遮莫”和“什麼”可能有語音上的聯繫。《才調集》載李白《寒女吟》：“下堂辭君去，去後悔遮莫。”“悔遮莫”就是“悔什麼”①。後來“遮莫”又寫成“者麼”、“者末”、“折莫”等。例如：

茶寮山上一頭陀，新來學者麼。（徐淵子阮郎歸詞）
問甚麼官人令史，者末儒流秀士，浪子人兒？（雍熙樂府六）
管甚麼抹土搽灰，折莫擂鼓吹笛？（錯立身戲文）

現代漢語的“怎麼”，在唐五代只用“争”字來表示。例如：

老去争由我？愁來欲泥誰？（白居易新秋詩）
見説白楊堪作柱，争教紅粉不成灰？（白居易燕子樓詩）
若是有情争不哭？夜來風雨葬西施。（韓偓哭花詩）
澗鬆亦有凌雲分，争似移根太液池？（韓偓宫柳詩）
漢武碧桃争比得？枉令方朔號偷兒！（韓偓荔枝詩）
紫陌縱榮争及睡？朱門雖貴不如貧。（五代史平話·周史）

到五代以後才用“怎”字，同時産生了“怎生”、“怎麼”（怎末）、“怎的”等。例如：

怎恁地説？嚮日則爲讎敵，今日則爲一家。（五代史平話·周史）

---

① 這是根據張相的解釋（《詩詞曲語詞彙釋》上册，146頁）。但是有人懷疑這首詞不是李白的作品。

自古用文武才略爲輔佐者,怎盡由科第耶?(同上)
乘勝長驅,如破竹之勢,怎可中輟?(同上)
笑問鴛鴦兩字怎生書?(歐陽修南歌子詞)
怎生便信得他?(朱子全書·孟子)
韋郎去了,怎忘得玉環分付?(董夔詞)
我可怎末了?(元曲·黄花峪)
卻怎麼這顔色不加搽?(元曲·漢宫秋)
你嗓磕他怎的?(同上,曲江池)
待奔歸去,又沒果足,怎生去得?(五代史平話·梁史)

"争"("怎"的前身)的産生時代約在第八世紀前後,和"什麼"同時,它的來源還不清楚。和"争"差不多同時的還有個"作麼生",也是表示"怎麼"的意思。"作麼生"在宋代話本裏有。例如:

且養活長成,看他又作麼生?(五代史平話·梁史)

"争"和"怎"是[tsəŋ]和[tsəm]的差别。"怎麽"是"怎"的分音①,正如"那麼"是"恁"的分音一樣。"作麼生"和"争"或"怎生"在語音上是可以相通的。"怎生"可能來自"作麼生"("怎"是"作麽"的合音)。但是,"作麽生"和"争"差不多是同時産生的,我們很難斷定哪一個在先,那一個在後。

現代漢語的"哪"字,直到"五四"時代還寫作"那"(和指示代詞"那"字同一寫法)。實際上,在中古時代,疑問代詞"那"字比指示代詞"那"字常見。依現有史料看來,疑問代詞"那"的産生時代早於指示代詞"那"字。

上文説過,上古 ʑ 係到今天還有一個"誰"字,上古 ɣ 係

① 這是説"怎"[tsəm]分裂爲[tsəmmə]。

後來説成“什麼”。那末,上古指稱處所的○係呢？依我們觀察,真正對處所提出疑問,就用“何處”(例如杜甫《干元中寓居同谷縣作》:“汝歸何處收兄骨？”);如果是反詰句,就用“那”字來代替上古的“惡”、“安”、“焉”。

這個“那”字的産生時代比“什麼”和“争”都早得多,大約在先秦時代就産生了。《左傳》宣公二年:“棄甲則那。”杜注:“那,猶何也。”顧炎武認爲“那”是“奈何”的合音①。到了東漢時代,詞意稍變,等於現代漢語表示反問的“哪”。例如:

處分適兄意,那得自任專？(孔雀東南飛)

生人作死别,恨恨那可論？(同上)

這個“那”字在魏晉南北朝也有出現。例如:

那得方低頭看此邪？(世説新語·政事)

偷,那得行禮？(同上,言語)

安曰:“外論不爾。”答曰:“人那得知？”(晉書·王羲之傳)

在下那得有此才？(北史·高聰傳)

到了唐代,已經用得很普遍了。例如:

世人那得知其故？(杜甫送孔巢父詩)

數莖白發那拋得？(杜甫樂游園歌)

但見新人笑,那聞舊人哭？(杜甫佳人詩)

山路時吹角,那堪處處聞？(杜甫留别賈嚴二閣老詩)

此身那得更無家？(杜甫曲江陪鄭八丈詩)

衰疾那能久？應無見汝期！(杜甫遣興詩)

咫尺不相聞,平生那可計？(韓愈除官赴闕至江州寄鄂岳李大

① 顧炎武《日知録》卷三十二“奈何”條:“直言之曰‘那’,長言之曰‘奈何’,一也。”

夫詩)

疑問代詞"那裏"是從"那"字發展來的,但是用途擴大了,它既可以問處所,又可以表示反問。例如:

是那裏彈的琵琶響?(元曲·漢宮秋)

汝何姓?那裏來?(三國志通俗演義·曹孟德謀殺董卓)

(以上是問處所)

我那裏又受他禮來?(元曲·玉鏡臺)

史進那裏肯放?(水滸傳第一回)

(以上是反問)

第七章　動詞(上)

和名詞一樣,上古漢語動詞也有類似詞頭的前加成分,最常見的有"爰、曰、言"三個字。它們的上古音是:

爰 ɣǐuan　　曰 ɣiuat　　言 ŋǐan

"爰"、"曰"是雙聲,而且是元月對轉;"爰"、"言"是叠韻,而且同屬喉音。它們在語音上有密切關係,可以認爲是同源字。例如:

爰居爰處,爰喪其馬。(詩·邶風·擊鼓)
爰居爰處,爰笑爰語。(詩·小雅·斯干)
爰始爰謀,爰契我龜。(詩·大雅·綿)
爰採麥矣,沫之北矣。(詩·鄘風·桑中)
曰爲改歲,入此室處。(詩·豳風·七月)
朋酒斯饗,曰殺羔羊。(同上)
我送舅氏,曰至渭陽。(詩·秦風·渭陽)
天方艱難,曰喪厥國。(詩·大雅·抑)
曰歸曰歸,歲亦莫止。(詩·小雅·采薇)
言告師氏,言告言歸。(詩·周南·葛覃)
彼汾一方,言採其桑。(詩·魏風·汾沮洳)
翹翹錯薪,言刈其楚;之子於歸,言秣其馬。(詩·周南·漢廣)
翹翹錯薪,言刈其蔞;之子於歸,言秣其駒。(同上)
静言思之,不能奮飛。(詩·邶風·柏舟)

試比較"爰喪"和"曰喪"、"爰採"和"言採","曰歸"和"言歸”就知道它們的語法意義是一樣的。

“聿”,又作“遹”,也是動詞的前加成分。例如:

聿求元聖。(書·湯誥)

無念爾祖,聿修厥德。(詩·大雅·文王)

爰及薑女,聿來胥宇。(詩·大雅·綿)

昭事上帝,聿懷多福。(詩·大雅·大明)

遹求厥寧,遹觀厥成。(詩·大雅·文王有聲)

匪棘其欲,遹追來孝。(同上)

“聿、遹”同音,屬喻母四等,在上古應該念 ʎĭuət。但是,聯緜字有“聿皇”(《漢書·揚雄傳》:“武騎聿皇”。)、“遹皇”(張衡《思玄賦》:“察二紀五緯之綢繆遹皇。”),那麼“聿、遹”又應該屬喻母三等,在上古應該念 ɣĭuət。如果是這樣,則它們和“爰”是雙聲,和“曰”是雙聲兼旁韻,怪不得它們也被用作動詞的前加成分了。

上古漢語動詞還有類似詞尾的後加成分,就是“思”字和“止”字。“思”和“止”是叠韻,而且同屬齒音。例如:

南有喬木,不可休思①;漢有游女,不可求思。漢之廣矣,不可泳思,江之永矣,不可方思。(詩·周南·漢廣)

昔我往矣,楊柳依依,今我來思,雨雪霏霏。(同上,小雅·采薇)

亦既見止,亦既覯止,我心則降。(同上,召南·草蟲)

既曰歸止,曷不懷止?(同上,齊風·南山)

高山仰止,景行行止。(同上,小雅·車舝)

君子至止,言觀其旂。(同上,小雅·庭燎)

① 今本作“不可休息”。

以上所述，算不算詞頭、詞尾，尚待進一步研究。比方“思”和“止”，一般都在一句的末尾，很像詞尾。即使算是詞頭、詞尾，它們在後代也没有留下任何痕迹。

* * *

下面我們將要談現存的動詞詞尾的歷史。先談詞尾“得”字。

詞尾“得”字來自動詞“得”字。從漢代開始，“得”字就可以放在動詞的後面。後代也一直沿用着這種結構。例如：

民採得日重五銖之金。（論衡·符驗）

漁者網得神龜焉。（同上，講瑞）

世或有謂神仙可以學得，不死可以力致者。（嵇康養生論）

一尺鱸魚新釣得，兒孫吹火荻花中。（鄭谷淮上漁者詩）

借得茅齋嶽麓西，擬將身世老鋤犁。（韓偓小隱詩）

但是這種“得”字具有很明顯的“獲得”的意義，它還有動詞的性質，而不是詞尾。嵇康《養生論》“得”與“致”對舉，更可以看出這種“得”字不是詞尾。

“得”字放在動詞後面，又具有另一種意義，就是表示可能性。這種“得”字按意義説往往成爲倒裝的“能”（如“料得”=“能料”）①。這樣，“得”字就開始虚化了。唐人詩文中很多這種例子。例如：

蒼天變化誰料得？（杜甫杜鵑行）

數莖白發那拋得？（杜甫樂游園歌）

---

① 但是，“得”並不是代替“能”的。有時候，“能”和“得”可以同時並用，例如白居易《春題湖上》詩：“未能拋得杭州去，一半勾留爲此湖。”《季布罵陳詞文》：“不問未能諮説得，暨聞垂問卽申陳。”

亂後誰歸得？(杜甫得舍弟消息詩)

不知臨老日,招得幾人魂？(同上)

曾隨織女渡天河,記得雲間第一歌。(劉禹錫聽舊宫中樂人穆氏唱歌詩)

飲食吃得些些子。(天下傳孝十二時)

卒倉没人關閉得。(大目犍連變文)

無雙若認得,必開簾子。(無雙傳)

但是,這種“得”字和動詞之間還可以被“不”字甚至被“未”字隔開。例如:

今壹受詔如此,且使妾摇手不得。(漢書・孝成許皇后傳)

田爲王田,買賣不得。(後漢書・隗囂傳)

脣焦口燥呼不得。(杜甫茅屋爲秋風所破歌)

故鄉歸不得。(杜甫春游詩)

老魂招不得。(杜甫散愁之一)

故林歸未得。(杜甫江亭詩)

夢歸歸未得。(杜甫歸夢詩)

天邊老人歸未得。(杜甫天邊行)

君王掩面救不得。(白居易長恨歌)

“得”字又可以移到動詞前面。例如:

安未得上天。(神仙傳・劉安)

我何得一見？(無雙傳)

由此可見,這種“得”字還不是真正的詞尾。不過詞尾“得”字也正是從這種“得”字發展來的。

真正的詞尾“得”字是在唐代産生的,宋代以後用得更普遍。詞尾“得”字不能放在句尾,它必須引進補語。其所引進的補語可以分爲三種,第一種補語是形容詞或形容性詞組。這就等於狀語後置。例如:

旂下依依認得真。(季布駡陳詞文)
直欲危他性命,作得如此不仁。(燕子賦)
(以上唐代)
此條記得極好。(朱子語類四纂卷一)
周子看得此理熟。(同上)
看他裏面推得辛苦。(同上,卷四)
此事看得極好。(同上)
後來見荆公用得狼狽,更不言兵。(同上)
温公力行處甚篤,只是見得淺。(同上)
趙忠簡卻曉事有才,好賢樂善,處置得好。(同上)
(以上宋代)

第二種補語是表示行爲産生的結果,可以是句子形式,可以是謂語形式,也可以是一個形容詞(帶"了"字)。這往往是極度形容語,是一種誇張的修辭手法,例如:

太子既生之下,感得九龍吐水,沐浴一身。(八相成道變文)
目連雖是聖人,煞(嚇)得魂驚膽落。(大目干連冥間救母變文)
王郎才見公主面,唬得魂魄膽飛揚。(醜女緣起變文)
感得天下欽奉,百姓依從。(茶酒論)
便有富貴郎君,也使得七零八落;或撞着村沙子弟,也壞得棄生就死。(宣和遺事亨集)
直瘦得肌膚如削。(同上)
諕得渾身冷汗。(同上)
思量白淨面皮今被刺得青了。(五代史平話・周史)
八路人馬都看得呆了。(三國志通俗演義卷一,虎牢關三英戰吕布)
惱得吕布性起,挺戟驟馬,冲出陣來。(同上,卷三,吕温侯濮陽大戰)

第三種補語起源較晚(大約在宋代),它是使成式中間插進一個"得"字,表示"能够"。例如:

我遮鑊天下人拈掇不起,還有人拈得起麽?(景德傳燈録)

縱使青春留得住,虚語,無情花對有情人。(六一詞)

江南游女,問我何年歸得去。(東坡詞)①

若不融,一句只是一句在肚裏,如何發得出來?(朱子語類四纂,卷二)

有錢便愛使,有酒便愛吃,怎生留得錢住?(五代史平話·漢史)

其實,這種表示可能的"得"字來源更早。上文説過,唐代就有這種"得"字,例如杜甫詩"蒼天變化誰料得?"《無雙傳》"無雙若認得"。只不過後來有了使成式,"得"字插進了使成式中間(如"料得到"、"認得出"),就變爲動詞詞尾了。《神仙傳·薊子訓》:"但召得子訓來,使汝可不勞而得矣。"這就是這種結構的萌芽,不過還没有廣泛應用罷了。

*　　*　　*

現代漢語動詞有情貌(aspect)的變化。主要是用"了"、"着"二字作爲詞尾來表示情貌。"了"字表示完成貌,"着"字表示進行貌。嚴格地説,它們不是詞尾,而是"形尾",因爲不是構詞法的問題,而是形態變化的問題。

"了"字表示時點,"着"字表示時面(時綫)。"了"和"着"所表示的不是時態(tense),而是情貌(aspect)。

"了"字在先秦史料中没有出現。《説文》:"了,尦也(尦

① 以上三個例子採自吕叔湘《漢語語法論文集》64—65頁。

niào,行脛相交也),從子無臂,象形。"這是了戾的"了"("了戾"是繚繞的意思),和今天的"了"毫無關係。魏晉以後,"了"字產生一種新的意義,就是"瞭解"(朱駿聲認爲是"憭"的假借)。郭璞《爾雅序》:"其所易了,闕而不論。"這種意義的"了"字也和表示完成的"了"毫無關係。

和完成貌"了"有歷史關係的是終了、了結的"了"。這種"了"字在東漢時代已經出現了。例如:

人遠則難綏,事總則難了。(仲長統《昌言·損益》)

雖然《説文解字》没有説到這種意義,但是《廣雅·釋詁》説:"了,訖也。"可見晉代以前"了"字已經產生了了結、終了的意義,又可見終了的"了"比瞭解的"了"出現得更早。

了結的"了"在晉代以後的史料中頗爲常見,它還是動詞的性質。例如:

儀常規畫分部,籌度糧谷,不稽思慮,斯須便了。(三國志·蜀志·楊儀傳)

官事未易了也。(晉書·傅咸傳)

且有小市井事不了。(同上,庾純傳)

岱宗夫如何!齊魯青未了。(杜甫望岳詩)

鷄蟲得失無了時。(杜甫縛鷄行)

爲客無時了,悲秋向夕終。(杜甫大曆二年九月三十日詩)

但是,在唐人詩句中,"了"字已經在很多地方不用作謂語,而逐漸虚化。實際上它變了補語的性質,僅僅表示行爲的完成。例如:

半啼封裹了,知欲寄誰將?(孟浩然閨情詩)

二三豪俊爲時出,整頓干坤濟時了。(杜甫洗兵馬詩)

待將袍襖重抄了,盡寫襄陽播掿詞。(段成式寄温飛卿牋紙詩)

因把剪刀嫌道冷,泥人呵了弄人髯。(秦韜玉咏手詩)

何日桑田都變了,不教伊水向東流!(李商隱寄遠詩)

春風爲開了,卻擬笑春風。(李商隱嘲桃詩)

這種"了"字顯然還含有"完畢"(或"終了")的意義,所以在散文中有時候還寫成"已了"、"既了"。例如:

太子作偈已了,卽便歸宮。(八相變文)

思惟既了,忽於衆中化出大樹。(降魔變文)

但是,就一般情況説,"了"字已經很像形尾,因爲它已經緊貼在動詞後面了。下面是唐代俗文學裏的一些例子。

吃了張眉竪眼,怒鬥宣拳。(茶酒論)

今已償了,不得久住。(董永行孝)

便與將絲分付了,都來只要兩間房。(同上)

二人辭了便進路,更行十裏到永莊。(同上)

呪雖萬種作了,鳳凰要自難漫。(燕子賦)

示視皆生佛國,看了卻歸天界。(八相變文)

任伊鐵作心肝,見了也須粉碎。(維摩詰經菩薩品變文)

那麼,這種"了"字算不算真正的形尾呢?仔細看來,它還不是形尾,因爲當動詞後面帶有賓語的時候,"了"字是放在賓語的後面,而不是緊貼着動詞的。例如:

但得上馬了,一去頭不回。(曹鄴去不返詩)

朝來洞口圍棊了,賭得青龍直幾錢?(曹唐小遊仙詩之十五)

他時書劍酬恩了,願逐鸞車看十洲。(李中宿廬山白雲峰重道者院詩)

皇帝舍傔收勑了,君作無憂散憚身。(季布罵陳詞文)

(傔,同愆。勑,同敕。)

盡頭呵責死屍了,鐵棒高臺打一場。(地獄變文)

作此語了,遂卽南行。(伍子胥變文)

煞(殺)子胥了,越從吴貸粟四百萬石。(同上)

這種結構形式,在晉代已經出現了。例如:

珍又每見根書符了,有所呼召,似人來取。(神仙傳・劉根)

直到宋代,一般還像唐代一樣,"了"字放在賓語後面。例如:

刻石了,多刻數本,爲人來求者多。(歐陽修與杜訢論祁公墓誌第二書)①

九龍咸伏,被抽背脊筋了,更被脊鐵棒八十下。(大唐三藏取經詩話第七)

我小年曾作此賊了,至今由(猶)怕。(同上)

也須是做一件事了,又理會一件。(朱子語類四纂卷一)

印第一箇了,印第二、第三箇。(同上)

王樸詣闕獻上這備邊策一道了,世宗欣然納之。(五代史平話・周史)

歇幾日了,天子須來也。(宣和遺事亨集)

但是作爲真正的形尾"了"字,在南唐已經出現了,因爲它緊貼着動詞而且放在賓語的前面。例如:

林花謝了春紅,太匆匆。(李煜烏夜啼詞)

到了宋代,真正的形尾"了"字逐漸多起來了。例如:

等閒妨了繡功夫。(歐陽修訴衷情詞)

花影低徊簾幕卷,慣了雙來燕燕。(毛滂詞)

更添了幾聲啼鴂。(蕫夔詞)

如今都放壞了學生,箇箇不肯讀書。(朱子語類四纂卷一)

鄭滑二州河決,淹了十餘萬家。(五代史平話・周史)

咱自去據了同州。(同上・梁史)

使敬瑭偷了好馬一疋騎坐逃去了。(同上,晉史)

---

① 這個例子是郭錫良同志提供的。

楊戩傳了聖旨。(宣和遺事亨集)

緣何屈了他?(京本通俗小説·菩薩蠻)

不合信媒人口,嫁了張員外。(同上,志誠張主管)

怎知卧龍又投了劉備。(三國志平話卷中)

武侯使計捉了吕凱、杜旗,奪了雲門關,上關賞了軍,安撫了百姓。(同上,卷下)

大約在宋代有一個新舊規則同時並用的時期,到了元代以後,新規則戰勝了舊規則,人們不再説(例如)"做一件事了,又理會一件",而是説"做了一件事,再做一件"了。例如:

我欲起兵南侵,又恐怕失了數年和好。(元曲·漢宫秋)

我向劉員外借了十個銀子。(同上,鴛鴦被)

我與了他兩丸藥。(同上,張天師)

容吾到軍中殺了丁原。(三國志通俗演義卷一,吕布刺殺丁建陽)

李蒙王方在城中守把,獻了城池。(同上,李傕郭汜寇長安)

融見折了一員上將。(同上,劉玄德北海解圍)

從此以後,漢語動詞形尾"了"字有了固定的位置,形成了今天"了"字的職能。

形尾"着"的來源和"了"稍有不同。

"着"字本來寫作"著"。"著"有三個讀音①,陟慮切,張略切,直略切。後來分化爲兩個字:顯著的"著"寫作著,讀陟慮切;著衣的"著"和附着的"著"都改寫作"着"。形尾"着"字就是附着的"着"演變來的。

① 其實有四個讀音。《詩·齊風·著》:"俟我於著乎而。""著"讀直吕切。

附着的"著"在最初的時候是純粹的動詞。這種意義一直沿用到後代。下面是一些"附着"或和"附着"有關的例子。

伯棼射王,汰輈及鼓跗,著於丁寧。(左傳宣公四年)

風行而著於土。(同上,莊公二十二年)

惟著意而得之。(楚辭·九辯)

而淮陽之比大諸侯,厪如黑子之著面。(漢書·賈誼傳)

甘露如飴蜜者,著於樹木,不著五穀。(論衡·是應)

嘗恐祖生先我著鞭。(晉書·劉琨傳)

俱道適往,著手成春。(司空圖詩品)

紛紛忽降當元會,著物輕明似月華。(李建勳和玄宗元日大雪登樓)

在東漢,"着"字已經有了虛化的跡象,它不是句中的謂詞,而是放在動詞後面,和動詞一起搆成使成式的結構。例如:

今鐘鼓無所懸著…如此必有所懸著。(論衡·雷虛)

到了南北朝以後,"着"字開始虛化。一方面,它不用作謂詞;另一方面,它在某種程度上保存着"附着"的意義。在這種情況下,動詞加"着"字搆成一個類似使成式的結構。這時候,"着"字一般只用於處所狀語的前面,并且常常和"前"、"後"、"上"、"下"、"中"、"邊"等字相呼應。例如:

長文尚小,載箸車中。(世説新語·德行)

文若亦小,坐箸膝前。(同上)

刻木作斑鳩,有翅不能飛。搖著帆檣上,望見千裏磯。(晉樂府)

寄君蘼蕪葉,插著叢臺邊。(吴均詩)

雷公若二昇椀,放著庭中。(三國志·魏志·曹爽傳注)[①]

不如俟其來攻,蹙著泗水中。(同上,吕布傳注)

以綿纏女身,縛著馬上,夜自送女出。(同上)

是以今者多有鵠手冊,魏武帝懸著帳中,及以釘壁,玩之以爲勝。(晉書·衛瓘傳)

這種"著"字頗有"在"字的意義(附着某處就是在於某處),但它是連上念的,不是連下念的,所以與"在"不同。在這個時候,動詞後面並不帶有賓語。

到了唐代,帶"着"字的動詞後面開始可以有賓語,"着"字的意義也有了變化,它有"到"的意思。例如:

啣泥點汙琴書内,更接飛蟲打著人。(杜甫絶句漫興之三)

還應説著遠遊人。(白居易詩)

道著姓名人不識。(同上)

方響聞時夜已深,聲聲敲著客愁心。(雍陶夜聞方響詩)

日暮拂雲堆下過,馬前逢著射雕人。(杜牧游邊詩)

自説孤舟寒水畔,不曾逢著獨醒人。(杜牧贈漁父詩)

故没没然無一人道著名字。(陸龜蒙送豆盧謁宋丞相序)

往還二十餘年,不曾共説著文章。(嘉話録)

這一類"着"字演變到現代漢語裏,多數念重音,所以它不是形尾。在此情況下,動詞加"着"也搆成了類似使成式的結構。

真正形尾"着"字似乎還是繼承了表示處所的"着"字。下面這些例子顯示着過渡時期的情况,因爲這些"着"字還只

---

① 《三國志注》是南朝宋裴駰之的作品。

表示着一種静態,而没有表示行爲正在進行中。例如:

堆著黄金無買處。(王建北邙詩)

真正表示行爲在進行中的"着"字在北宋已經存在了。例如:

見世間萬事顛倒迷妄,耽嗜戀著,無一不是戲劇。(朱子語類輯略卷二)

如戰陳厮殺,擂著鼓,只是向前去,有死無二。(同上,卷七)

在宋人話本、元曲及明人小説裏,這種進行貌形尾"着"字更是大量出現。例如:

撞着八個大漢,擔着一對酒桶。(宣和遺事元集)

二人既免現了本身之罪,暗暗地提兵巡掉,防護着聖駕。(同上,亨集)

殿上坐的,戴着冕旒,穿着王者衣服。(五代史平話・唐史)

見一頂轎兒,兩個人抬着。(京本通俗小説・碾玉觀音)

他一則説道家貧窮、二則倚着他容貌出衆,全然不肯。(元曲・漢宫秋)

只見一個男子搭着個婦人。(同上,争報恩)

不要歪厮纏,衙裏久等着哩。(同上,張天師)

孩兒,你兩口兒將着一半兒,俺兩口兒留下這一半兒。(同上,合汗衫)

吾乃漢江龍神是也,掌管着萬里長江。(同上,楚昭公)

見公孫瓚背後立着三人。(三國志通俗演義・曹操起兵伐董卓)

張飛看見關上坐着董卓。(同上,董卓火燒長樂宫)

在宋元時代,"着"字已經像現代漢語一樣,它所在的動賓結構用作狀語來修飾謂詞。例如:

今認下着頭去做,莫要思前算後,自有至處。(朱子語類輯略卷二)

似擔百十斤擔相似,須硬着筋骨擔。(同上)

又自指着心曰:"這裏不可欺也。"(五代史平話·晉史)

知遠自打扮做個討草大夫,擔着一副草籃,回那孟石村李長者莊上去。(同上,漢史)

駕着漁船一只過江逃難。(元曲·楚昭公)

上文所説的表示静態的"着"字也沿用下來。例如:

又寫着三十六個姓名,又題着四句道。(宣和遺事亨集)

只恁地關着門在這裏。(京本通俗小説·碾玉觀音)

背脊後披着一帶頭髮。(同上,西山一窟鬼)

最值得注意的是,"同"字後面也可以跟着"着"字。例如:

獨有御史中丞豐稷同着殿中侍御史陳師錫共寫着表文一道,奏蔡京姦惡。(宣和遺事元集)

如果拿"了"和"着"相比較,我們可以説,作爲表示情貌的形尾,"了"比"着"的時代早些。同時,形尾"了"的普遍應用的時代也比"着"早些。就拿《朱子語類》來説,其中"了"字已經很多了,而"着"字好像還處於萌芽狀態,只有少數的例子。

宋元時代,"了"和"着"的分工還是不够明確的。在許多地方,"着"字表示行爲的完成,等於現代漢語的"了"字(或者連"了"字也不能用)。例如:

同着殿中侍御史陳師錫共寫着表文一道。(宣和遺事元集)

楊志因等候我了,犯着這罪。(宣和遺事元集)

若不直説,便殺着你!(三國志平話卷中)

韓信去曹家托生,做着個曹操。(五代史平話·梁史)

明日寫着榜子,做着一首詩,去見那朱五經。(同上)

但引水來,開着那深濠,爲固守計。(同上)

命工匠造着浮橋,夤夜濟師。(同上)

朱全忠一日會着那葛從周,……做着個太平筵會。(同上)

吃那朱友裕張着那弓,放着那箭,箭到處,射倒在地。(同上)

吐蕃凡有戰攻的事,必驅使沙陀軍向前,做着先鋒。(同上,唐史)

李克用軍還河中,與王重榮同寫着表,奏請僖宗還宫。(同上)

到故元城田地裏,向西北排着一個方陣,李存審就東南上也排着一個方陣。(同上)

雇覓一人,寫着一封書,將這孩兒送去太原府還劉知遠。(同上,漢史)

會璐王稱兵反叛,捉着西京留守王思同殺了。(同上)

有時候,正相反,"了"字卻又表示行爲的持續,等於現代漢語的"着"字。例如:

太后指了天曰:"您從吾兒求做天子,何得謊説?"(五代史平話·晉史)

(比較:"又自指着心曰。")

有時候,甚至"着"、"了"同時並用,例如:

那單可及素號驍勇,心裏欺負着李思安兵少,卻被李思安將兵馬藏伏在四處了,寫着了書來單可及軍前索戰。(五代史平話·梁史)

到了明代以後,特别是十七世紀(《紅樓夢》)時代以後,"了"和"着"才有明確的分工。這是漢語語法的一大進步。

還有一點現代漢語和宋元時代不同。宋元時代"着"字附着的動詞前面可以用否定詞"不"字。例如:

待道是鄭觀音,不抱着玉琵琶;待道是楊貴妃,不擎着白鸚鵡。(宣和遺事亨集)

那兩個舅舅李洪信、李洪義全不秋採着知遠。(五代史平話·漢史)

大約在明代以後,"着"字就不能這樣用了。

總之,動詞形尾"了"和"着"的産生,是漢語語法史上劃時代的一件大事。它們在未成爲形尾以前,經歷過一些什麼發展過程,是值得我們深切注意的。

*　　*　　*

上面説過,表示情貌的形尾"着"字是由附着於某一處所的意義演變來的,這就牽涉到一個動向問題。在南北朝時代,"着"的動向是向上,向前等("坐箸膝前"、"懸著帳中")。不但"着"字是這樣,其他類似形尾的字也是這樣。

"過"字也是表示動向的,它表示着從甲處到乙處的過程。當它虚化以後,它表示行爲的成爲過去,如"看過"、"吃過"。它所表示的過去的意念比完成貌所表示的更爲强烈,而且它往往表示一種經歷,所以有時候在"了"字前面再加"過"字,如"看過了我"、"吃過了飯"。在否定語裏,要强調行爲没有實現,也用"過"字,如"没有吃過飯"、"没有看過我",但是不能再用"了"字,例如不能説"没有吃過了飯","没有看過了我"。由於它後面可以加形尾"了"字,所以它本身還不能認爲是形尾。

這一個"過"字在唐代已經有了萌芽。到了宋代,就逐漸多起來了。例如:

今人以至鈍之才,而欲爲至敏底功夫,涉獵看過,所以不及古人也。(朱子語類輯略卷五)

而今只是那一般合看過底文字也未看,何況其他!(同上,

卷二)

蓋爲是身曾親經歷過,故不敢以是責人爾。(同上,卷四)

看過了後,無時無候,又把起來思量一徧。(同上,卷五)

如欲理會道理,理會不得,便掉過三五日,半月日,不當事。(同上)

每日讀書,只是讀過了,便不知將此心去體會。(同上)

須事事理會過,將來也要知箇貫通處。(朱子語類輯略卷六)

"起來"、"下去"在某些情況下也是表示情貌的。"起來"表示開始貌("笑起來"、"唱起來"),"下去"表示繼續貌("做下去""鬧下去")。"起來"表示情貌是較晚的事。大概在元明時代產生。例如:

恐怕火盆内有小炭延燒起來。(水滸傳第十回)

倘或路上與小人別拗起來,楊志如何和他爭執得?(同上,第十六回)

那對過衆軍漢見了,心内癢起來。(同上)

老僧聞言就歡喜起來道……(西遊記第十六回)

如果有賓語,賓語就夾在"起"和"來"中間。例如:

且説史進就中堂又放起火來。(水滸傳第三回)

吳用勸他弟兄們吃了幾杯,又提起賣魚事來。(同上,第十五回)

看那些人放起火來。(西遊記第十六回)

"下去"的表示情貌,是由於"起來"的類化。它的起源最晚(《紅樓夢》裏還没有)。在《兒女英雄傳》中,才發現"下去"表示繼續貌的例子①。

---

① 例子引自吕叔湘《中國文法要略》,1956年版,233—234頁。

便静静兒的聽他唱下去。(第三十八回)

底下要只這等一折折的排下去,也就没多的話説了。(同上)

待要隱忍下去,……天長地久,……更不成事。(第三十回)

"五四"以後,新興的動詞詞尾有"化"字。這個詞尾大致等於英語的-ize,多數是使名詞轉化爲動詞,也有少數是使形容詞轉化的。例如:

工業化　industrialize
機械化　mechanize
現代化　modernize
歐　化　Europeanize
庸俗化　vulgarize
具體化　concretize

這樣用"化"字對譯,是由日本譯文傳到中國的。當然,由於類化的結果,我們自己也可以創造一些"化"尾的動詞,如"形象化"、"規律化"等。

第八章　動詞(下)

漢語動詞分爲及物、不及物兩類,及物動詞可以帶賓語,不及物動詞一般不可以帶賓語。可是,在上古漢語和中古漢語中,不及物動詞也有帶賓語的情況,這時表示“使賓語怎麽樣”的意思。這種用法一般稱之爲使動用法。例如:

莊公寤生,驚薑氏。(左傳隱公元年)

夫子所謂生死而肉骨也。(同上,襄公二十八年)

吾懼君以兵,罪莫大焉。(同上,莊公十九年)

焉用亡鄭以陪鄰!(同上,僖公三十年)

小子鳴鼓而攻之可也。(論語・先進)

故遠人不服,則修文德以來之。(同上,季氏)

海内之地,方千裏者九,齊集有其一,以一服八,何以異於鄒敵楚哉?

(孟子・樑惠王上)

成王發府,見周公禱書,反周公。(史記・魯周公世家)

走白羊樓煩王。(同上,衛將軍驃騎列傳)

乃與趙衰等謀醉重耳,載以行。(同上,晉世家)

今尊立其子,將疑衆心。(後漢書・張步傳)

這是不是説這些不及物動詞發展成及物動詞了呢?不能這樣説。因爲這只是它的一種特殊的臨時職務,這種臨時職務並没有改變它的本來性質。詞的這種臨時職務一般稱作詞類活用。具有這種臨時職務的詞不只是不及物動詞,形容詞、名詞也可以臨時具有及物動詞的性質,後面可以帶賓語,除了表示"使賓語怎麼樣"的意思,還可以表示"認爲賓語怎麼樣"的意思,也就是所謂意動用法。形容詞、名詞的使動用法、意動用法舉例如下:

古之善爲道者,非以明民,將以愚之。(老子)

君子之於禽獸也,見其生不忍見其死。聞其聲不忍食其肉;是以君子遠庖厨也。(孟子·梁惠王上)

夫固國者,在親衆而善鄰。(國語·晉語)

夫民實而實費,又無尺寸之功,破宋肥仇而世負其禍矣。(戰國策)

傭徒鬻賣之道也,不足以合大示,美國家。(荀子·議兵)

儒者在本朝則美政,在下位則美俗。(同上,儒效)

虛囹圄而免刑戮。(賈誼過秦論)

上求魚,臣干谷。(淮南子·説山訓)

上素驕淮南王,不爲置嚴傅相,以故至此。(史記·淮南衡山列傳)

吾寧不能言而富貴子?子不足收也。(同上,張儀列傳)

衣以溫膚。(論衡·道虛)

子干子晳皆遠之。(同上,吉驗)

然見我常身自下我。(同上,骨相)

當殺之,持其首來,以正風俗。(仙傳拾遺)

李性迂僻,卓常輕之。(唐盧言盧氏雜説)

爲夫壻所薄。(唐李朝威柳毅傳)

公乃陌上人也,而能急之。(同上)

將行,乃盛其服玩車馬之飾。(李娃傳)

由是冶其容,敏其詞,婉轉萬態,以中上意。(唐陳鴻長恨歌傳)

(以上爲形容詞的使動用法。)

吾見申叔,夫子所謂生死而肉骨也。(左傳襄公二十二年)
爾欲吴王我乎?(同上,定公十年)
齊桓公合諸侯而國異姓。(史記·晉世家)
縱江東父兄憐而王我,我何面目見之?(同上,項羽本紀)
天子不得而臣也,諸侯不得而友也。(新序·節士)
(以上是名詞的使動用法。)
登東山而小魯,登太山而小天下。(孟子·盡心上)
人主自智而愚人,自巧而拙人。(吕氏春秋·知度)
細萬物,則心不惑矣。(淮南子·精神訓)
乃勇子胥也。(越絶書)
見高祖狀貌,奇之。(論衡·骨相)
世儒學者好信師而是古。(同上,問孔)
是賢顔淵,試以問子貢也。(同上)
(以上是形容詞的意動用法。)
夫人之,我可以不夫人之乎?(穀樑傳僖公八年)
不如小決使道,不如吾聞而藥之也。(左傳襄公三十一年)
故人不獨親其親,不獨子其子。(禮記·禮運)
(以上是名詞的意動用法。)

形容詞、名詞後面帶了賓語,臨時具有了及物動詞的性質,這同樣不意味着這些形容詞、名詞發展成了及物動詞,因爲它們本質没有什麼變化,通常職務没有什麼變化,這些形容詞的通常職務還是作修飾語,這些名詞的通常職務還是作主語、賓語。

但是,在歷史發展中,確實有些不及物動詞變成了及物動詞,還有些及物動詞變成了不及物動詞。現在分别舉例如下:

“去”字

“去”字本是不及物動詞,表示離開某地。例如:

鳥乃去矣,后稷呱矣。(詩・大雅・生民)

夫唯弗居,是以不去[1]。(老子)

高石子三朝必盡言,言而無行者,去而之齊。(墨子・耕柱)

鵬之徙於南冥也,水擊三千裏,摶扶搖羊角而上者九萬裏,去以六月息者也。(莊子・逍遥游)

千歲厭世,去而上僊。(同上,天地)

今子不去,將忘子之故,失子之業。(同上,秋水)

於是去而入深山,莫知其處。(同上,讓王)

鄭子陽卽令官遺之粟。子列子見使者,再拜而謝。使者去,子列子入。(同上)

介子推至忠也,自割其股食文公。文公後背之,子推怒而去,抱木而燔死。(同上,盗跖)

亟去走歸,無復言之。(同上)

鑿斯池也,築斯城也,與民守之,效死而民弗去。(孟子・樑惠王下)

用則可,不用則去。(荀子・臣道)

漁父莞爾而笑,鼓枻而去。(楚辭・漁父)

"去"的反面是"來",所以"去"和"來"常常並舉。例如:

其來不可圉,其去不可止。(莊子・繕性)

生之來不能卻,其去不能止。(同上,達生)

吾以其來不可卻也,其去不可止也。(同上,田子方)

去而來而不知其所止。(同上,知北游)

哀樂之來,吾不能御,其去弗能止。(同上)

地來而民去,累多而巧少。(荀子・王制)

---

① "居"是及物動詞,所以用"弗"字來否定;"去"字是不及物動詞,所以用"不"字來否定。

上古漢語的"去"字,用作不及物動詞時,大致相當於現代漢語的"走了"。例如"鳥乃去矣"可以譯爲"鳥飛走了";"使者去,子列子入"可以譯爲"使者走了,列子進來"。

同時,"去"字又可以用作及物動詞,表示離開某地。例如:

桓公去國而霸諸侯。(墨子・親士)

去國數日,見其所知而喜;去國旬月,見所嘗見於國中者喜。(莊子・徐無鬼)

孟子去齊,宿於晝。(孟子・公孫醜下)

縱不能用,使無去其疆域。(荀子・君道)

川淵枯則龍魚去之,山林險則鳥獸去之。(同上,致士)

去其故鄉,事君而達。(同上,宥坐)

這種"去"字,和今天我們説去廣州的"去"意義正相反。"去齊"的"去",表示離開某地;今天我們説"去廣州"的"去"表示到某地去。"去"字當到某地去講是很晚的事情了。這種"去"字不是從古代及物動詞"去"字發展來的,而是從不及物動詞"去"字發展來的,其過渡形式是"投某地去"、"奔某地去","到某地去",等等。例如:

操見紹等各懷異心,度料不能成事,自領軍投揚州去了。(三國志通俗演義・袁紹孫堅奪玉璽)

携了妻子與兩個丫鬟,投他岳丈家去。(紅樓夢第一回)

五丫頭那裏去了?(同上,第六十一回)

你告訴他們,明兒大夫來瞧了寶玉,叫他再到林姑娘那屋裏去。(同上,第八十三回)

把目的地(處所)移到"去"字的後面去,就變成了"去廣州"的形式,"去"字又變了及物動詞了。

"往"字

在上古漢語裏,"往"字是不及物動詞,不帶賓語,因爲目的地是明顯可知的①。例如:

今朕必往。(書・湯誓)
往哉封!勿替敬典。(書・康誥)
佛肸召,子欲往。(論語・陽貨)
被甲嬰冑將往戰。(墨子・兼愛下)
往見四子藐姑射之山。(莊子・逍遥游)
俄而子輿有病,子祀往問之。(同上,大宗師)
孔子聞之,使子貢往侍事焉。(同上)
外内不相及,而丘使女往吊之,丘則陋矣。(同上)
子桑殆病矣,裹飯而往食之。(同上)
聞廣成子在於空同之上,故往見之。(同上,在宥)
伯成子高辭爲諸侯而耕,禹往見之。(同上,天地)
往見老聃,而老聃不許。(同上,天道)
惠子相梁,莊子往見之。(同上,秋水)
是其市南宜僚邪?子路請往召之。(同上,則陽)
子貢乘大馬,中紺而表素,軒車不容巷,往見原憲。(同上,讓王)
丘請爲先生往見之。(同上,盜跖)
彼陷溺其民,王往而征之,夫誰與王敵?(孟子・梁惠王上)
井上有李,螬食實者過半矣,匍匐往,將食之。(同上,滕文公下)

"往"的反面是"來","來"也是不及物動詞,因此,"往"

① 只有一個例外,《書・洛誥》:"往新邑。"這是因爲目的地不明顯可知。

與"來"常常並舉。例如：

昔我往矣，楊柳依依；今我來思，雨雪霏霏。(詩・小雅・采薇)

翛然而往，翛然而來而已矣。(莊子・大宗師)

翛然而往，侗然而來。(同上，庚桑楚)

民至老死不相往來。(老子)

出入六合，游乎九洲，獨往獨來。(同上，在宥)

萃乎芒乎其送往而迎來。來者勿禁，往者勿止。(同上，山木)

其來無迹，其往無崖。(同上，知北游)

吾已往來焉而不知所終。(同上)

吾觀之本，其往無窮；吾求之末，其來無止。(同上，則陽)

彼來則我與之來，彼往則我與之往。(同上，寓言)

獨與天地精神往來。(同上，天下)

一往一來，結尾以爲事。(荀子・賦篇)

"去"也是"來"的反面，但是，在上古漢語裏，"往"和"去"的意義是不同的。"往"字表示前往某地，其目的地是明顯可知的；"去"只表示離開某地，不管是到什麼地方去。上古漢語的"我不往"等於現代漢語的"我不去"；上古漢語的我不去等於現代漢語的"我不走"，這是有分別的。

"焉"字等於"於是"，實兼介詞"於"與代詞"是"的作用[①]，因此，"焉"字可以放在不及物動詞"往"的後面。例如：

文王之囿方七十裏，芻蕘者往焉，雉兔者往焉。(孟子・梁惠王下)

在疑問句裏，"焉"字等於"於何處"，因此，"焉"字可以放在

① 參看楊樹達《詞詮》520頁。

不及物動詞“往”的前面①。例如：

天下之父歸之,其子焉往?(孟子·離婁上)

在疑問句裏,“惡乎”也等於“於何處”,因此,“惡乎”也可以放在不及物動詞“往”的前面。例如：

道惡乎往而不存?言惡乎存而不可?(莊子·齊物論)

今一以天地爲大鑪,以造化爲大冶,惡乎往而不可哉?(莊子·大宗師)

一向以“適、之、往”三字爲同義詞。《爾雅·釋詁》:“適,往也。”又:“之,往也。”但是,從語法上説,“往”與“適、之”不是同義詞。“往”是不及物動詞,不帶賓語;“適、之”是及物動詞,帶賓語。下面是“適、之”的一些例子：

適子之館兮,還予授子之粲兮。(詩·鄭風·緇衣)

叔適野,巷無服馬。(同上,叔於田)

赤之適齊也,乘肥馬,衣輕裘。(論語·雍也)

子適衛,冉有僕。(同上,子路)

天子適諸侯曰巡狩。(孟子·梁惠王下)

適莽蒼者三飡而反,腹猶果然。(莊子·逍遥游)

絶雲氣,負青天,然後圖南,且適南冥也。(同上)

宋人資章甫而諸越,越人斷發文身,無所用之。(同上)

未成乎心而有是非,是今日適越而昔至也。(同上,齊物論)

故解之以牛之白顙者,與豚之亢鼻者,與人有痔病者,不可以適河。(同上,人間世)

孔子適楚。(同上)

① 《詩·大雅·桑柔》“何徂何往”是唯一的例外。

我彿然而怒，而適先生之所。（同上，德充符）
仲尼適楚，出於林中。（同上，達生）
温伯雪子適齊，舍於魯。（同上，田子方）
彼知丘之著於己也，知丘之適楚也。（同上，則陽）
今日適越而昔來。（莊子・天下）
彼其人苟壹，則其土地且奚去我而適它。（荀子・王霸）
孔子南適楚，厄於陳蔡之間。（同上，宥坐）
（以上"適"字。）
之三子告。（論語・憲問）
子之武城，聞弦歌之聲。（同上，陽貨）
臣請爲君之楚。（戰國策・齊策）
滕文公爲世子，將之楚，過宋而見孟子。（孟子・滕文公上）
由鄒之任，見季子；由平陸之齊，不見諸子。（同上，告子下）
季子不得之鄒，儲子得之平陸。（同上）
匠石之齊，至於曲轅。（莊子・人間世）
孔子行年五十有一而不知道，乃南之沛，見老聃。（同上，天運）
莊子之楚，見空髑髏。（同上・至樂）
仲尼之楚，楚王觴之。（同上，徐無鬼）
列禦寇之齊，中道而反。（同上，列禦寇）
（以上"之"字。）

由於"適、之"是及物動詞，不是不及物動詞，所以在疑問句中，"適、之"的前面用疑問代詞"奚"或"何"，不用"焉"。例如：

彼且奚適也？（莊子・逍遥游）
顔淵見仲尼請行。曰："奚之？"曰："將之衛。"（同上，人間世）
苑風曰："子將奚之？"曰："將之大壑。"（同上，天地）
齧缺遇許由。曰："子將奚之？"（同上，徐無鬼）

有牽牛而過堂下者,王見之,曰:"牛何之?"(孟子·樑惠王上)

宋牼將之楚,孟子遇於石丘。曰:"先生將何之?"(同上,告子下)

試比較"天下之父歸之,其子焉往"和"先生將何之","彼且奚適也",就可以知道,"往"是不及物動詞,"之、適"是及物動詞,界限是很清楚的。

"往"字用作及物動詞,大約在南北朝以後。下面是一些"往"字用作及物動詞的例子①:

阮光禄赴山陵,至都,不往殷劉許。(世説新語·方正)

丞相語郗信,君往東厢,任意選之。(同上,雅量)

謝鎮西往尚書墓還。(同上,任誕)

欲往城南忘城北。(杜甫哀江頭詩)

君今往死地,沈痛迫中腸。(杜甫新婚别)

更僕往方塘,決渠當斷岸。(杜甫行官張望補稻畦水歸詩)

暫往北鄰去,空聞二妙歸。(杜甫範二員外邈吳十侍御鬱特枉駕詩)

弟妹蕭條各何往?(杜甫九日詩)

天地身何往?風塵病敢拜?(杜甫寄杜位詩)

"至"字

"至"字在上古漢語裏也是不及物動詞,它和"來"字一樣,不帶賓語。例如:

如川之方至。(詩·小雅·天保)

鳳鳥不至,河不出圖。(論語·子罕)

① 這種及物動詞,楊樹達叫做關係内動詞。其實既帶賓語,就可以認爲是及物動詞。

以七患守城,敵至國傾。(墨子·七患)

故雖上世之聖王,豈能使五穀常收,而水旱不至哉?(同上)

古之民,未知爲舟車時,重任不移,遠道不至。(同上,辭過)

日月不時,寒暑雜至。(同上,非攻下)

欲以此求福禄於天,福禄終不得,而禍祟必至矣。(同上,天志中)

乘良馬固車,可以速至。(同上,魯問)

我決起而飛,搶榆枋,時則不至,而控於地而已矣。(莊子·逍遥游)

是今日適越而昔至也。(同上,齊物論)

然而巨盜至,則負匱揭篋擔囊而趨。(同上,胠篋)

四方之民,莫不俱至。(同上,天地)

秋水時至,百川灌河。(同上,秋水)

宋元君將畫圖,衆史皆至。(莊子·田子方)

老萊子曰:"是丘也。召而來。"仲尼至。(同上,外物)

女子不來,水至不去。(同上,盜跖)

風至苕折,卵破子死。(荀子·勸學)

行衢道者不至。(同上)

千裏蹞步不至,不足謂善御。(同上)

道雖邇,不行不至。(同上,修身)

兵不勁,城不固,而求敵之不至,不可得也;敵至而求無危削,不滅亡,不可得也。(同上,君道)

口行相反,而欲賢者之至,不肖者之退,不亦難乎!(同上,致士)

汝潁以爲險,江漢以爲池,限之以鄧林,緣之以方城,然而秦師至而郢都舉,若振槁然。(同上,議兵)

故水旱未至而饑,寒暑未薄而疾,祆怪未至而兇。(同上,天論)

趨駕召顔淵,顔淵至。(同上,哀公)

由於"至"是不及物動詞,所以"至"字後面用"焉"不用"之"。例如:

回也,其心三月不違仁,其餘則日月至焉而已矣。(論語·雍也)

王無罪歲,斯天下之民至焉。(孟子·梁惠王上)

故質的張而弓矢至焉,林木茂而斧斤至焉,樹成蔭而衆鳥息焉。(荀子·勸學)

由於"至"是不及物動詞,所以"至"字後面如果説出所至的處所的話,必須以"於"(於)或"乎"字爲介。例如:

歲二月東巡守,至於岱宗(書·舜典)

既修太原,至於岳陽。(書·禹貢)

王歸自克夏,至於亳。(書·湯誥)

王命衆悉至於庭。(書·盤庚)

時甲子昧爽,王朝至於商郊牧野。(書·牧誓)

厥四月哉生明,王來自商,至於豐。(書·武成)

惟二月既望,越六日乙未,王朝步自周,至於豐。(書·召誥)

方行天下,至於海表,罔有不服。(書·立政)

夫子至於是邦也,必聞其政。(論語·學而)

有淡臺滅明者,行不由徑,非公事,未嘗至於偃之室也。(同上,雍也)

若苟賢者不至乎王公大人之側,則此不肖者在左右也。(墨子·尚賢中)

子墨子聞之,起於齊,行十日十夜而至於郢,見公輸盤。(同上,公輸)

及其至於王所,與王同筐牀,食芻豢,而後悔其泣也。(莊子·齊物論)

每至於族,吾見其難爲。(同上,養生主)

吾未至乎事之情,而既有陰陽之患矣。(同上,人間世)

乘彼白雲,至於帝鄉。(同上,天地)

順流而東行,至於北海。(同上,秋水)

至於襄城之野。(同上,徐無鬼)

學至乎没而後止也。(荀子·勸學)

而衆賓皆從之至於門外。(同上,樂論)

三揖,至於階。(同上)

由於"至"是不及物動詞,所以在疑問句裏,"至"字前面用"惡乎","惡乎"等於"於何處"。有時也省作"惡"。例如:

惡乎至?有以爲未始有物者,至矣,盡矣,不可以加矣。(莊子·齊物論)

惡乎至?有以爲未始有物者,至矣,盡矣,弗可以加矣。(同上,庚桑楚)

若物之内,若物之外,惡至而倪貴賤?惡至而倪小大?(同上,秋水)

但是,戰國以後,這個語法規則已經不能嚴格遵守,"至"字也有用作及物動詞的。例如:

子墨子不聽,遂北,至淄水。(墨子·貴義)

善哉!技蓋至此乎!(莊子·養生主)

至子桑之門,則若歌若哭。(同上,大宗師)

禦寇伏地,汗流至踵。(同上,田子方)

南榮趎贏糧,七日七夜至老子之所。(莊子·庚桑楚)

故三徙成都,至鄧之虚。(同上,徐無鬼)

至齊,見辜人焉。(同上,則陽)

至舍,進盥漱巾櫛,脱屨户外。(同上,寓言)

試比較:"行十日十夜而至於郢"(墨子)與"七日七夜至老子

之所"(莊子),又比較"至於齊,反舍於魯"(莊子·田子方)與"至齊,見辜人焉"(莊子·則陽),就可以看出,戰國以後,"至"字既可以用作不及物動詞,又可以用作及物動詞了。

"問"字

有些動詞,按其性質來説,應該是及物的;但也可以省略直接賓語。當其帶賓語時,既可以只帶直接賓語,又可以兼帶間接賓語("於"字結構)。而其直接賓語和間接賓語,又與後代有所不同。這一類的典型例子就是"問"字。

"問"字的直接賓語,在明顯可知時,或不必説出時,可以省略,只帶間接賓語。例如:

吾有知乎哉?無知也。有鄙夫問於我,空空如也。(論語·子罕)

以能問於不能,以多問於寡。(同上,泰伯)

季康子患盜,問於孔子。(同上,顏淵)

在上古漢語裏,"問"字直接賓語指事,間接賓語指人①。《論語》裏大量的例子都符合這個規則。例如:

(一) 只用直接賓語,不用間接賓語。

孟懿子問孝。子曰:"無違。"(爲政)

孟武伯問孝。(同上)

子夏問孝。子曰:"色難。"(同上)

子貢問君子。(爲政)

司馬牛問君子。子曰:"君子不憂不懼。"(顏淵)

顏淵問仁。子曰:"克己復禮爲仁。"(同上)

---

① 《書·金縢》:"二公及王乃問諸吏與百執事。""諸"是"之於"的合音,"吏"是間接賓語。

仲弓問仁。子曰:“出門如見大賓,使民如承大祭。己所不欲,勿施於人。”(同上)

司馬牛問仁。子曰:“仁者,其言也訒。”(同上)

樊遲問仁。子曰:“愛人。”(同上)

樊遲問仁。子曰:“居處恭,執事敬,與人忠。”(子路)

樊遲問知。子曰:“務民之義,敬鬼神而遠之。”(雍也)

林放問禮之本。子曰:“大哉問!”(八佾)

憲問耻。子曰:“邦有道,谷;邦無道,谷,耻也。”(憲問)

子張問行。子曰:“言忠信,行篤敬。”(衛靈公)

子張問政。子曰:“居之無倦,行之以忠。”(顔淵)

子路問政。子曰:“先之,勞之。”(子路)

仲弓爲季氏宰,問政。子曰:“先有司,赦小過,舉有才。”(同上)

葉公問政。子曰:“近者悦,遠者來。”(同上)

子貢問友。子曰:“忠告而善道之。”(顔淵)

或問禘之説。子曰:“不知也。”(八佾)

子張問善人之道。子曰:“不踐迹,亦不入於室。”(先進)

子路問成人。子曰:“若臧武仲之知,公綽之不欲,卞莊子之勇,冉求之藝,文之以禮樂,亦可以爲成人矣。”(憲問)

仲弓問子桑伯子。子曰:“可也簡。”(雍也)

或問子産。子曰:“惠人也。”問子西。曰:“彼哉!彼哉!”問管仲。曰:“人也。奪伯氏駢邑三百,飯疏食,没齒無怨言。”(憲問)

子路問事君。子曰:“勿欺也,而犯之。”(同上)

顔淵問爲邦。子曰:“行夏之時,乘殷之輅,服周之冕,樂則韶舞。”(顔淵)

季路問事鬼神。子曰:“未能事人,焉能事鬼?”曰:“敢問死。”曰:“未知生,焉知死?”(先進)

子張問崇德,辨惑。子曰:"主忠信,徙義,崇德也。愛之欲其生,惡之欲其死。既欲其生,又欲其死,是惑也。"(顔淵)

子張:"問十世可知也?"子曰:"殷因於夏禮,所損益,可知也;周因於殷禮,所損益,可知也。其或繼周者,雖百世,可知也。"(爲政)

孟武伯問子路仁乎。子曰:"不知也。"(公冶長)

陳司敗問昭公知禮乎?孔子曰:"知禮。"(述而)

季康子問弟子孰爲好學。孔子對曰:"有顔回者好學,不幸短命死矣。"(先進)

子貢問師與商也孰賢。子曰:"師也過,商也不及。"(同上)

季子然問:"仲由、冉求可謂大臣與?"(同上)

闕黨童子將命。或問之曰:"益者與?"子曰:"吾見其居於位也,見其與先生並行也。非求益者也,欲速成者也。"(憲問)

(二)同時用直接賓語和間接賓語。

孟孫問孝於我,我對曰:"無違。"(爲政)

哀公問社於宰我。宰我對曰:"夏后氏以鬆,殷人以柏,周人以栗。曰:使民戰慄。"(八佾)

齊景公問政於孔子。孔子對曰:"君君,臣臣,父父,子子。"(顔淵)

季康子問政於孔子。孔子對曰:"政者,正也。子帥以正,孰敢不正?"(同上)

衛靈公問陳於孔子。孔子對曰:"俎豆之事,則嘗聞之矣;軍旅之事,未嘗學也。"(衛靈公)

子張問仁於孔子。孔子曰:"能行五者於天下爲仁矣。"(陽貨)

子夏之門人問交於子張。子張曰:"子夏云何?"對曰:"子夏曰:'可者與之,其不可者拒之。'"(子張)

葉公問孔子於子路,子路不對。子曰:"女奚不曰:'其爲人也,

發憤忘食,樂以忘憂,不知老之將至云爾。’”(述而)

子問公叔文子於公明賈,曰:“信乎,夫子不言,不笑,不取乎?”(憲問)

哀公問於有若曰:“年饑,用不足,如之何?”(顔淵)

(“有若”是間接賓語,“曰”字後面的話是直接賓語。)

南宫適問於孔子曰:“羿善射,奡盪舟,俱不得其死然。禹稷躬稼而有天下。”夫子不答。(憲問)

(“孔子”是間接賓語,“曰”字後面的話是直接賓語。)

搞清楚了“問”的直接賓語指事、間接賓語指人這個語法規則,才不至於誤解《論語》。例如“仲弓問子桑伯子”,並不是仲弓向子桑伯子發問,而是仲弓向孔子詢問子桑伯子是怎樣一個人。又如“或問子産”,並不是有人向子産發問,而是有人向孔子詢問子産是怎樣一個人。又如“葉公問孔子於子路”,是説葉公向子路詢問孔子是怎樣一個人,而不是向孔子發問。又如“子問公叔文子於公明賈”,是説孔子向公明賈詢問公叔文子是怎樣一個人,而不是向公叔文子發問。又如“闕黨童子將命,或問之曰”,容易誤解爲問那童子,其實是詢問那童子是怎樣的人。從上古語法規則去瞭解,就不至於誤解了。

問疾、問遺(問候並贈送禮物)的問,不是一般問答的問,直接賓語則是指人。例如:

伯牛有疾,子問之。(論語・雍也)

問人於他邦,再拜而送之。(同上,鄉黨)

雜佩以問之。(詩・鄭風・女曰鷄鳴)

楚子使工尹襄問之以弓。(左傳成公十六年)

使問弦多以琴。(同上,哀公十一年)

在《墨子》、《莊子》、《荀子》等書裏,基本上還是依照這個語法規則,"問"的直接賓語指事,間接賓語指人(以"於"字爲介)。例如:

(一) 只用直接賓語者。

君自以爲聖智,而不問事。(墨子·七患)

鄭穆公再拜稽首,曰:"敢問神名。"曰:"予爲句芒。"(同上,明鬼下)

子路爲享豚,孔某不問肉之所由來而食,號人衣以酤酒,孔某不問酒之所由來而飲。(同上,非儒下)

子墨子亦曰:"吾知子之所以距我,我不言。"楚王問其故。(同上,公輸)

子游曰:"敢問其方。"(莊子·齊物論)

子游曰:"地籟則衆竅是已,人籟則比竹是已。敢問天籟。"(同上)

曰:"是祭祀之齋,非心齋也。"回曰:"敢問心齋。"(同上,人間世)

敢問臨屍而歌,禮乎?(同上,大宗師)

子貢曰:"敢問畸人。"曰:"畸人者,畸於人而侔於天。"(同上)

請問爲天下。(同上,應帝王)

敢問明王之治。(同上)

問臧奚事,則挾策讀書;問谷奚事,則博塞以游。(同上,駢拇)

曰:"我聞吾子達於至道,敢問至道之精。"(同上,在宥)

敢問治身奈何而可以長久。(同上)

老聃曰:"敢問何謂仁義。"(同上,天道)

問桓公曰:"敢問公之所讀者何言耶?"(同上)

請問至仁。(同上,天運)

小子敢問回東之齊,夫子有憂色,何邪?(同上,至樂)

請問何以至於此。(同上,達生)
請問委蛇之狀何如。(同上)
回敢問其游。(同上,知北游)
客問其族。子路對曰:“族孔氏。”(同上,漁父)
敢問舍所在。(同上)
故諸侯問政,不及安存,則不告也;匹夫問學,不及爲士,則不教也。(荀子·儒效)
請問爲人君。曰:“以禮分施,均徧而不偏。”(同上,君道)
請問爲國。(同上)
請問兵要。(同上,議兵)
請問爲將。(同上)
請問王者之軍制。(同上)
臣愚不識,願問其名。(同上,賦篇)

(二) 只用間接賓語(“於”、“乎”爲介)者:

齧缺問於王倪,四問而四不知。(莊子·應帝王)
故跖之徒問於跖曰:“盗亦有道乎?”①(莊子·胠篋)
齧缺問乎王倪曰:“子知物之所同是乎?”(同上,齊物論)
且吾嘗試問乎女。(同上)
瞿鵲子問乎長梧子曰。(同上)
南伯子葵問乎女偊曰:“子之年長矣,而色若孺子,何也?”(同上,大宗師)
予欲有問乎若。(同上,知北游)
知以之言也問乎狂屈。(同上)
今吾問乎若,若知之。(同上)
舜問乎丞曰:“道可得而有乎?”(同上)

① “曰”字後面的可以認爲是直接賓語。

於是泰清問乎無窮曰:“子知道乎?”無窮曰:“吾不知。”又問乎無爲。(同上)

光曜問乎無有曰:“夫子有乎?其無有乎?”(同上)

顏淵問乎仲尼曰。(同上)

魯哀公問乎顏闔曰:“吾以仲尼爲貞干,國其有瘳乎?”(同上,列禦寇)

(三)同時用直接賓語和間接賓語者。

問於若國之士孰喜孰懼。我以爲必能射御之士喜,不能射御之事懼。(墨子·尚賢下)

(“孰喜孰懼”是直接賓語。“若國之士”是間接賓語。)

葉公子高問政於仲尼。(同上,耕柱)

問於儒者何故爲樂。(同上,公孟)

(“何故爲樂”是直接賓語,“儒者”是間接賓語。)

商太宰蕩問仁於莊子,莊子曰:“虎狼仁也。”(莊子,天運)

齧缺問道乎被衣。(同上,知北游)

君於大夫三問其疾,三臨其喪。(荀子·大略)

(“其疾”是直接賓語,“大夫”是間接賓語。)

寡人問舜冠於子,何以不言也。(同上,哀公)

(“舜冠”是直接賓語,“大夫”是間接賓語。)

“問”字後面的代詞,直接賓語指事,用“之”;間接賓語指人,用“焉”(“焉”等於“於是”。)例如:

齊景公問晏子曰:“孔子爲人何如?”晏子不對。公又復問。不對。景公曰:“以孔某語寡人曰衆矣,俱以賢人也。今寡人問之而子不對,何也?”(墨子·非儒下)

(“之”字指孔子爲何如人這件事,不是指孔子這個人。)

顏成子游立侍乎側,曰:“何居乎?形固可使如槁木,而心固可使如死灰乎?……”子綦曰:“偃不亦善乎而問之也!”(莊子·齊

物論)
("之"字指顔成子游所問的事。)
此三言者,趎之所患也。願因楚而問之。(莊子・庚桑楚)
("之"指此三言。)
子貢曰:"女何問哉?"子路曰:"由問魯大夫練而牀,禮邪?"夫子曰:"吾不知也。"子貢曰:"吾將爲女問之。"(荀子・子道)
("之"字指魯大夫練而牀是否合禮這一件事。)
聞之見之,則必以爲有;莫聞莫見,則必以爲無。若是,何不嘗入一鄉一裏而問之!(墨子・明鬼下)
("之"字指鬼神有無的事。)
(以上"之"字。)
伊尹,天下之賤人也。若君欲見之,亦令召問焉。(墨子・貴義)
("焉"字指伊尹。)
君子共己以待,問焉則言,不問焉則止。(同上,公孟)
("焉"字指君子。)
天根游於殷陽,至蓼水之上,適遭無名人而問焉。(莊子・應帝王)
("焉"字指無名人。)
伯成子高辭爲諸侯而耕。禹往見之,則耕在野,禹趨就下風,立而問焉。(同上,天地)
("焉"字指伯成子高。)
津人操舟若神。吾問焉,曰:"操舟可學邪?"曰:"可。"(同上,達生)
("焉"字指津人。)
孔子觀於吕梁。縣水三十仞,流沫四十裏,黿鼉魚鼈之所不能游也。見一丈夫游之,以爲有苦而欲死也,使弟子並流而拯之,

數百步而出,被髮行歌而游於塘下。孔子從而問焉。(莊子·達生)

("焉"字指那一個丈夫。)

梓慶削木爲鐻。鐻成,見者驚猶鬼神。魯侯見而問焉。(同上)

("焉"字指梓慶。)

北宮奢爲衛靈公賦斂以爲鐘,爲壇乎郭門之外,三月而成上下之縣。王子慶忌見而問焉。(同上,山木)

("焉"字指北宮奢。)

知不得問,反於帝宫,見黄帝而問焉。(同上,知北游)

("焉"字指黄帝。)

七聖皆迷,無所問塗。適遇牧馬童子問塗焉。(同上,徐無鬼)

("塗"是直接賓語,"焉"是間接賓語,指牧馬童子。)

但是,戰國以後,這個語法規則已經不能嚴格遵守,有一些例外。有時候,直接賓語也可以指人。例如:

齊景公問晏子曰。(墨子·非儒下)

湯之問棘也是已。(莊子·逍遥游)

罔兩問景曰[①]:"曩子行,今子止。曩子坐,今子起,何其無特操與?"(同上,齊物論)

顔回問仲尼曰:"孟孫才其母死,哭泣無涕,中心不戚,居喪不哀。"(同上,大宗師)

顔淵問師金曰:"以夫子之行爲奚如?"(同上,天運)

問桓公曰:"敢問公之所讀者何言邪?"(同上,天道)

既已知吾知之而問我。(同上,秋水)

子列子問關尹曰:"至人潛行不窒,蹈火不熱,行乎萬物之上而

① 這句可能有漏字。下文《寓言》篇:"衆罔兩問於景曰",有"於"字,此處不應無於字。

不栗,請問何以至於此。”(同上,達生)

顏淵問仲尼曰:“……敢問何謂也?”(同上)

孔子問子桑雽曰:“吾再逐於魯,……何與?”(同上,山木)

知問黄帝曰:“我與若知之,彼與彼不知也,其孰是邪?”(同上,知北游)

吾問狂屈,狂屈中欲告我。(莊子·知北游)

長梧封人問子牢曰。(同上,則陽)

“問”字後面的“之”字,有時也可以指人。① 例如:

莊子之楚,見空髑髏,髐然有形,檄以馬捶,因而問之。(莊子·至樂)

(“問之”,指問那髑髏。)

周問之曰:“鮒魚來! 子何爲者邪?”(同上,外物)

(“問之”,指問那鮒魚。這裏的鮒魚是擬人化了。)

所問的事也可以用作間接賓語,以“以”字爲介。例如:

獨有一丈夫,儒服而立乎公門。公卽召而問以國事。(莊子·田子方)

從此以後,所問的人不但可以用作間接賓語(“於”字爲介),而且可以用作直接賓語,所問的事,不但可以用作直接賓語,而且可以用作間接賓語(“以”字爲介)了。

① “問疾”的“問”後面的直接賓語,本來就該指人,例如《莊子·大宗師》:“俄而子輿有病,子祀往問之,”這種語法形式不算是戰國以後的新發展的。

第九章　形容詞和副詞

在漢語裏，形容詞和副詞的界限在某些情況下不是十分清楚的。爲了敍述的便利，就並在一章裏討論。

上古漢語的形容詞也像動詞一樣，有些類似詞頭的附加成分。但是，某些附加成分是否應認爲詞頭，比動詞的“詞頭”更成疑問。因爲它們不是專用作形容詞的附加成分的。現在舉出一個“其”字爲例：

北風其涼，雨雪其雱。（詩・邶風・北風）
静女其姝，俟我於城隅。（同上，静女）
蟋蟀在堂，歲聿其莫。（詩・唐風・蟋蟀）
我來自東，零雨其蒙。（詩・豳風・東山）

再舉出一個“有”字爲例：

不我以歸，憂心有忡。（詩・邶風・擊鼓）
彤管有煒，説懌女美。（同上，静女）
有洸有潰，既詒我肄。（同上，谷風）
新臺有泚，河水瀰瀰。（同上，新臺）

既然還不能斷定這些附加成分和形容詞的形態有關，所以不詳細討論。

但是，有一類字必須認爲是形容詞或副詞的詞尾，那就是“如”、“若”、“然”、“而”、“爾”、“耳”等。它們是同一個詞的變形：

如 ȵĭa　爾 ȵĭai　而 ȵĭə

若 ȵĭɑk　然 ȵĭɑn　耳 ȵiə

詞尾"如、若、爾"在上古漢語裏較爲常見,"而、耳"比較少見。例如:

屯如亶如,乘馬班如。(易・屯卦)

褎如充耳。(詩・邶風・旄丘)

婉如清揚。(詩・鄭風・野有蔓草)

子之燕居,申申如也,夭夭如也。(論語・述而)

孔子於鄉黨,恂恂如也,似不能言者。(同上,鄉黨)

朝,與下大夫言,侃侃如也;與上大夫言,誾誾如也。(同上)

君在,踧踖如也,與與如也。(同上)

君召使擯,色勃如也,足躩如也。(同上)

入宫門,鞠躬如也,如不勝。(同上)

雖疏食菜羹瓜祭,必齊如也。(同上)

揖所與立,左右手,衣前後,襜如也。(同上)

趨進,翼如也。(同上)

私覿,愉愉如也。(同上)

孔子三月無君,則皇皇如也。(孟子・滕文公下)

天下晏如也。(史記・司馬相如列傳)

用史巫,紛若,吉,无咎。(易・巽卦)

桑之未落,其葉沃若。(詩・衛風・氓)

如有所立卓爾,雖欲從之,末由也已。(論語・子罕)

鼓瑟希,鏗爾,舍瑟而作。(同上,先進)

子路率爾而對。(同上)

夫子莞爾而笑。(同上,陽貨)

突而弁兮。(詩・齊風・甫田)

頎而長兮。(同上,猗嗟)

突耳加冠爲成人。(詩・甫田,鄭箋)

徒勞其心忉忉耳。(同上,鄭箋)

我其以信相誓旦旦耳。(詩·衛風·氓,鄭箋)

“然”字的壽命最長,從《詩經》時代起,直到“五四”時代,“然”字始終被用爲副詞的詞尾。例如:

終風且霾,惠然肯來。(詩·邶風·終風)

斐然成章,不知所以裁之。(論語·公冶長)

天油然作雲,沛然作雨,則苗浡然興之矣。(孟子·梁惠王上)

淒然似秋,煖然似春。(莊子·大宗師)

反細察之,則倜然無所歸宿。(荀子·非十二子)

若朋友交遊,久不相見,卒然相覩,歡然道故。(史記·滑稽列傳)

士大夫悵然失望。(漢書·陸賈傳)

德璉常斐然有述作之意。(魏文帝與吳質書)

主上頃見征,欻然欲求伸。(杜甫奉贈韋左丞丈詩)

觴則兕觥犀角,尩尩然置於座中。(遊仙窟)

漂流百戰偶然存,獨立千載誰與友?(蘇軾詩)

猛然見了把頭低。(西廂記)

我這裏決然安你不得了。(水滸傳第四回)

果然有些好處,大家都有益。(脂硯齋重評石頭記第六回)

直到現代漢語裏,我們還説“忽然”、“突然”等。但是,“然”字作爲詞尾,在現代只能在特定範圍内應用了。

“然”字在没有成爲詞尾以前,應該是一個實詞。我們的意思不是説它的本義是燃燒的意義(《説文》:“然,燒也。”),而是説它本來是個指示性的形容詞,略等於現代漢語的“這樣”。例如:

宜爾室家,樂爾妻帑。是究是圖,亶其然乎?(詩·小雅·常棣)

其然,豈其然乎?(論語·憲問)
(皇疏:"然,如此也。")
吾何爲獨不然也?(孟子·公孫醜下)
(趙注:"然,如是也。")
奚以知其然也?(莊子·逍遥游)
吾意善治天下者不然。(同上,馬蹄)
木直中繩,輮以爲輪,其曲中規,……輮使之然也。(荀子·勸學)

連詞"然則"、"然而"的"然"和副詞"雖然"的"然"都是從這種"然"字來的。在最初的時候,"然而"、"雖然"應該認爲是兩個詞。

"然"字由獨立的詞發展爲副詞詞尾,這是很自然的演變。英語副詞詞尾-ly,法語副詞詞尾-ment 本來也都是獨立的詞。由詞變爲詞尾,這是語言發展過程中常見的事實。

帶着詞尾"然"字的副詞,在最初的時候,詞根多數還是單音的,例如上文所舉的"惠然"、"斐然"等。但是,從戰國時代起,"然"字前面的形容詞已經可以用叠字了①。例如:

子貢蹵蹵然立不安。(莊子·天運)
宋人有閔其苗之不長而揠之者,芒芒然歸。(孟子·公孫醜上)

有些叠字已經成爲不可分割的整體,不能減爲單音,因此不能認爲是由形容詞變來。例如:

昔者莊周夢爲胡蝶,栩栩然莊周也。(莊子·齊物論)
俄而子來有病,喘喘然將死。(同上,大宗師)
季徹局局然笑曰。(同上,天地)

① 我們認爲,就一般情況說,形容詞加詞尾"然"字變爲副詞。

搰搰然用力甚多,而見功寡。(同上)

子貢卑陬失色,頊頊然不自得。(同上)

汲汲然唯恐其似己也。(同上)

睆睆然在纆繳之中,而自以爲得。(同上)

人且偃然寢於巨室,而我噭噭然隨而哭之。(同上,至樂)

有餓者蒙袂輯屨,貿貿然來。(禮記・檀弓下)

這種副詞是漢語中最形象化的成分,它們的應用也就是擬聲法和繪景法。[①] 在上述這些例子當中,"局局"、"噭噭"是擬聲方面的副詞;"栩栩"、"喘喘"、"搰搰"、"頊頊"、"汲汲"、"睆睆"、"貿貿"是繪景方面的副詞。我們知道,在起初的時候,這種擬聲和繪景的叠字副詞是不用"然"字作爲詞尾的。例如:

呦呦鹿鳴,食野之蘋。(詩・小雅・鹿鳴)

關關雎鳩,在河之洲。(詩・周南・關雎)

啓呱呱而泣。(書・益稷)

笑言啞啞。(易・震卦)

鴻雁於飛,哀鳴嗷嗷。(詩・小雅・鴻雁)

蹙蹙靡所騁。(同上,節南山)

足蹜蹜如有循。(論語・鄉黨)

後來也就用這種叠字作爲形容詞的詞尾,成爲三音節的形容詞,這可以説是漢語的特殊構詞法。這種結構最初見於《楚辭》。例如:

佩繽紛其繁飾兮,芳菲菲其彌章。(離騷)

紛總總其離合兮,忽緯繣其難遷。(同上)

---

① 參看王力《中國語法理論》下册,第三十六節。

靈連蜷兮既留，爛昭昭其未央。（九歌・雲中君）

紛總總兮九州。（同上，大司命）

緑葉兮素枝，芳菲菲兮襲予。（同上，少司命）

杳冥冥兮以東行。（同上，東君）

杳冥冥兮羌晝晦。（同上，山鬼）

慘鬱鬱而不通兮。（九章・哀郢）

藐蔓蔓之不可量兮，縹綿綿之不可紆。（同上，悲迴風）

穆眇眇之無垠兮，莽芒芒之無儀。（同上）

宋玉的賦，也有這種構詞法。例如：

濞洶洶其無聲兮，潰淡淡而並入。（高唐賦）

滂洋洋而四絶兮，翕湛湛而弗止。（同上）

巨石溺溺之瀺灂兮，沫潼潼而高厲。（同上）

此後歷代都沿用下來。例如：

崛巍巍而特秀。（嵇康琴賦）

天色低滲滲，池光漫油油。（元稹詩）

今言道無不在，無適無不適，固是；只是死搭搭地。惟説鳶飛魚躍，則是活潑潑地。（朱子語類）

無爲無相，活鱍鱍平常自在。（傳燈録卷四）

煖溶溶玉醅，白冷冷似水，多半是相思泪。（西廂記）

一碗熱騰騰、碧瑩瑩緑畦香稻米飯。（紅樓夢第六十三回）

臉上紅樸樸的。（老舍駱駝祥子）

另有一種類似的結構，就是用雙聲叠韻的連綿字作爲詞尾。例如：

忳鬱邑餘侘傺兮。（離騷）

斑陸離其上下。（同上）

蹇侘傺而含戚。（楚辭・九章・哀郢）

（以上是灰聲連綿字）

邈隆崇以極壯。（嵇康琴賦）

（以上是叠韻連綿字）

但是這種結構似乎没有沿用下來。

*　*　*

現在我們談一談形容詞詞尾（同時也是定語語尾）“的”字的歷史。[①]

“的”字的較早形式是“底”字，見於唐宋人的語録、話本等。[②] 例如：

理只是人理，甚分明，如一條平坦底道路。（河南程氏遺書）

真實底事作麽生？（傳燈録）

煖底雪，活底花，嫩底柳。（宋張鎡南湖詩餘）

太極……不是空底物事。（朱子語類四纂卷一）

忽不娶齊女，亦是好底意思。（同上）

自古無不曉事底聖賢，亦無不通變底聖賢。（朱子語類）

大家一向都認爲“底”字是從“之”字變來的。[③] 這大概是可以相信的。“之”字上古音是 tĭə，後來在文言中的演變情況是 ȶĭə→tɕĭə→tɕi→tʂʅ。在白話裏的演變應該是 ȶĭə→tiə→ti。這樣就造成一對駢詞（doubtet），“之”與“底”并存。但是，駢詞雖同出一源，由於各自發展，意義可以分歧。就“之”和“底”來説，它們的語法作用也有不同之處。“之”字是介詞，所以它必須放在名詞的前面；“底”字是詞尾（或語尾），所

① 參看吕叔湘《論底、地之辨兼及底字的由來》，見《漢語語法論文集》51—58 頁。

② 唐代的用例待考。

③ 章炳麟《新方言》：“今凡言‘之’者，音變如丁兹切，俗或作‘的’。”

以它的後面可以没有名詞,甚至它可以放在句末。像下面這些例子,就只能用"底"("的"),不能用"之"。

王介甫家,小底不如大底,南陽謝師宰家,大底不如小底。(宋王銍默記)

曰:"有幾人病?"師曰:"有病底,有不病底。"曰:"不病底莫是智頭陀否?"(傳燈録卷十四)

紅芙蕖雜白芙蕖,紅底終稠白底疎。(楊萬裏玉井亭觀白蓮詩)

今日不好,明日好,不是將好底换了不好底。(朱子語類)

不知官職是誰底?金盌是誰底?(宋葉紹翁四朝聞見録)

客又疑這仙翁,唐玄都觀裏詠桃花底。(宋劉克莊後村長短句)

有的學者以爲這種"底"("的")字是從"者"字來的。[①]這種説法遭遇三重困難:第一,"者"字在上古音屬魚部,在中古音屬麻韻上聲,它怎麽樣變成爲"底"[ti]音,很難得到一個滿意的解釋;第二,"底"("的")字顯然是形容詞的詞尾和定語的語尾,"冷的水"和"冷的"裏面的"的"字顯然是同一性質的,説成兩個來源,缺乏説服力;第三,人稱代詞後面的"底"("的"),和"你的"、"誰的",並不能譯成文言"汝者"、"誰者"。我們認爲這種"底"("的")字仍舊是來自古代的"之"字。由於發展的結果,它由介詞變爲詞尾,最後這帶詞尾"底"("的")的形容詞和定語都可以名物化。在形容詞和定語名物化了之後,"底"("的")字本身似乎具有指代作用,其實不是的。

在唐宋時代,另一形容詞詞尾是"地"字。"地"字是和

① 章炳麟《新方言》:"今人言'底'、言'的',凡有三義。在語中者,'的'即'之'字,在語末者,若有所指,如'冷的','熱的','的'即'者'字。"

“底”字同一來源的。“地”和“底”的分工是：“底”用於一般的形容詞和定語，“地”用於連綿詞。例如：

此一節，子思喫緊爲人處，活潑潑地。（朱熹《四書集注》）

任孜孜求告不回顧，誚滿眼汪汪地淚。（晁元禮詞）

人死後渾如悠悠地逝水。（董西廂）

小風疏雨蕭蕭地，又催下千行淚。（李清照孤雁兒詞）

造化可能偏有意，故教明月玲瓏地，共賞金尊沈緑蟻。（李清照漁家傲詞）

三萬六千排日醉，鬢毛只恁青青地。（辛棄疾漁家傲詞）

由於連綿字（特别是叠音詞）往往被用作狀語，所以“地”字又是副詞的詞尾。例如：

箇箇作大獅子貌，吒呀地哮吼一聲。（傳燈録）

今學者不見有奮發底意思，只是如此悠悠地過。① （朱子語類）

若某則不識一箇字，亦須還我堂堂地做箇人。（宋陸九淵象山先生集）

平白地爲伊腸斷。（蘇軾殢人嬌詞）

即使不是連綿字，只要是用作狀語的，也都寫成“地”字。直到元明以後還是這樣。例如：

早知恁地難拚，悔不當初留住。（宋柳永晝夜樂詞）

只爲如此，所以祖師特地西來。（傳燈録）

不住地偷觀知遠。（劉知遠諸宮調）

黄巢聽得恁地説，不覺眼淚汪汪。（五代史平話・樑史）

潛地遣霍存輕身入長安城裏。（同上）

背密地引澤州兵馬乘夜入潞州城。（同上）

我們可以説，在近代漢語裏，用“底”作詞尾的是有關性

① 注意這個例子中，“底、地”二字的分工。

質種類的形容詞,用“地”作詞尾的是有關狀態的形容詞和副詞。[①]

在書面語言裏,“底”、“地”改寫作“的”,最先見於宋人的話本,[②]而話本是經元人改寫的。[③] 當時“的”已經不念入聲,所以它能表示[ti]音。後來“的”字變了輕聲,又念[tə]音了。所以“的”字的應用應該是元代以後的事。後面跟着名詞的,例如:

孔夫子是春秋世儒道的宗師,要扶持這三綱五常。(秦並六國平話卷上)

此是不祥的物事。(五代史平話·樑史)

待尋個在外的差遣。(同上,晉史)

思温的孩兒趙延照在晉做祁州刺史。(五代史平話)

我的爺爺與郭侍中結爲兄弟。(同上,周史)[④]

林教頭是個性急的人,摸不着便要殺人放火。(水滸傳第十四回)

你的鳥刀有麽好處,叫做寶刀?(同上,第十二回)

後面不跟着名詞,可以用於句末的,例如:

將那姓花名約的拿了。(宣和遺事元集)

臣弑其君的也有,子弑其父的也有。(五代史平話·樑史)

---

① 參看朱德熙《現代漢語形容詞研究》,見《語言研究》第一期,1956 年。

② 《朱子語類》卷一有一句:“如何都喚做外面入來的?”這“的”字恐怕是傳鈔之誤。

③ 《宣和遺事》元集有一句:“小匠不知朝廷刻石底意。”這“底”字是未經元人改寫的原文。

④ 《五代史平話·漢史》有一句:“慕容三郎問他有甚底病。”這“底”字是未經元人改寫的原文。

殿上坐的，戴着冕旒，穿着王者衣服。（同上）

又水軍從中流而下，唐兵戰死的，溺死的，及降的，着了四萬餘人。（同上，周史）①

當中掣雙股劍的是劉玄德，上首使青龍刀的是關雲長，下首挺丈八蛇矛的是張翼德。（三國志通俗演義卷二，趙子龍磐河大戰）

副詞的詞尾，既可以寫作“的”，又可以寫作“地”。② 例如：

高俅低低的奏曰：“陛下，天色明也。”（宣和遺事亨集）

只見那妻子張歸娘淚簌簌的下。（五代史平話·梁史）

張歸娘……淚珠如雨，滴滴地流滿粉腮。（五代史平話·梁史）

那李克用正在醉中，鼻鼾鈎鈎地價睡。（同上，唐史）

“五四”以後，漢語語法受西洋語法的影響，在書面語言裏把形容詞詞尾和副詞詞尾區別開來，前者用“的”，後者用“地”。甚至有人把名詞定語的語尾和代詞定語的語尾另立一類，和“的”字區別開來，寫作“底”。這樣就有三種詞尾，例如：

科學底研究＝the study of science；

科學的研究＝scientific research；

科學地研究＝to study scientifically。

下面是列寧《做什麽》中文譯本的一例子。在這個譯本中，“底”、“的”、“地”是嚴格地區別開來的。例如：

羣衆底高潮是繼續不斷，前後相承地擴大起來了，不僅在它所開始發生的地方没有停止下去，而且普及到新的地域和新的民

---

① 《五代史平話·漢史》有一句：“李敬儒夢見甚底？”這“底”是未經元人改寫的原文。

② 寫作“地”的可能是未經元人改寫的原文。

衆階層。①

“底”和“的”的分别,在漢語史料中,是找不出根據來的,因此這種分别還很少人遵守。在現代書面語言裏,只講究“的”和“地”的區别(“底”字不用了),“的”字用作形容詞的詞尾和定語的語尾,“地”字用作副詞的詞尾和狀語的語尾。副詞的詞尾和狀語的語尾用“的”字也不算錯;但是“地”字不能用作形容詞詞尾和定語語尾,例如今天我們不再寫“悠悠地逝水”,而必須寫成“悠悠的逝水”了。

“五四”以後,産生了一些新興的副詞。其中一大部分就是利用這副詞尾“地”字來搆成的。宋人的“地”字主要加在連綿字的後面;加在仂語後面的如“不住地”已經少見,至於名詞後面,照例是不能加上“地”字的。“五四”以後,特别是解放後,名詞後面加“地”搆成副詞的情況漸漸多起來了。例如:

科學地;創造性地;決定性地;唯心主義地。

這是一個能産的構詞法,以後這一類新詞還會大量地出現的。

其次是“上”字逐漸詞尾化。“原則上”、“實際上”、“基本上”等詞的“上”字,原來是用來翻譯西文的介詞的,如“原則上”等於 in principle,“實際上”等於 in fact,“基本上”等於 in the main 或 on the whole。“上”字被認爲後置詞,用來翻譯西文的前置詞(preposition)。後來“上”字詞尾化了,説漢語的人再也不知道它是後置詞了。

① 列寧《做什麽》,莫斯科,外國文書籍出版局,1950 年版,58—59 頁。

*　　*　　*

關於上古漢語的副詞，還有一件事值得注意的，就是否定詞“弗”、“勿”的用法。經過多人的分别研究[①]，大家承認，在謂語的中心詞是及物動詞的時候，“弗”和“勿”所修飾的及物動詞一般不能帶賓語[②]。這樣，“弗”和“不”是有分别的，“勿”和“毋”也是有分别的。這兩對字在語音上是有非常明顯的對應規律的：

不 pǐuə　毋(無)miua

弗 pǐuət　勿 mǐuət

“弗”和“勿”同屬古音物部；“不”屬之部(古讀平聲)，“毋”屬魚部，上古之魚兩部常常是相通的。

《公羊傳》桓公十年：“秋，公會衛侯於桃丘，弗遇。”何休注：“弗者，不之深也。”可見古人是注意到“弗”和“不”的分别的。“勿”和“毋”的分别，古人也應該同樣注意到。在甲骨文中，“弗”和“不”、“勿”和“毋”的界限並不十分清楚。在《尚書》中，“弗”和“不”的界限也不清楚。[③] 但是，就多數上古史料看來，特别是就多數先秦史料看來，“弗”和“勿”後面的及物動詞不帶賓語是無可争辨的事實。下面試列舉一些典

① 關於“弗”和“不”，參看 Gabelenti：Chinesische Grammatik，1881，432 頁。丁聲樹《釋否定“弗”、“不”》(《慶祝蔡元培先生六十五歲論文集》，1935，967—996 頁)。關於“勿”和“毋”，參看吕叔湘《論毋與勿》(《漢語語法論文集》，12—35 頁)。Graham：《一個可能的合音詞：勿＝毋＋之》(倫敦大學東方非洲研究院《學報》十四卷一期，1952，139—148 頁)。

② 有少數例外，如《孟子告子上》：“雖與之俱學，弗若之矣。”這種地方可能是傳鈔之誤。

③ 參看吕叔湘《論毋與勿》，見《漢語語法論文集》20—21 頁。

型的例子。由這些例子可以看出,"弗"和"勿"後面的及物動詞不帶賓語,及物動詞前面没有"弗"、"勿"時則帶賓語:

天亦縱棄之而弗葆。(墨子·非命上)

然則國亂將弗治與?曰:"國亂而治之者,非案亂而治之之謂也。(荀子·不苟)

(以上"弗"字。)

子路問事君。子曰:"勿欺也,而犯之。"(論語·憲問)

齊侯將許之。管仲……對曰:"……君其勿許。"(左傳僖公七年)

取之而燕民悦,則取之;……取之而燕民不悦,則勿取。(孟子·梁惠王下)

(以上"勿"字。)

最富於啓示性的有如下面的一個例子:

施諸己而不願,亦勿施於人。(中庸)

依前人的考證,"諸"是"之於"的合音。上句等於説"施之於己而不願",下句不能説"亦勿施諸人",否則就等於説"亦勿施之於人",那樣就不合上古語法了。

直到漢代,一般地説,還保留着上古"弗、勿"的用法。① 例如:

公輸……作雲梯之械,設以攻宋,曷爲弗取?……九攻而墨子九卻之,勿能入。(淮南子·脩務)

非其事者勿仞也,非其名者勿就也,故而有顯名者勿處也,無功而富貴者,勿居也。(同上,人間)

已矣!將軍勿復言!(史記·白起王翦列傳)

① 當然也有例外,見吕叔湘《漢語語法論文集》21—22 頁。

有人設想,"弗"是"不之"的合音,"勿"是"毋之"的合音[①]。這一種假設遭遇一個困難:"之"屬之部,"弗、勿"屬物部,之物兩部在上古很少相通的痕迹。如果從語法上講,倒是講得通的,那就是説,"弗、勿"是副詞兼代賓語的職能,在意義上等於"不之"和"毋之"。恰好上古語法規定否定句的代詞賓語要放在動詞的前面,所以是講得通的。

"不"字跟"弗"字正相反,除了否定不及物動詞之外,它所否定的及物動詞經常帶賓語。例如:

立不中門,行不履閾。(論語・鄉黨)

君子三年不爲禮,禮必壞;三年不爲樂,樂必崩。(同上,陽貨)

朝菌不知晦朔,蟪蛄不知春秋。(莊子・逍遥游)

聖人不從事於務,不就利,不違害,不喜求,不緣道。(同上,齊物論)

"毋"(無)字跟"勿"字正相反,它用於及物動詞前面時,必須帶賓語。例如:

毋教猱昇木。(詩・小雅・角弓)

上毋及泉,下毋通臭。(墨子・節葬下)

無易樹子,無以妾爲妻。(孟子・告子下)

毋絶其愛,親之道也。(左傳文公十五年)

將軍毋失時。(史記・張耳陳餘列傳)

如果在一句(或相連的兩句)之中,"弗"、"不"並用,或"勿"、"毋"(無)並用,更足以證明它們的明確分工。例如:

弗食,不知其旨也。(禮記・學記)

---

① "不之"合音説,見吕叔湘《漢語語法論文集》19頁所引 Boodberg 的説法;"毋之"合音説見 A. C. Graham 的論文。

諸加費，不加民利者，聖王弗爲。（墨子·節用下）

君子勝不逐奔，揜則弗射。（同上，非儒下）

太后嘗病三年，陛下不交睫，不解衣，湯藥非陛下口所嘗，弗進。（史記·袁盎列傳）

（以上"弗"和"不"的分别。）

毋逐奔，揜函勿射①。（墨子·非儒下）

毋友不如己者，過則勿憚改。（論語·學而）

户開亦開，户閉亦閉，有後入者，闔而勿遂。毋踐屨，毋踖席。（禮記·曲禮上）

無道人之短，無説己之長；施人慎勿念，受施慎勿忘。（崔瑗《座右銘》）

有時候，"毋"（無）和"勿"當"不"講，往往是指一些不應該做的事情，或者是不希望出現的事情。例如：

無偏無黨，王道盪蕩；無黨無偏，王道平平；無反無側，王道正直。（書·洪範）

君子食無求飽，居無求安。（論語·學而）

子貢問曰："貧而無諂，富而無驕，何如？"（同上）

巽與之言，能無説乎？（同上）

不有君子，其能國乎？國無陋矣。（左傳文公十二年）

（以上"無"字。）

子絶四：毋意，毋必，毋固，毋我。（論語·子罕）

子毋讀書遊玩，安得此辱乎？（史記·張儀列傳）

秦攻楚之西，韓梁攻其北，社稷安得毋危？（同上）

雖欲毋亡，不可得也。（同上）

① 在同一篇中，上文"不逐奔，揜函弗射"；下文"毋逐奔，揜函勿射。""不、弗"、"毋、勿"四字同時並用，有條不紊，可爲鐵證。

（以上"毋"字。）

非禮勿視，非禮勿聽，非禮勿言，非禮勿動。（論語·顔淵）

犂牛之子騂且角，雖欲勿用，山川其舍諸？（論語·雍也）

於是與平剖符，世世勿絶爲户牖侯。（史記·陳丞相世家）

曹参代之，守而勿失。（同上，蕭相國世家）

天子以伍被雅辭多引漢之美，欲勿誅。（同上，淮南王傳）

（以上"勿"字。）

副詞"莫"字本來是無定代詞（見上文第五章），後來詞義虚化了，才變爲副詞，與"毋"、"勿"混同起來。① 其演變過程是這樣：首先是"毋"和"勿"混同起來，然後"莫"字虚化，"毋、勿、莫"三字混用。"毋"和"莫"是魚鐸對轉，故得相通。《漢書·王莽傳》："其去剛卯，莫以爲佩；除刀錢，勿以爲利。""莫"和"勿"對舉，這是"莫"、"勿"混同的開始。陸機《吴趨行》："楚妃且勿歌，齊娥且莫謳。"也是屬於這一類情況。東漢以後，"莫"字當"勿"字講，漸漸多起來了。例如：

今日樂相樂，别後莫相忘。（曹植《怨歌行》）

生男慎莫舉，生女哺用脯。（陳琳《飲馬長城窟行》）

後來，"莫"在口語裏代替了"毋"和"勿"，在唐詩中最爲常見。例如：

飲酒莫醉酒，醉多適不愁。（高適淇上送韋司倉往滑臺詩）

金吾不禁夜，玉漏莫相催。（蘇味道正月十五夜詩）

猿聲不可聽，莫待楚山秋。（王維送賀遂員外外甥詩）

---

① 楊樹達説："毋，莫也。"（《詞詮》544 頁）又説："勿，與'莫'同。"（同書 546 頁）這樣解釋是欠妥的，因爲在"毋、勿"用作副詞的時代，"莫"字還是代詞，不是副詞。

好賓多乘月，應門莫上關。（王維登裴迪秀才小臺作詩）
當杯已入手，歌妓莫停聲。（孟浩然晚春詩）
還須及秋賦，莫即隱蒿萊。（岑參送杜佐下第歸陸渾別業）
莫教明月去，留著醉嫦娥。（李白宮中行樂宮）
玉關殊未入，少婦莫長嗟。（李白塞下曲）
君莫笑劉毅從來布衣願，家無儋石輸百萬。（杜甫今夕行）
炙手可熱勢絶倫，慎莫近前丞相嗔。（杜甫麗人行）
志士幽人莫怨嗟，古來材大難爲用。（杜甫古柏行）
且看欲盡花經眼，莫怨傷多酒入脣。（杜甫曲江詩之一）
傳語風光共流轉，暫時相賞莫相違。（杜甫曲江詩之二）

這個"莫"字一直沿用到現代漢語裏。雖然北京話裏很少用它了，但是就整個"官話"區域而論，它還是一個很占勢力的副詞。

*　　*　　*

最後，我們談一談"相"字。"相"字本是反身代詞，但它很早就可以用作副詞。當它用作副詞時，有兩種情況。第一種情況是表示交替，遞相。例如：

前後相隨。（老子）
夏后氏失之，殷人受之；殷人失之，周人受之。夏后殷商之相受也，數百歲矣。（墨子・耕柱）
今世殊死者相枕也，桁楊者相推也，刑戮者相望也。（莊子・在宥）

第二種情況是表示"共同"。例如：

欲人之有力相營，有道相教，有財相分也。（墨子・天志中）
臧與谷二人相與牧羊。（莊子・駢拇）
今夫以先王之道，仁義之統，以相羣居，以相持養，以相藩飾，以相安固邪？（荀子・榮辱）

上下相喜而慶之。(同上,議兵)

今世以侈靡相競,而亡制度。(賈誼論政事疏)

夫人相樂,無所發貺。(淮南子·本經訓)

傳言相談,非如經路。(易林)

出門萬裏路,客中逢嘉友,未言心相醉,不在接杯酒。(陶潛擬古詩)

第十章　介詞和連詞

在漢語裏，介詞和連詞的界限不是十分清楚的。我曾經給它們一個總名，叫做聯結詞，所以並在一章裏加以敍述。

（一）上古的主要介詞

1. "之"字

"之"字用於偏正結構，其作用是作爲定語與中心語之間的媒介。名詞、形容詞、動詞，都可以用作定語。名詞用作定語時，"之"字表示隸屬關係。例如：

關關雎鳩，在河之洲。（詩·周南·關雎）

夫子之文章，可得而聞也。（論語·公冶長）

鯤之大不知其幾千裏也。（莊子·逍遥游）

吾嘗將百萬軍，然安知獄吏之貴乎？（史記·絳侯周勃世家）

是故比干之殪，其抗也；孟賁之殺，其勇也；西施之沉，其美也；吳起之裂，其事也。（墨子·親士）

形容詞作定語時，"之"字表示修飾關係。例如：

況又有賢良之士。（墨子·尚賢上）

女惡知貴賤之門，小大之家？（莊子·秋水）

小大之獄，雖不能察，必以情。（左傳莊公十年）

少之時，血氣未定，戒之在色。（論語·季氏）

動詞或動詞性仂語作定語時，可以是修飾關係。例如：

譖慝之言，無入之耳；批扞之聲，無出之口。（墨子·脩身）

忘己之人，是之謂入於天。（莊子·天地）

又問曰："有土之君與？"（同上，漁父）

無置錐之地，而王公不能與之争。（荀子·非十二子）

也可以表示隸屬關係。例如：

生也死之徒，死也生之始。（莊子·知北游）

天地者，生之始也；禮義者，治之始也。（荀子·王制）

代詞用作定語，一般不用"之"字爲介。我們只看見有極少數例外。例如[①]：

矧予之德言足聽聞。（書·仲虺之誥）

舉能其官，惟爾之能。（同上，周官）

到了後代，人稱代詞用作定語時，用介詞"之"字的情況逐漸多起來了。例如：

恐阿大非爾之友。（世説新語·識鑒）

吾觀爾之才，當一戰而霸。（唐陳翰異聞集李娃傳）

今子一朝及此，我之罪也。（同上）

張兄保爾之命，不然，爾且擄矣！（唐元稹鶯鶯傳）

汝之疾，遇我卽生。（前蜀杜光庭仙傳拾遺）

人稱代詞"誰"字正相反。"誰"字用作定語時，一般總是要加"之"字。例如：

吾不知誰之子，象帝之先。（老子）

虎兕出於柙，龜玉毁於櫝中，是誰之過與？（論語·季氏）

"子"字是對人的尊稱。它不是代詞，而是名詞。所以當它用作定語時，後面一般也加"之"字。例如：

今子之言，大而無用，衆所同去也。（莊子·逍遥游）

---

① 注意：這兩個例子都出於僞古文《尚書》。《莊子·大宗師》："浸假而化予之左臂以爲雞。"也是這一類。

計子之德,不足以自反邪?(同上,德充符)

今子外乎子之神,勞乎子之形。(同上)

嘻!子之先生死矣!(應帝王)

偏正結構用不用"之"字爲介,没有一定的標準。一般地說,要以節奏爲標準。譬如説,如果這個偏正結構是四個字,定語爲雙音節時,一般要用"之"字。例如"賢良之臣",不説"賢良臣"。如果這個偏正結構只有兩個字,一般不用"之"字,例如"賢臣",不説"賢之臣"。但是也有一些例外。例如:

恐没世不復見如此人。(世説新語・賞譽下)

吾門中久不見如此人。(同上)

王敬仁是超悟人。(同上)

不諳堪是何似人。(同上)

便自有寢處山澤間儀。(同上)

故太平之世多長壽人。(論衡・氣壽)

得富貴像則富貴,得貧賤像則貧賤。(同上,命義)

非真正人也。(同上,無形)

母見其上若一匹練狀。(同上,吉驗)

特别是在律詩中,五言或七言的末三字,如果是偏正結構,而定語又是雙音節時,不能不省略"之"字。例如:

與君離别意,同是宦遊人。(王勃送杜少府之任蜀州詩)

猿響寒巖樹,螢飛古驛樓。(張説深渡驛詩)

時倚簷前樹,遠看原上村。(王維輞川閒居詩)

山中一夜雨,樹杪百重泉。(王維送梓州李使君詩)

浮雲遊子意,落日故人情。(李白送友人詩)

叢菊兩開他日淚,孤舟一係故園心。(杜甫秋興詩之一)

秋草獨尋人去後,寒林空見日斜時。(劉長卿長沙過賈誼宅詩)

田園寥落干戈後,骨肉流離道路中。吊影分爲千裏雁,辭根散作

九秋蓬。（白居易自河南經亂詩）

2. “於”字

“於”字的主要用法有七種：

a）表示地點或時間。例如：

八佾舞於庭。（論語・八佾）

子於是日哭，則不歌。（論語・述而）

王立於沼上。（孟子・樑惠王上）

b）表示動作之所向或所到。例如：

公伯寮愬子路於季孫。（論語・憲問）

夫子至於是邦也，必聞其政。（同上，學而）

孟嘗君已定從而歸，歸至於趙。（史記・平原君列傳）

c）表示動作的對象。例如：

王如施仁政於民。（孟子・樑惠王上）

天子爲政於天下之百姓。（墨子・尚同上）

吾遊心於物之初。（莊子・田子方）

d）表示動作的所從。例如：

奚取於三家之堂？（論語・八佾）

民以爲將拯己於水火之中也。（孟子・樑惠王下）

子之不得受燕於子噲。（同上，公孫醜下）

e）表示對於，關於。例如：

我於周爲客。（左傳昭公二十五年）

知其說者亡於天下也，其如示諸斯乎？（論語・八佾）

於趙則有功矣，於魏則未爲忠臣也。（史記・信陵君列傳）

f）表示比較。例如：

季氏富於周公。（論語・先進）

王如知此，則無望民之多於鄰國也。（孟子・樑惠王上）

苛政猛於虎也。（禮記・檀弓下）

g）表示被動。例如：

東敗於齊，長子死焉。

彌子瑕見愛於衛君。（韓非子・説難）

兵破於陳涉，地奪於劉氏。（漢書・賈誼傳）

以上這七種用法，一直沿用到現代漢語裏。其實介詞"於"字只有一種功能，就是表示動作或性質和事物的關係。分爲七種用法，只是爲了便於解釋罷了。

（二）連詞兼介詞

1．"與"字

"與"字，《馬氏文通》認爲是介詞，楊樹達、黎錦熙認爲是介詞和連詞。我過去認爲是聯結詞。但若連介分立的話，應該認爲是連詞兼介詞。

"與"字一般用作連詞。例如：

我其以璧與珪歸俟爾命。（書・金縢）

富與貴，是人之所欲也。（論語・里仁）

一與言爲二，二與一爲三。（莊子・齊物論）

不爲者與不能者之形何以異？（孟子・梁惠王上）

但同時也用作介詞。例如：

與朋友交，而不信乎？（論語・學而）

人之生也，與憂俱生。（莊子・至樂）

諸君子皆與驩言，孟子獨不與驩言，是簡驩也。（孟子・離婁下）

臣請入，與之同命。（史記・項羽本紀）

"與"字用作介詞時，介後賓語可以省略。例如：

嘗試與來。（莊子・應帝王）

殫殘天下之聖法，而民始可與論議。（同上，胠篋）

無心而不可與謀。(同上,知北游)

有争氣者,勿與辯也。(荀子・勸學)

故禮恭而後可與言道之方,辭順而後可與言道之理,色從而後可與言道之致。(同上)

淺不足與測深,愚不足與謀知,坎井之鼃不可與語東海之樂。(同上,正論)

2. "而"字

"而"字一般用作連詞。主要是把平行的兩個形容詞、兩個動詞或兩個同類的詞組連在一起,有順接,有逆接。順接的例子是:

敬事而信,節用而愛民。(論語・學而)

學而時習之。(同上)

若夫乘天地之正,而御六氣之辯。(莊子・逍遥游)

其於本也,宏大而辟,深閎而肆。(同上,天下)

逆接則較多見。例如:

不有祝鮀之佞,而有宋朝之美。(論語・雍也)

子温而厲,威而不猛,恭而安。(同上,述而)

置杯焉則膠,水淺而舟大也。(莊子・逍遥游)

日月出矣,而爝火不息。(同上)

大而無當,往而不返。(同上)

大澤焚而不能熱,河漢沍而不能寒。(同上,齊物論)

入乎淵泉而不濡,處卑細而不憊。(同上,田子方)

歌而非歌,哭而非哭,樂而非樂。(同上,天下)

"而"字又可用作介詞。它把狀語介紹給謂詞,這有兩種情況。第一種情況是動詞或謂語形式作狀語。例如:

提刀而立。(莊子・養生主)

倚樹而吟,據槁梧而瞑。(同上,德充符)

三人相視而笑,莫逆於心。(同上,大宗師)

爲之斗斛以量之,則並與斗斛而竊之。(同上,胠篋)

子貢瞞然慙,俯而不對。(同上,天地)

第二種情況是叠字或帶詞尾的形容詞作狀語。例如:

啓呱呱而泣。(書·益稷)

子路率爾而對。(論語·先進)

欲常常而見之,故源源而來。(孟子·萬章上)

亦呥呥而噍,鄉鄉而飽已矣。(荀子·榮辱)

其實"而"字只有一種語法功能,那只能是連接。至於是順接,是逆接,還是把狀語連接於謂詞,那只是受上下文的影響罷了。

(三) 上古的主要連詞

《馬氏文通》把連詞分爲四類:1. 提起連詞①;2. 承接連詞;3. 轉捩連詞;4. 推拓連詞。兹分别舉例如下:

1. 提起連詞。例如:

夫國君好仁,天下無敵。(孟子·離婁上)

夫人必自侮,然後人侮之。(同上)

且夫水之積也不厚,則其負大舟也無力。(莊子·逍遥游)

若夫乘天地之正,而御六氣之辯,以游無窮者,彼且惡乎待哉?(同上)

2. 承接連詞。"則"、"而"。

a) "則"字。例如:

行有餘力,則以學文。(論語·學而)

是故財聚則民散,財散則民聚。(禮記·大學)

① 原文叫做"連字"。

b)“而”字。例如：[①]

天下一致而百慮，同歸而殊塗。（易大傳）

道在邇而求諸遠，事在易而求諸難，人人親其親，長其長，而天下平。（孟子·離婁上）

君子之道，淡而不厭，簡而文，温而理。（禮記·中庸）

目逆而送之，曰：“美而艷。”（左傳桓公元年）

3. 轉捩連詞

常用的只有一個“然”字。《馬氏文通》説，連詞“然”字是由副詞（狀字）發展來的。這話是對的。“然”的原義是“是這樣”。例如：

雖則雲然，尚猷詢茲黄發。（書·秦誓）

無然畔援，無然歆羨。（詩·大雅·皇矣）

天之方難，無然憲憲；天下方蹶，無然泄泄。（同上，板）

其然，豈其然乎？（論語·憲問）

夫然，故安其學而親其師。（禮記·學記）

今天下則不然。（管子·任法）

人人皆以我爲好士，然故士至。（荀子·堯問）

“然而”二字連用，最初也不是連詞，而是副詞“然”字一頓，表示肯定，然後加“而”字表示轉折。[②] 例如：

七十者衣帛食肉，黎民不饑不寒，然而不王者，未之有也。（孟子·梁惠王上）

（意思是説：這樣還不能成就王業。）

故雖上世之聖王，豈能使五穀常收，而水旱不至哉？然而無凍餓之民者，何也？（墨子·七患）

---

① 上文已講過“而”字，這裏再舉一些例子。

② 王引之《經傳釋詞》、馬建忠《馬氏文通》，都講了這個道理。

(意思是説:卽使是這樣,老百姓還不凍餓。)

夫藏舟於壑,藏山於澤,謂之固矣。然而夜半有力者負之而走,昧者不知也。(莊子·大宗師)

(意思是説:盡管如此,夜半有力者還負之而走。)

汝穎以爲險,江漢以爲池,限之以鄧林,緣之以方城,然而秦師至而鄢郢舉,若振槁然。

(意思是説:盡管這樣,但是秦師至而鄢郢舉。)

有時候,"然而"表示順接,不表示逆接。這樣,更顯得"然"字本身不表示轉折。例如:

士大夫務節死制,然而兵勁,百吏畏法循繩,然後國常不亂。(荀子·王霸)

楊倞注雲:"'然而'當爲'然後'。"王念孫反駁雲:"案,楊以下文作'然後',故雲當爲'然後',不知此'然而'與他處言'然而'者不同。然,如是也。言如是而兵勁也。《文王世子》曰:'然而衆知父子之道矣。'[①]義與此'然而'同。"王念孫的話是對的。

直到漢代以後,"然"字才單獨用作轉捩連詞。例如:

上曰:"王陵可。然陵少戇,陳平可以助之。陳平智有餘,然難以獨任。周勃厚重少文,然安劉氏者必勃也。"(史記·高帝本紀)

足下位爲上相,食三萬户侯,可謂富貴無歉矣。然有憂念。(同上,陸賈傳)

① 《禮記·文王世子》原文是:"故世子齒於學,國人觀之曰'將君我而與我齒讓,何也?'曰:'有父在,則禮然。'然而衆知父子之道矣。其二曰:'將君我而與我齒讓,何也?'曰:'有君在,則禮然。'然而衆著於君臣之義也。其三曰:'將君我而與我齒讓,何也?'曰:'長長也。'然而衆知長幼之節矣。"

吾嘗將百萬軍，然安知獄吏之貴乎！（同上，絳侯周勃世家）

劇孟雖博徒，然母死，客送葬，車千餘乘。（同上，袁盎傳）

荊軻雖游於酒人乎，然其爲人沈深好書。（同上，刺客列傳）

由此看來，“然”字發展爲轉捩連詞的過程應該是這樣：

副詞“然”（這樣）→副詞“然”+連詞“而”（盡管這樣，但是）→連詞“然”。①

這裏附帶講一講“但”字。《馬氏文通》以爲“第、但、獨、特、惟”五字都是轉捩連詞，是由副詞（狀字）發展爲連詞的。我認爲仍是副詞，不是連詞。例如：

百官以下，但事馮子都、王子方等，視丞相亡如也。（漢書・霍光傳）

誠令兵出，雖不能滅先零，但能令虜絶不爲小寇，則出兵可也。（同上，趙充國傳）

但今日走馬來求賞給，助寇爲聲勢而已。（韓愈與柳中丞書）

第一例“但”字可翻譯爲“只”，第二例“但”字可翻譯爲“只要”，第三例“但”字可翻譯爲“只是”，都不能認爲是連詞。②

一般於“但”字是舉曹丕《與吳質書》爲例：

公幹有逸氣，但未遒耳。

這也可以翻譯爲“只是”，它不是真正的連詞，因爲它在語法

---

① 《孟子・萬章下》：“晉平公之於亥唐也，入雲則入，坐雲則坐，食雲則食；雖蔬食菜羹，未嘗不飽，蓋不敢不飽也。然終於此而已矣。”《馬氏文通》舉此爲例，似乎“然”字單獨用作轉捩連詞，來源頗早。但這是孤證，不足憑信。這句話的轉折意思在“而已矣”，不在“然”。“然”字在這裏仍應解作“這樣”。

② 連馬建忠自己也不十分肯定。他説：“統觀五字，皆承上文，不相批駁。只從言下單抽一端，輕輕掉轉，猶雲：‘别無可説，只有一件’如此雲雲。而所引五字，皆冒句首，此所以爲連字也。非然，其不爲狀字者鮮矣。”

上不能代替“然而”。毫無疑問，連詞“但”是由副詞發展而來的，不過是很晚的事情了。有人從《水滸傳》找出二百多個“但”字，没有一個是當連詞“但”字講的。直到《紅樓夢》時代（十八世紀），才有連詞“但”字出現。例如：

要爲這些事生氣，這屋裏一刻還住得了？但只是天長日久，盡着這麽鬧，可叫人怎麽過呢？（紅樓夢第二十回）

舅舅説的有理。但我父親没的時候兒，我又小，不知事體。（同上，第二十四回）

4. 推拓連詞。

關於推拓連詞，《馬氏文通》舉了“雖”、“縱”二字，其實主要只有一個“雖”字。“雖”字表示讓步，又可以細分爲兩種情況。第一種是事實的讓步，等於現代漢語的“雖然”。例如：

周雖舊邦，其命維新。（詩·大雅·文王）

雖有周親，不如仁人。（書·泰誓）

王曰：“善哉！雖然①，公輸盤爲我爲雲梯，必取宋。”（墨子·公輸）

雖君有命，寡人不敢與聞。（左傳隱公十一年）

是故鳧脛雖短，續之則憂；鶴脛雖長，斷之則悲。（莊子·駢拇）

天地雖大，其化均也；萬物雖多，其次一也；人卒雖衆，其主君也。（同上，天地）

第二種是假設的讓步，等於現代漢語的“即使”。例如：

見齊衰者，雖狎，必變。見冕者與瞽者，雖褻，必以貌。（論語·

① 在古代，“雖然”是兩個詞，即“雖然是這樣”的意思，與現代漢語的“雖然”不同。

鄉黨)

賢者而後樂此,不賢者雖有此不樂也。(孟子·梁惠王上)

若夫豪傑之士,雖無文王猶興。(同上,盡心上)

果能此道矣,雖愚必明,雖柔必强。(禮記·中庸)

後來這第二種情況往往用"縱"字來表示。例如:

且予縱不得大葬,予死於道路乎?(論語·子罕)

吾縱生無益於人,吾可以死害於人乎哉?(禮記·檀弓)

縱江東父兄憐而王我,我何面目見之?縱彼不言,籍獨不愧於心乎?(史記·項羽本紀)

縱彼畏天子之詔不敢動我,我獨不愧於心乎?(同上,田儋列傳)

除上述四種連詞之外,還有兩種連詞,即假設連詞和選擇連詞。假設連詞主要有"若"、"苟"、"如"等字①。例如:

寡人若朝於薛,不敢與諸任齒。(左傳隱公十一年)

公子若反晉國,則何以報不谷?(同上,僖公二十三年)

王若隱其無罪而就死地,則牛羊何擇焉?(孟子·梁惠王上)

苟志於仁矣,無惡也。(論語·里仁)

苟爲不蓄,終身不得。(孟子·離婁上)

如有用我者,吾其爲東周乎!(論語·陽貨)

如不可求,從吾所好?(同上,述而)

上述這些連詞②,直到現代還沿用下來,變化不大。所以這裏不詳細討論。

選擇連詞,常用的只有一個"若"字。例如:

---

① 《馬氏文通》把這些字歸入推拓連字。

② 在我的著作中,我認爲"雖"、"若"等字都是副詞,不是連詞。這種語法體系上的爭論,不影響漢語史的敘述。

冪用綌若錫。(儀禮·燕禮)

大夫没矣,則稱謚若字。(禮記·玉藻)

矢以柘若棘。(同上,投壺)

水,火之牡也,其以丙子若壬午作乎?(左傳昭公十七年)

凡封國若家,牛助爲牽徬,(周禮·秋官·罪隸)

其以君若城邑降者,卒萬人,邑萬户,(史記·吳王濞傳)

願取吳王若將軍頭,以報父之仇。(同上,魏其武安侯列傳)

以萬人若一郡降者,封萬户。(漢書·高帝紀)

時有軍役若水旱,民不困乏。(同上,食貨志)

(四) 實詞的虛化

多數介詞和連詞都是由實詞虛化而成的[①],大致可以分爲六種情況:1. 動詞虛化爲介詞;2. 動詞虛化爲連詞、介詞;3. 動詞虛化爲介詞再發展爲連詞;4. 形容詞虛化爲連詞;5. 副詞虛化爲連詞;6. 詞組虛化爲連詞。分别敍述如下:

(1) 動詞虛化爲介詞

動詞虛化爲介詞,可以分爲兩個歷史階段。第一階段是"以"、"爲"二字的虛化,虛化的過程在先秦時代已經完成。"以"字用作動詞,有下列的例子:

繼自今立政,其勿以憸人。(書·立政)

霸主將德是以,而二三之,其何以長有諸侯乎?(左傳成公八年)

我辭禮矣,彼則以之。(同上,襄公十年)

視其所以,觀其所由,察其所安。(論語·爲政)

① 另有一些介詞和連詞則是假借實詞的字音,而不是虛化。例如"於"是"烏"的重文(據《説文》),假借爲介詞,"而"是頰毛,假借爲連詞。

“以”字用作動詞的情况是少見的,因爲它很早就虚化爲介詞了。例如:

以閏月定四時成歲。(書·堯典)
遒人以木鐸徇於路。(書·胤征)
君子不以言舉人,不以人廢言。(論語·衛靈公)
君子以文會友,以友輔仁。(同上,顔淵)
以直報怨,以德報德。(同上,憲問)
是猶以卵投石也。(墨子·貴義)
以近待遠,以逸待勞。(孫子·軍爭)
以隨侯之珠,彈千仞之雀。(莊子·讓王)
是故禹以四海爲壑,今吾子以鄰爲壑。(孟子·告子下)
夫以湯止沸,沸愈不止。(吕氏春秋·盡數)
若以水滅火,以湯沃雪。(淮南子·兵略)

介詞結構又可以放在動詞後面。例如:

克諧以孝。(書·堯典)
乃位以位。(同上,舜典)
敷奏以言,明試以功。(同上)
勸之以九歌。(同上,大禹謨)
生,事之以禮;死,葬之以禮,祭之以禮。(論語·爲政)
飾車以文采,飾舟以刻鏤。(墨子·辭過)
連之以羈靮,編之以皁棧。(莊子·馬蹄)

介詞後賓語也可以提到前面。例如:

詩三百,一言以蔽之,曰:“思無邪。”(論語·爲政)
蓬户不完,桑以爲樞而甕牖,二室,褐以爲塞。(莊子·讓王)
詩以道志,書以道事,禮以道行,樂以道和,易以道陰陽,春秋以道名分。(同上,天下)
程以立數,禮以定倫,德以敍位,能以授官。(荀子·致士)

汝潁以爲險，江漢以爲池。（同上，議兵）

至於"是以"，則以賓語前置爲常；"何以"則在上古必須賓語前置。例如：

是以民皆勸其賞，畏其罰，（墨子·尚賢中）

子貢問曰："孔文子，何以謂之文也?"子曰："敏而好學，不恥下問，是以謂之文也。"（論語·公冶長）

是以十九年而刀刃若新發於硎。（莊子·養生主）

是以後世無傳焉。（孟子·梁惠王上）

王曰："何以利吾國?"大夫曰："何以利吾家?"士庶人曰："何以利吾身?"（同上）

"以"字後面的賓語又常常省略。這樣，"以"字就獨立自作爲狀語，修飾謂詞，例如：

魏王貽我大瓠之種，我樹之成，而實五石，以盛水漿，其堅不能自舉也。（莊子·逍遥游）

（等於説"以之盛水漿"。）

或以封，或不免於洴澼絖。（莊子·逍遥游）

（等於説"以之封。"）

緣督以爲經，可以保此生，可以全生，可以盡年。[1]（同上，養生主）

（等於説："可以此身"，等等。）

散木也。以爲舟則沈，以爲棺槨則速腐，以爲器則速毁，以爲門户則液樠，以爲柱則蠹。（同上，人間世）

（意思是説："拿它做船就沉"，等等）

"爲"（wèi）字作動詞，有下列例子：

夫子爲衛君乎?（論語·述而）

---

① "可以"本來是兩個詞，後來才發展爲一個詞。

爲吕氏者右袒，爲劉氏者左袒。(史記·吕後本紀)

這些"爲"字有"幫助"的意思，由此發展爲介詞，表示"給"、"替"的意思。例如：

善爲我辭焉。(論語·雍也)

季氏富於周公，而求也爲之聚斂而附益之。(同上，先進)

故爲淵敺魚者獺也，爲叢敺爵者鸇也。爲湯武敺民者桀與紂也。(孟子·離婁上)

湯使亳衆往爲之耕。(同上，滕文公下)

紀渻子爲王養鬥鷄。(莊子·達生)

臣爲韓王送沛公。(史記·項羽本紀)

爲天下興利除害。(同上，陸賈列傳)

介詞"爲"字後面的賓語也可以省略，表示由於這個原因。例如：

每至於族，吾見其難爲，怵然爲戒，視爲止，行爲遲。(莊子·養生主)

昔者有鳥止於魯郊，魯君説之，爲具太牢以饗之，奏九韶以樂之。(同上，達生)

第二階段是"在"、"向"二字的虚化，虚化的過程大約在晉代以後才完成。

有人説，"在"字在詩經時代起，就被用作副詞了，並舉出下面這些例子：①

魚在在藻，依於其蒲。(詩·小雅·魚藻)

子在齊聞韶。(論語·述而)

在陳絶糧。(同上，衛靈公)

① 參看楊樹達《高等國文法》，369—370頁。

齊晉秦楚，其在成周，微甚。（史記・十二諸侯年表）

在岐㮰涇漆之北，有義渠、大荔、烏氏、朐衍之戎。（漢書・匈奴傳）

從歷史觀點看，這是不可能的。《詩・小雅》“魚在在藻”，只是用“在”字足句。《論語》“在齊聞韶”、“在陳絶糧”，《漢書》“在岐㮰涇漆之北”，都只是謂語形式作狀語，《史記》“其在成周”，則是名詞性詞組作狀語。這些“在”字都是動詞，不是介詞。最有力的反證是古書中常見“在於”二字連用，可見“在”是動詞，“於”才是介詞。例如：

在於桀紂則天下亂，在於湯武則天下治，豈可謂有命哉？（墨子・非命上）

罪在於好知。（莊子・胠篋）

聞廣成子在於空同之上，故往見之。（同上，在宥）

則鳩鴞之在於籠也，亦可以爲得矣，（同上，天地）

本在於上，末在於下，要在於主，詳在於臣。（同上）

晉代以後，情況就不同了，“在”字往往用來代替“於”字。這時，“在”字才真正成爲介詞。例如：

家人了不見兒去，後乃各見死在床上。（神仙傳・李常在）

時人傳八公安臨去時，餘藥器置在中庭。（同上，劉安）

與藥三丸，内在口中。（同上，董奉）

會有亡兒瘞在此。（世説新語・假譎）

在聽事坐相待。（同上，簡傲）

諸人在下坐聽，皆雲可通。（同上，文學）

見龍門邊二龍案係在一處。（法苑珠林・俱名國）

住在勝業坊古寺曲。（霍小玉傳）

“向”字在上古時代是動詞。例如：

河伯始旋其面目,望洋向若而嘆。(莊子·秋水)

北向迎燕。(戰國策·燕策)

也是到了晉代以後,"向"字才虚化爲介詞。例如:

有人向張華説此事。(世説新語·德行)

來從一葉舟中來,去向百花橋上去。(南唐沈汾續仙傳,元柳二公)

(2) 動詞虚化爲連詞、介詞

這裏只説一個"與"字。

"與"的來源應是動詞。例如:

終始慎厥與。(書·太甲)

日月逝矣,歲不我與。(論語·陽貨)

桓公知天下諸侯多與己也。(國語·齊語)

恐年歲之不吾與。(離騷)

"與"字由動詞虚化爲連詞。例如:

富與貴,是人之所欲也。(論語·里仁)

谷與魚鼈不可勝食。(孟子·梁惠王上)

又虚化爲介詞,有時候等於現代漢語的"和"、"同"。例如:

上與造物者游,而下與外死生、無終始者爲友。(莊子·天下)

古之人與民同樂。(孟子·梁惠王上)

有時候,等於現代漢語的"替"、"給"。[①] 例如:

昔者趙簡子使王良與嬖奚乘。(孟子·滕文公下)

所欲,與之聚之;所惡,勿施爾也。(同上,離婁上)

或與中期説秦王。(戰國策·秦策)

陳涉少時,嘗與人傭耕。(史記·陳涉世家)

---

① 這種用法可能是從"給予"的意義虚化來的。直到近代還沿用着。例如《三國志通俗演義·祭天地桃園三結義》:"大丈夫不與國家出力,何苦長嘆?"

(3) 動詞虛化爲副詞,介詞、再發展爲連詞

這裏只説一個"因"字。

《説文》:"因,就也。"江永云:"象茵褥之形。"江氏的意見是對的。"因"是"茵"的本字,"因"字原是名詞,引申爲因依,因就,變爲動詞。例如:

昔爽鳩氏始居此地,有逢伯陵因之,蒲始氏因之,而後太公因之。(左傳昭公二十年)

因不失其親。(論語·學而)

殷因於夏禮。(同上,爲政)

因之以饑饉。(同上,先進)

爲高必因丘陵,爲下必因川澤。(孟子·離婁上)

由"因"字組成的謂語形式作爲狀語時,這個"因"字就很像介詞。例如:

古者人之始生,未有宫室之時,因陵丘掘穴而處焉。(墨子·節用中)

因其羽毛以爲衣裘,因其蹄蚤以爲絝屨,因其水草以爲飲食。(同上,非樂上)

因南郭惠子以見田常。(同上,非儒下)

魏使人因平原君請從於趙。(戰國策·趙策)

今令臣食肉炊桂,因鬼見帝。(同上,燕策)

禹之決瀆也,因水以爲師;神農之播谷也,因苗以爲教。(淮南子·原道訓)

"因"字後面的賓語往往承上省略,於是這個"因"字的作用就等於一個副詞。例如:

浸假而化予之左臂以爲鷄,予因以求時夜;浸假而化予之右臂以爲彈,予因以求鴞炙;浸假而化予之尻以爲輪,以神爲馬,予因

此乘之，豈更駕哉！（莊子・大宗師）

（可以認爲，前兩個"因"字都是"因此"的省略）

齧缺問於王倪，四問而四不知，齧缺因躍而大喜。（同上，應帝王）

稱情以立文，因以飾羣別親疏貴賤之節。（荀子・禮論）

若民則無恒産，因無恒心。（孟子・梁惠王上）

到了漢代以後，"因"字又可以用於句首，表示原因，等於説"由於"，這才是真正的介詞。例如：

因前使絶國功，封騫博望侯。（史記・衛青霍去病列傳）

李良已得秦書，固欲反趙，未決。因此怒，遣人追殺王姊道中。（同上，張耳陳餘列傳）

今政治和平，世無兵革，上下相安，何因當有大水一日暴至？（漢書・王商傳）

（"何因"等於説"因何"。）

"因"字又用於複句第二分句的句首，表示"於是"、"因此"的意思。那只是副詞的性質。例如：

以責賜諸民，因燒其券。（戰國策・齊策）

因與之參國政，正是非，治曲直。（荀子・彊國）

下吏責問，因不食五日。（論衡・骨相）

以上所説的"因"字都不是連詞。後代連詞"因"字（表示因爲）是由介詞"因"字發展來的，但是時代很晚。恐怕直到宋代以後才有連詞"因"字出現。[①] 例如：

只因袁天綱寫下了這兩句讖了，直到大唐第一十八個的皇帝，……（五代史平話・梁史）

---

① 連詞的標準是"因"字後面要有句子形式或謂語形式。如果後面只帶一個名詞或名詞性詞組，就只算是介詞，不是連詞。

衆等因其辭氣慨慷,遂皆涕泣横流。(三國志通俗演義·曹操起兵伐董卓)

因有貂蟬,不回郿塢。(同上,鳳儀亭吕布戲貂蟬)

"因"字虚化的過程是:

名詞→動詞→介詞→副詞→連詞

(4) 形容詞虚化爲介詞、連詞

在上古漢語裏,並列連詞,一般只用"與"字。"與"字同時又可用作介詞。直到宋代以後,才出現了"和"與"同"。至於"跟"字,那就更晚了。這裏只講"和"與"同"。

連詞"和"字應是由形容詞"和"字虚化而來的。最初是虚化爲介詞。大約在唐代,"和"字就被用作介詞了。例如:

時挑野菜和根煮,旋斫生柴帶葉燒。(杜荀鶴山中寡婦詩)

蒹葭影裏和煙卧,菡萏香中帶雨披。(楊樸蓑衣詩)

燈下和愁睡,花前帶酒愁。(雍陶詩)

在宋詞中也不乏其例。例如:

夢魂縱有也成虚,那堪和夢無。(晏幾道阮郎歸詞)

衡陽猶有雁傳書,郴陽和雁無!(秦觀阮郎歸詞)

夢難極,和夢也多時間隔。(柳永傾杯樂詞)

怎麽思量?除夢裏有時曾去。無據!和夢也新來不做。(宋徽宗游山亭詞)

這種"和"字,一般解作"連",其實它是個介詞。由介詞發展爲連詞,是很自然的事。宋代已經有了連詞"和"字。例如:①

摘山初制小龍團,色和香味全。(黄山谷阮郎歸詞)

只是我家爹媽,自從我和你逃去潭州,兩個老的吃了些苦。(碾

① 以下例句採自洪誠。

玉觀音)

宋江和那三十六個人歸順宋朝。(宣和遺事)

在明清小説裏,也有連詞"和"字的用例。如:

他和魏延獻了城池。(三國演義第七十回)

西門大郎和甚人吃酒?(水滸傳第二十五回)

見王夫人正和兄嫂處的來使計議家務。(紅樓夢第四回)

只見王夫人的丫鬟金釧兒和那一個才留頭的小女孩兒站在臺階上玩呢。(同上,第七回)

常和寶玉、秦鍾玩笑。(同上,第十五回)

我和你樂一天何如?(同上,第二十六回)

同時,和"與"字同義的介詞"和"字也出現了。例如:

我想着你愛吃,和珍大奶奶要了。(紅樓夢第八回)

但是,連詞"和"字直到明清時代還不很常見,因爲平行的兩個名詞(特别是人名)並不需要"和"字連接。例如:

且顔良、文丑,比之二鹿耳。(三國演義第二十八回)

張郃、高覽見主公兵敗,心中大喜。(同上,第三十回)

傳下將令,唤楊志、索超。(水滸傳第十二回)

智善、智能兩個徒弟出來迎接。(紅樓夢第十五回)

到了現代,這種地方也用"和"字了。

在古代漢語裏,連詞"與"和"而"有分工,前者聯結事物,後者聯結行爲和性質。在聯結兩個句子形式的時候,也用"而"不用"與"(玉在山而草木潤)。在印歐語系裏,在多數情況下,"而"和"與"是用同一連詞表示的(英語用 and)。"五四"以後,漢語也受西洋語言的影響,逐漸用"和"字來聯結行爲和性質了。例如:

他這個發端使我安慰和感激。(葉聖陶隔膜)

還没有組織起來和武裝起來。(毛澤東選集第二卷,1952 年平裝本,354 頁)

一方面争取時間加强抗戰力量,同時促進和等候國際形勢的變動和敵人的内潰。(同上,401 頁)

中國只要堅持抗戰和堅持統一戰線,其軍力和經濟力是能够逐漸地加强的。(同上,459 頁)

有些同志,在過去,是相當地或是嚴重地輕視了和忽視了普及。(同上,第三卷,881 頁)

(以上是聯結行爲的)

會館裏的被遺忘在偏僻裏的破屋是這樣的寂静和空虚。(魯迅傷逝)

河水和池水一樣地深藍和静定。(葉聖陶曉行)

他不期然而然地取在手裏,手心起冷和硬的感覺。(同上)

(以上是聯結性質的)

"同"字本是形容詞(同人、同心),也用作動詞(和其光,同其塵)。到了宋代,出現了介詞的用法。[①] 例如:[②]

堅同他客送至小渡。(夷堅志·蔣堅食牛)

我知道你建康府去,趕將來同你去。(碾玉觀音)

遂同二妃投入井中。(宣和遺事)

到了近代,用得漸漸多起來了。例如:

遂同兄弟妻子宗黨人等,皆匍匐跪於帳下。(三國演義第九十回)

吾令汝同馬謖守街亭。(同上,第九十六回)

---

① 《詩·豳風·七月》:"同我婦子,饁彼南畝。"那是"偕同"的"同",是動詞,不是介詞。

② 以下幾例採自洪誠。

黛玉同姐妹們至王夫人處。(紅樓夢第四回)

藕官接了,笑嘻嘻同他二人出來。(同上,第五十九回)

我梳了頭,同媽都往你那裏去吃晚飯。(同上)

"和"與"同"作爲連介詞時,本是同義詞。現在爲了語言的進一步明確化,在正式文件裏,往往把"和"與"同"的語法作用區别開來,"和"用作連詞,"同"用作介詞。例如:

第一方面軍不得不進行二萬五千里長征而轉戰到陝西,同在那裏堅持鬥争的陝北紅軍和先期到達的紅二十五軍相會合。(中國共産黨中央委員會關於建國以來黨的若干歷史問題的決議)

在國際上,始終不渝地奉行社會主義的獨立自主的外交方針,倡道和堅持了和平共處五項原則,同全世界一百二十四個國家建立了外交關係,同更多的國家和地區發展了經濟、貿易和文化往來。(同上)

(5) 副詞虚化爲連詞

副詞虚化爲連詞,有"然"、"但"二字。"然"字作爲副詞時,是"是這樣"的意思,後來演變爲"但是"的意思,才變爲連詞。"但"字作爲副詞時,是"只"的意思,後來到了很晚的時候,才發展爲連詞,表示"但是"。這些都在上文講過了,這裏不再贅述。

(6) 詞組發展爲連詞

詞組發展爲連詞,這裏只講兩個:(1)所以;(2)雖然。

(1) "所以"這個詞組,原來是介詞"以"加賓語代詞"所"(提前)。"所以"結構,往往用來追問原因或解釋原因。追問原因的"所以"放在從句,即一個複句的上半句。在這種情况下,"所以"前面往往有"之"字,句末往往有"者"字。

例如：

凡君之所以安者，何也？以其行理也。（墨子・所染）

桀紂幽厲之所以失措其國家，傾覆其社稷者，以此故也。（同上，尚賢中）

此心之所以合於王者，何也？（孟子・樑惠王上）

凡姦人之所以起者，以上之不貴義，不敬義也。（荀子・彊國）

君子之所以貴玉而賤民者何也？爲玉之少珉之多邪？（同上，法行）

解釋原因的“所以”放在主句，即複句的最後一句，而且往往用“也”字煞句，表示判斷。例如：

天下有義則生，無義則死；有義則富，無義則貧；有義則治，無義則亂。然則天欲其生而惡其死，欲其富而惡其貧，欲其治惡其亂，此義所以知天欲義而惡不義也。（墨子・天志上）

是非之彰也，道之所以虧也。（莊子・齊物論）

糧食大侈，不顧其後，俄則屈安窮矣，是其所以不免於凍餓，操瓢囊爲溝壑中瘠者也。（荀子・榮辱）

今女不求之於本，而索之於末，此世之所以亂也。（同上，議兵）

現代漢語連詞“所以”就是從這種解釋原因的詞組“所以”發展來的。但是現代漢語的這種“所以”和古代漢語的那種“所以”的意義大不相同了。現代漢語的這種“所以”，等於古代漢語的“是以”。現代漢語的這種“所以”在詞序上也和古代漢語的“所以”不同。古代漢語的“所以”放在主語的後面，現代漢語的這種“所以”必須移到主語前面去，例如説成：

所以我知道天是喜歡義不喜歡不義的；

所以道就虧了；

所以我才不庭；

所以我不肯接受；
所以他們不免於凍餓；
所以世界很亂。

現代漢語的這種“所以”，大約從晉代開始有的，例如：

韓起不欲令鄭求他人，子大叔拜以答之，所以晉鄭終善。（左傳昭公十六年杜預注）

人能守一，一亦守人，所以白刃無所措其銳，百害無所容其兇，居敗能成，在危獨安也。（葛洪《抱樸子・內篇・地真》）

而辭人遺翰，莫見五言，所以李陵、班婕妤見疑於後代也。（文心雕龍・明詩）

世人多蔽，貴耳賤目，重遥輕近。……所以魯人謂孔子爲“東家丘”。（顔氏家訓・慕賢）

（2）“雖然”本是一個詞組，是“雖然如此”的意思。例如：

然，乃若兼則善矣。雖然，不可行之物也，譬若挈泰山越河濟也。（墨子・兼愛中）

卽善矣。雖然，豈可用哉？（同上，兼愛下）

兼則仁矣，義矣。雖然，豈可爲哉？（同上）

彼其於世，未數數然也。雖然，猶有未樹也。（莊子・逍遥游）

吾惡乎知之？雖然，嘗試言之。（同上，齊物論）

名實者，聖人之所不能勝也，而況若乎？雖然，若必有以也，嘗以語我來！（同上，人間世）

天下是非果未可定也。雖然，無爲可以定是非。（同上，至樂）

夫爲天下者，則誠非吾子之事。雖然，請問爲天下。（同上，徐無鬼）

匠石曰："臣則嘗能斲之。雖然，臣之質死久之。自夫子之死也，吾無以爲質矣。"（同上）

佚而治,約而詳,不煩而功,治之至也,秦類之矣。雖然,則有其諰矣。(荀子・彊國)

定公問於顔淵曰:"東野子之善馭乎?"顔淵對曰:"善則善矣。雖然,其馬將失。"(同上,哀公)

後來詞組"雖然"凝結成單詞,用作推拓連詞(讓步連詞),其意義只等於古漢語的一個單詞"雖"字。這是很晚的事情了。在《紅樓夢》時代(十八世紀),有這一類的例子。例如:

雖然面善,卻想不起是那一房的,叫什麽名字。(紅樓夢第二十四回)

倪二素日雖然是潑皮,卻又因人而施,頗有義俠之名。(同上)

(五) 足句虛詞

有些虛詞,並没有什麽實際意義,只是爲了語言節奏的需要,把它放在句子裏。有人把這類虛詞叫做足句虛詞。這裏只講之、於(於)二字。

(1) "之"字。

有些"之"字,形似介詞,其實不是介詞,而是"語助"。所謂"語助",也就是我們所謂足句虛詞。這又可以細分爲十種情况:

(子) 古代人的姓和名中間可以加"之"字作爲"語助"。例如:

又使公罔之裘,序點,揚觶而語。(禮記・射義)

(公罔,姓;裘,名。序,姓;點,名)

晉侯賞從亡者,介之推不言禄,禄亦弗及。(左傳僖公二十四年)

由此類推,下面這些人名,其中的"之"字恐怕也是語助:

佚之狐言於鄭伯曰："國危矣！若使燭之武見秦君，師必退。（左傳僖公三十年）

庾公之斯學射於尹公之他。（孟子・離婁下）

（醜）主語和謂語的中間可以插進介詞"之"，變爲名詞性詞組（下文將詳細討論這個問題）。但是，有些情況並不是這樣，插進"之"字後並非詞組，而是句子。"之"字只起"語助"的作用。例如：

定公問於顔淵曰："東野子之善馭乎？"（荀子・哀公）

項王曰："天之亡我，我何渡爲？"（史記・項羽本紀）

在《詩經》、《楚辭》裏，這種例子很多。例如：

漢之廣矣，不可泳思；江之永矣，不可方思。（詩・周南・漢廣）

心之憂矣，如匪澣衣。（同上，邶風・柏舟）

我之懷矣，自詒伊阻。（同上，雄雉）

道之雲遠，曷雲能來？（同上）

日之方中，在前上處。（同上，簡兮）

鶉之奔奔，鵲之彊彊。人之無良，我以爲兄。（同上，鄘風・鶉之奔奔）

定之方中，作於楚宮。（同上，定之方中）

子之不淑，雲如之何？（同上，君子偕老）

巧言如簧，顔之厚矣。（同上，小雅・巷伯）

民之無良，相怨一方。（同上，角弓）

爾之遠矣，民胥然矣。（同上）

道之雲遠，我勞如何！（同上，綿蠻）

彼堯舜之耿介兮，既遵道而得路。（離騷）

豈餘身之憚殃兮，恐皇輿之敗績。（同上）

固時俗之工巧兮，偭規矩而改錯。（同上）

女嬃之嬋媛兮，申申其詈予。（同上）

夏桀之常違兮,乃遂焉而逢殃;后辛之菹醢兮,殷宗用而不長。(同上)

雄鳩之鳴逝兮,餘猶惡其佻巧。(同上)

吕望之鼓刀兮,遭周文而得舉;甯戚之謳歌兮,齊桓聞以該輔。(同上)

固時俗之流從兮,又孰能無變化?(同上)

後世的辭賦及駢文中,也還有這種語法。[①] 例如:

嗚呼!霍子孟之不作,朱虚侯之已亡。(爲徐敬業討武曌檄)

(寅)狀語及其所修飾的中心語中間,本來用不着"之"字爲介的。這種"之"字,也只能認爲是"語助"。例如:

天保定爾,亦孔之固。(詩·小雅·天保)

十月之交,朔日辛卯。日有食之,亦孔之醜。彼月而微,此日而微。今此下民,亦孔之哀。(同上,十月之交)

爾土宇昄章,亦孔之原。(同上,大雅·卷阿)

心鬱鬱之憂思兮,獨永歎乎增傷;思蹇産之不釋兮,曼遭夜之方長。(楚辭·九章·抽思)

(卯)狀語後置,本來也不必用介詞"之"字。用了,也只能認爲是"語助"。例如:

鮮民之生,不如死之久矣。(詩·小雅·蓼莪)

(辰)"其"字本來等於名詞加"之","其"字後面不該再用"之"字。用了,也只能認爲是語助。例如:[②]

玼兮!玼兮!其之翟也!(詩·鄘風·君子偕老)

(巳)數量詞放在動賓結構後面,本來不必用"之"字爲

① 散文中也有一些。例如王充《論衡·無形》:"雖身之不死,壽命不得長。"

② 這種情况是罕見的。

介;用了,也只能認爲是語助。例如:

既滋蘭之九畹兮,又樹蕙之百畝。(楚辭·離騷)

(午)專名與類名中間,本來不必用"之"字爲介,用了,也只能認爲是"語助"。例如:

藐姑射之山,有神人居焉。(莊子·逍遥游)

(未)唐宋以後,在辭賦駢文中,還出現一種新語法,就是定語後置,以"之"字爲介,這也可以認爲是"語助"。例如:

尋墜緒之茫茫,獨旁搜而遠紹。(韓愈進學解)

踵常途之促促,窺陳編以盜竊。(同上)

縱一葦之所如,凌萬頃之茫然。(蘇軾赤壁賦)

(申)數量詞放在名詞前面,本來不必用"之"字爲介;用了,也必須認爲是"語助"。例如:

駕一葉之扁舟,舉匏樽以相屬。(蘇軾赤壁賦)

(酉)有些"之"字,形似代詞賓語,其實不是賓語,而是"語助"。因爲這種"之"字放在不及物動詞後面,而不及物動詞照例是不能帶賓語的。例如:

知子之來之,雜佩以贈之。(詩·鄭風·女曰鷄鳴)①

心之憂矣,涕既隕之。(同上,小雅·小弁)

亡之!命矣夫!(論語·雍也)

邇之事父,遠之事君。②(同上,陽貨)

天油然作雲,沛然下雨,則苗勃然興之矣。(孟子·梁惠王上)

---

① "知子之來之",孔穎達解作"我若知子之必來",是對的;朱熹説:"來之,致其來者,如所謂修文德以來之",是錯的。

② "邇、遠"是形容詞。

(2)“於”(於)字

有些“於”(於)字,形似介詞,其實不是介詞,而是“語助”。介詞“於”(於)的作用,主要是表示處所,而作爲語助的“於”(於)並不表示處所。在《詩經》裏,有這樣的一些。例如:

黃鳥於飛,集於灌木。(周南·葛覃)
之子於歸,宜其室家。(同上,桃夭)
雄雉於飛,泄泄其羽。(邶風·雄雉)
定之方中,作於楚宫。(鄘風·定之方中)
叔於田,巷無居人。(鄭風·叔於田)
穀旦於逝,越以鬷邁。(陳風·東門之枌)
王於興師,修我戈矛。(秦風·無衣)
君子於役,不知其期。(王風·君子於役)
倉庚於飛,熠耀其羽。(豳風·東山)
王於出征,以佐天子。(小雅·六月)
胡不相畏,不畏於天。(同上,雨無正)
祭以清酒,從以騂牡,享於祖考。① (同上,信南山)

在後代辭賦中,也有些例子。例如:

先生口不絶吟於六藝之文,手不停披於百家之編。(韓愈《進學解》)

---

① 在我主編的《古代漢語》裏,“之子於歸”、“君子於役”、“王於興師”一類的句子中的“於”字被認爲是詞頭。現在我發覺,認爲語助較妥。否則,“不畏於天”、“享於祖考”就不好解釋了。

第十一章　構詞法的發展

（一）漢語詞複音化的原因

漢語構詞法的發展是沿着單音詞到複音詞的道路前進的。歷代複音詞都有增加。鴉片戰争以後，複音詞大量增加。現代漢語詞複音化的趨勢並未停止。

漢語詞複音化有兩個主要的因素。第一是語音的簡化；第二是外語的吸收。

上古漢語的語音系統是很複雜的。聲母、韻母都比現代普通話豐富得多。和中古音比較，也顯得複雜些。有些字在上古是不同音的，如“虞”和“愚”、“謀”和“矛”、“京”和“驚”，到中古變爲同音了。《切韻》裏有些所謂重紐字，如“虧”、去爲切，“闚”、去隨切，也反映了來源的不同。到了近古，例如《中原音韻》時代，語音又簡化了一半以上。單音詞的情況如果不改變，同音詞大量增加，勢必大大妨礙語言作爲交際工具的作用。漢語詞逐步複音化，成爲語音簡化的平衡錘。這並不是説，語言的發展是由於人爲的結果，而應該認爲，語言的本質（交際工具）決定了語言的發展規律，漢語詞的複音化正是語音簡化的邏輯結果。今天閩粵各地方言的語音比較複雜，複音詞也就少得多，可以作爲明確的例證。

另一因素是外語的吸收。如果是音譯，原來是複音詞，譯出來一般也是複音詞。上古外來語如“琵琶”、“箜篌”、“葡萄”、“苜蓿”、“薏苡”;中古外來語如“菩薩”、“羅漢”等[1];近代外來語如“鴉片”(opium)等;現代外來語如“沙發”、“咖啡”、“邏輯”等,都是屬於這一類的。甚至原來是單音詞,譯出來也可以變爲雙音詞,例如“伏特”(volt)、“坦克”(tank)、“休克”(shock)、“吉普”(jeep)等。

如果是意譯,就更非複音不可。漢語新詞的産生,其主要手段之一,本來就是靠詞組的凝固化。至於吸收外語,在絶大多數情況下,就是靠偏正結構來對譯單詞。既然是詞組,至少有兩個音節。例如“火車”(train)、“鐵路”(railway)、“輪船”(treamer)、“電話”(telephone)、“電影”(movie)、“電視”(television)、“發電機”(generator)、“火車頭”(locomotive)等。

當然,語言隨着社會的發展而發展,詞彙必然越豐富,越紛繁,即使語音不簡化,也不吸收外來語,漢語詞也會逐漸走上複音化的道路的,因爲這是漢語發展的内部規律之一。不過,由於有了這個重要因素,漢語詞複音化的發展速度更快了。

(二)雙音詞占優勢

古代漢語是單音詞爲主的語言,現代漢語是雙音詞占優勢的語言。從史料看來,秦漢以後,漢語的雙音詞越來越多;“五四”以後,由於受西洋文化的影響,雙音詞增長的速度遠遠超過前代。但是,我們注意到,只是增長到雙音詞爲止,没有增長到三音詞、四音詞。凡三音以上的詞,都可以認爲是複

---

① 原文不一定是雙音,譯出來往往變成雙音。如“菩薩”本該是“菩提薩埵”(Bodhi-sattva),“羅漢”本該是“阿羅漢”(Arhat)。

合詞(compound words)。例如:"發電機"可認爲"發電"和"機"的結合;"火車頭"可認爲"火車"和"頭"的結合;"帝國主義"可認爲"帝國"和"主義"的結合。由此可見,漢語詞複音化的道路,實際上是雙音化的道路。

從先秦的史料看來,漢語已經不是純粹的單音節語。大量的連綿字足以説明這一點。這裏列舉《詩經》連綿字的例子:①

1. 名詞

陟彼崔嵬,我馬虺隤。(周南·卷耳)
采採芣苢,薄言採之。(同上,芣苢)
林有樸樕,野有死鹿。(召南·野有死麕)
彼茁者葭,壹發五豝,於嗟乎騶虞。(同上,騶虞)
燕婉之求,籧篨不鮮。(邶風·新臺)
芄蘭之友,童子佩觿。(衛風·芄蘭)
山有扶蘇,隰有荷華。(鄭風·山有扶蘇)
東門之墠,茹藘在阪。(同上,東門之墠)
維士與女,伊其相謔,贈之以勺藥。(同上,溱洧)
蜉蝣之羽,衣裳楚楚。(曹風·蜉蝣)
螟蛉有子,蜾蠃負之。(小雅·小宛)
交交桑扈②,率場啄粟。(同上)
彼汾沮洳,言採其莫。(魏風·汾沮洳)
蟋蟀在堂,歲聿其莫。(唐風·蟋蟀)
椒聊之實,蕃衍盈昇。(同上,椒聊)
彼澤之陂,有蒲菡萏。(陳風·澤陂)

① 疊音詞不列。

② "桑扈"陽魚對轉,也算是疊韻連綿字。研究生曹寶麟説。

隰有萇楚①,猗儺其枝。(檜風·隰有萇楚)
春日載陽,有鳴倉庚。(豳風·七月)
果蠃之實,亦施於宇。(同上,東山)
伊威在室,蠨蛸在户。(同上)
脊令②在原,兄弟急難。(小雅·常棣)
(以上叠韻)
何彼襛矣,唐棣之華。(召南·何彼襛矣)
蝃蝀在東,莫之敢指。(鄘風·蝃蝀)
領如蝤蠐,齒如瓠犀。(衛風·碩人)
鴛鴦於飛,畢之羅之。(小雅·鴛鴦)
町畽鹿場,熠耀宵行。(豳風·東山)
蒹葭蒼蒼,白露爲霜。(秦風·蒹葭)
七月流火,八月萑葦。(豳風·七月)
常棣③之華,鄂不韡韡。(小雅·常棣)
(以上雙聲)
鳲鳩在桑,其子七兮。(曹風·鳲鳩)
靡室靡家,玁狁之故。(小雅·采薇)
(以上既非雙聲,亦非叠韻,是純粹的雙音詞)

2. 形容詞

窈窕淑女,君子好逑。(周南·關雎)
陟彼崔嵬,我馬虺隤。(同上,卷耳)
退食自公,委蛇委蛇。(召南·羔羊)
燕燕於飛,差池其羽。(邶風·燕燕)

① “萇楚”陽魚對轉,也算是叠韻連綿字。
② “脊令”錫耕對轉,也算是叠韻連綿字。
③ “常棣”當作“棠棣”,唐以前人引毛詩作“棠棣”。

狐裘蒙戎,匪車不東。(同上,旄丘)
魯道有蕩,齊子豈弟。(齊風·載驅)
隰有萇楚,猗儺其枝。(檜風·隰有萇楚)
四牡騑騑,周道倭遲。(小雅·四牡)
或棲遲偃仰,或王事鞅掌。(同上,北山)
(以上叠韻)
參差荇菜,左右流之。(周南·關雎)
擊鼓其鏜,踴躍用兵。(邶風·擊鼓)
愛而不見,搔首踟蹰。(同上,静女)
何有何亡,黽勉求之。(同上,谷風)
凡民有喪,匍匐救之。(同上)
瑣兮尾兮,流離之子。(同上,旄丘)
燕婉之求,籧篨不鮮。(同上,新臺)
町畽鹿場,熠燿宵行。(豳風·東山)
苾芬孝祀,神嗜飲食。(小雅·楚茨)
(以上雙聲)
悠哉悠哉! 輾轉反側。(周南·關雎)
蔽芾甘棠,勿翦勿伐。(召南·甘棠)
厭浥行露,豈不夙夜?(同上,行露)
死生契闊,與子成説。(邶風·擊鼓)
一之日觱發,二之日栗烈。(豳風·七月)
觱沸檻泉,言採其芹。(小雅·采菽)
予髪曲局,薄言歸沐。(同上,采緑)
綿蠻黄鳥,止於丘阿。(同上,綿蠻)
無縱詭隨,以謹繾綣。(大雅·民勞)
(以上雙聲兼叠韻)
寤寐無爲,涕泗滂沱。(陳風·澤陂)

(以上既非雙聲,亦非叠韻,是純粹的雙音詞)

3. 動詞

有女仳離,慨其嘆矣。(王風·中谷有蓷)

駟介麃麃,二矛重喬,河上乎逍遥。(鄭風·清人)

綢繆束薪,三星在天。(唐風·綢繆)

子仲之子,婆娑其下。(陳風·東門之枌)

衡門之下,可以棲遲。(同上,衡門)

蜉蝣掘閲,麻衣如雪。(曹風·蜉蝣)

慎爾優遊,勉爾遁思。(小雅·白駒)

旅力方剛,經營四方。(同上,北山)

(以上叠韻)

善戲謔兮,不爲虐兮。(衛風·淇奥)

邂逅相遇,適我願兮。(鄭風·野有蔓草)

東方未明,顛倒衣裳。(齊風·東方未明)

巧趨蹌兮,射則臧兮。(同上,猗嗟)

爾公爾侯,逸豫無期。(小雅·白駒)

似續妣祖,築室百堵。(同上,斯干)

(以上雙聲)

駟介旁旁,二矛重英,河上乎翱翔。(鄭風·清人)

(以上既非雙聲,亦非叠韻,是純粹的雙音詞)

除了連綿字以外,上古漢語裏還有一些雙音詞是由詞組演變而成的。例如:

(甲) 並列結構

(1) 並列名詞變爲雙音詞:

其帷吉士,周勱相我國家。(書·立政)

諸侯不仁,不保社稷,卿大夫不仁,不保宗廟。(孟子·離婁上)

社稷將危,國家偏威。(韓非子·愛臣)

鄭人怒君之疆埸。(左傳成公十三年)
我襄公未忘君之舊勛,而懼社稷之隕。(同上)
帥我蝥賊,以來蕩摇我邊疆。(同上)
虔劉我邊陲。(同上)
與朋友交,而不信乎?(論語·學而)
哀公問弟子孰爲好學。(論語·雍也)
夫子之文章,可得而聞也。(同上,公冶長)
禮樂不興,則刑罰不中。(同上,子路)
仲叔圉治賓客,祝鮀治宗廟,王孫賈治軍旅。(同上,憲問)
享禮,有容色。(同上,鄉黨)
動容貌,斯遠暴慢矣;正顔色,斯近信矣。(同上,泰伯)
少之時,血氣未定,戒之在色。(同上,季氏)
其在宗廟朝廷,便便言,惟謹爾。(同上,鄉黨)
且予縱不得大葬,予死於道路乎?(同上,子罕)
毋!以與爾鄰里鄉黨乎!(同上,雍也)
聲音不足聽於耳與?(孟子·梁惠王上)
貨財不聚,非國之害也。(同上,離婁上)
彼所謂豪傑之士也。(同上,滕文公上)
麒麟之於走獸,鳳凰之於飛鳥,類也。(同上,公孫醜上)
寡助之至,親戚畔之。(同上,公孫醜下)
犧牲不成,粢盛不潔,衣服不備,不敢以祭。(同上,滕文公下)
恭近於禮,遠耻辱也。(論語,學而)
德行,顔淵、閔子騫、冉伯牛、仲弓;言語,宰我、子貢;政事,冉有、季路;文學,子游、子夏。(同上,先進)
卑宫室而盡力乎溝洫。(同上,泰伯)
自經於溝瀆而莫之知也。(同上,憲問)

(2) 平列形容詞變爲雙音詞:

以伯舅耋老,加勞賜一級,無下拜。(左傳僖公九年)
商紂暴虐,鼎遷於周。(同上宣公三年)
宴安酖毒,不可懷也。(同上閔公元年)
中庸之爲德也,其至矣乎!(論語·雍也)
四海困窮,天祿永終。(同上,堯曰)
吾黨之小子狂簡。(同上,公冶長)
友便辟,友善柔,友便佞,損矣。(同上,季氏)
故舊不遺,則民不偷。(同上,泰伯)
左右皆曰賢,未可也。(孟子·梁惠王下)
充實之謂美。(同上,盡心下)
庶民興,斯無邪慝矣。(同上)
牛羊茁壯長而已矣。(同上,萬章下)
土地荒蕪。(同上,告子下)
不信仁賢則國空虛。(同上,盡心下)
國家閒暇。(同上,公孫醜上)
草木暢茂。(同上,滕文公上)
所識窮乏者得我與?(同上,告子上)
其待我以横逆,則君子必自反也。(同上,離婁下)

(3) 並列動詞變爲雙音詞:

文公恐懼,綏靖諸侯。(左傳成公十三年)
殄滅我費滑,離散我兄弟,撓亂我同盟,顛覆我國家。(同上)
天下有道,則禮樂征伐自天子出。(論語·季氏)
季氏富於周公,而求也爲之聚斂而附益之。(同上,先進)
如得其情,則哀矜而勿喜。(同上,子張)
民非水火不生活。(孟子·盡心上)
何爲紛紛然與百工交易?(同上,滕文公上)

疾病相扶持。(同上)
然後知生於憂患,而死於安樂也。(同上,告子下)
凶年免於死亡。(同上,梁惠王上)
諸侯放恣。(同上)
皆有怵惕惻隱之心。(同上,公孫醜上)
將戕賊杞柳而後以爲桮棬也。(同上,告子上)
係累其子弟。(同上,梁惠王下)
德之流行,速於置郵而傳命。(同上,公孫醜上)
今有璞玉於此,雖萬鎰,必使玉人雕琢之。(同上,梁惠王下)
吾雖不敏,請嘗試之。(同上,梁惠王上)
齋戒沐浴則可以祀上帝。(同上,離婁下)
民之憔悴於虐政,未有甚於此時者也。(同上,公孫醜上)
若藥不瞑眩,厥疾不瘳。(同上,滕文公上)
后稷教民稼穡,樹藝五穀。(同上)
百世之下聞者莫不興起也。(同上,盡心下)
子之君將行仁政,選擇而使子。(同上,滕文公上)
遺佚而不怨。(同上,公孫醜上)
是何濡滯也!(同上,公孫醜下)
謳歌者不謳歌堯之子而謳歌舜。(同上,萬章上)
太甲顛覆湯之典刑。(同上)
兄弟妻子離散。(同上,梁惠王上)
文王以民力爲臺爲沼,而民歡樂之。(同上)

(乙)偏正結構

(1)隸屬關係變爲雙音詞:

窈窕淑女,君子好逑。(詩・周南・關雎)
百辟卿士,媚於天子。(詩・大雅・假樂)
見龍在田,天下文明。(易・干卦)

女心傷悲，殆及公子同歸。（詩・豳風・七月）

人不知而不愠，不亦君子乎？（論語・學而）

天子穆穆。（同上，八佾）

知其説者之於天下也，其如示諸斯乎！（同上）

王無罪歲，斯天下之民至焉。（孟子・梁惠王上）

（2）修飾關係變爲雙音詞：

不知稼穡之艱難，不聞小人之勞，惟耽樂之從。（書・無逸）

肆成人有德，小人有造。（詩・大雅・思齊）

惟此文王，小心翼翼。（同上，大明）

大人占之，維熊維羆，男子之祥；維虺維蛇，女子之祥。（詩・小雅・斯干）

禄之去公室五世矣。（論語・季氏）

久要不忘平生之言。（同上，憲問）

行人可不有私。（管子・侈靡）

自行束脩以上，吾未嘗無誨焉。（論語・述而）

儀封人請見。（同上，八佾）

潁考叔爲潁谷封人。（左傳隱公元年）

女子之嫁也，母命之。（孟子・滕文公下）

遇丈人，以杖荷蓧。（論語・微子）

征商自此賤丈夫始矣。（孟子・公孫醜下）

宗廟會同，非諸侯而何？（論語・先進）

寡人雖死亦無悔焉。（左傳隱公三年）

上帝將復我高祖之德。（書・盤庚）

猶吾大夫崔子也。（論語・公冶長）

陪臣執國命，三世希不失矣。（同上，季氏）

天下有道，則庶人不議。（同上）

是以聲名洋溢乎中國。（禮記・中庸）

匹夫不可奪志也。(論語·子罕)

踰東家墻而摟其處子。(孟子·告子下)

君子之所爲,衆人固不識也。(同上)

犁牛之子騂且角。(論語·雍也)

聖人,吾不得而見之矣。(同上,述而)

(3) 狀語修飾變爲雙音詞:

有酒食,先生饌。(論語·爲政)

裨諶草創之。(同上,憲問)

(4) 小類名加大類名:

鳳鳥不至,河不出圖。(論語·子罕)

吾豈匏瓜也哉?(同上·陽貨)

(丙) 述賓結構變爲雙音詞:

兹用不犯於有司。(書·大禹謨)

籩豆之事,則有司存。(論語·泰伯)

没齒無怨言。(同上,憲問)

東裏子産潤色之。(同上)

魯欲使慎子爲將軍。(孟子·告子下)

上古漢語雙音詞之多,爲我們始料所不及。可見上古漢語已經不是純粹的單音節語。後來歷代雙音詞都有增加。舉例如下:

(甲) 並列結構

(1) 並列名詞變爲雙音詞:

技巧者,習手足,便器械,積機關,以立攻守之勝者也。(漢書·藝文志)

延年典領方藥。(同上,杜延年傳)

見高祖狀貌,奇之。(論衡·骨相)

按骨節之法,察皮膚之理。(同上)

勦脈不堪,絶傷而死,道理宜也。(同上,書虛)
夫陰陽和則谷稼成,不則被災害。(同上,異虛)
謂龍藏於樹木之中,匿於室屋之間也。(同上,龍虛)
人好觀圖畫者,圖上所畫,古之列人也。(同上,别通)
更乞和親,並請音樂。(後漢書·南匈奴傳)
(以上漢代)①

(2) 並列形容詞變爲雙音詞:

此其尤大彰明較著者也。(史記·伯夷列傳)
人間之水汙濁,在野外者清潔。(論衡·率性)
蟬蛾之類,非真正人也。(同上,無形)
此雖奇怪,然尚可信。(同上,感虛)
諸侯朝而年長久。(同上,異虛)
聖人純道,操行少非,爲推不忍之行,以容人之過,必衆多矣。(同上,福虛)
天之大惡,飲食人不潔清。天之所惡,小大不均等也。(同上,雷虛)
世稱堯若臘,舜若腒,心愁憂苦,形體羸癯。(同上,道虛)
(以上漢代)
籍子渾器量弘曠。(世説新語·賞譽下)
瞻弟孚,爽朗多所遺。(同上)
李氏富足。(同上,賢媛)
亂離之後,百姓雕弊。(同上,方正)
(以上南北朝)

① 某些雙音詞的時代可能比我們所述的時代更早,因爲我們没有充分佔有材料。下倣此。

（3）並列動詞變爲雙音詞：

冶者變更成器，須先以火燔灼。（論衡·無形）

蟲蛇變化，化爲魚鼈。（同上）

人稟氣於天，氣成而形立，則命相須，以至終死，形不可變化，年亦不可增加。（同上）

單於乃復以其父之民予昆莫，命令長守於西域。（同上，吉驗）

治亂成敗之時，與人興衰吉凶適相遭遇。（同上，偶會）

連鼓相扣擊。（同上，雷虛）

故五帝三王招致瑞應，皆以生存，不以死亡。（同上，書虛）

高宗恐駭，側身而行道。（同上，異虛）

凡人能以精誠感動天，……天爲變動，然尚未可謂然。（同上，感虛）

如不可食之物，誤在葅中隱匿，而彊食之。（同上，福虛）

初吞蛭時未死，腹中熱，蛭動作，故腹中痛。（同上）

致生息之物密器之中，覆蓋其口。（同上，道虛）

人或嗛氣，氣滿腹脹，不能饜飽。（同上）

或時周亡之時，將軍摎人衆見鼎盜取，姦人鑄爍以爲他器，始皇求不得也。（同上，儒增）

經增非一，略舉較著，令怳惑之人觀覽選擇，曉解覺悟。（同上，藝增）

（以上漢代）

縣令有女，爲精邪所魅，醫療不効。（神仙傳·董奉）

汝不孝，不親供養，尋求妖妄。（同上，茅君）

（以上晉代）

將軍與之話言。（世説新語·文學）

殷仲堪精核玄論，人謂莫不研究。（同上）

而王遊歷既畢，指麾好惡，傍若無人。（同上，簡傲）

潘直取錯綜,便成名筆。(同上)

先公勳業如是,君作東征賦,云何相忽略?(同上)

遂送樂器,紹推卻不受。(同上,方正)

周伯仁爲吏部尚書,在省内,夜疾危急,時刁玄亮爲尚書令,營救備親好之至。(同上)

謝鯤哭之,感動路人。(同上,容止)

汝叔名士,何以不相推重?(同上,輕詆)

(以上南北朝)

今日疑娘子在此,令塞鴻問候。(無雙傳)

羣臣多諫,獨李林甫贊成上意。(酉陽雜俎·五色玉)

(以上唐代)

而令盤纏闕乏。(五代史平話·梁史)

那時李克用正攻打華州。(同上,唐史上)

見晉王呼萬歲,三舞蹈。(同上,唐史下)

彦章中流矢敗走,李紹奇躍馬追趕。(同上)

爾曹善自處置,休驚動我百姓。(同上)

您有這般勇力,咱教您學習武藝。(同上,晉史上)

待尋個在外的差遣。(同上)

張飛看見關上坐着董卓。(三國志通俗演義·董卓火燒長樂宫)

目不斜視,並無調戲之意。(同上,劉玄德北海解圍)

趙雲衝突不入。(同上,趙子龍盤河大戰)

糧食盡有,軍需缺欠,劉備當應付。(同上,李傕郭汜亂長安)

(以上宋元明)

(乙)偏正結構

(1)修飾關係變爲雙音詞:

使黄河如帶,泰山若厲。(漢書·高惠高後文功臣表)

秦已並天下，乃使蒙恬將三十萬衆築長城。（史記·蒙恬列傳）
長江天塹，古來限隔，虜軍豈能飛渡？（南史·孔範傳）

（2）狀語修飾變爲雙音詞：

可乘此虛弱之時火速進兵。（三國志通俗演義·司徒王允説貂蟬）

（3）小類名加大類名：

召公巡行鄉邑，有棠樹，決獄政事其下。（史記·燕召公世家）
舍東南角籬上有桑樹生，高五丈餘，（三國志·蜀志·先主傳）
小徑昇堂舊不斜，五株桃樹亦從遮。（杜甫題桃樹詩）
楓林橘樹丹青合，複道重樓錦銹懸。（杜甫夔州歌）
楸樹馨香倚釣磯，斬新花蘂未應飛。（杜甫三絶）
倚江柟樹草堂前，故老相傳二百年。（杜甫柟樹爲風雨所拔歌）
玉露凋傷楓樹林，巫山巫峽氣蕭森。（杜甫秋興詩）
至錢唐，臨浙江。（史記·秦始皇本紀）
横汾河而祠后土，登甘泉而祭昊天①。（晉書·輿服志）
石季龍時，鄴城鳳陽門上，金鳳凰二頭飛入漳河。（同上，五行志）
襄陽西接益梁，與關隴咫尺，北去洛河，不盈千裏。（同上，庾翼傳）
今見衆三萬，足可以疆理秦隴，清蕩洮河。（同上，乞伏干歸載紀）
綿谷無通漢，沱江不向秦。（杜甫贈别何邕詩）
紅亭枕湘江，蒸水會其左。（韓瘉合江亭詩）
董平只得將晁家莊圍了，突入莊中，把晁蓋的父親晁太公縛了。（宣和遺事元集）

① “汾河”、“浙江”之類其實是專名加類名。

（丙）述賓結構變爲雙音詞：

所坐聽事屋棟中折。（三國志·蜀志·諸葛亮傳）

玄在聽事上，版至即荅版後，皆粲然成章。（世説新語·文學）

主已知子猷當往，乃灑埽施設，在聽事坐相待。（同上，簡傲）

所亡少少，何足介意？（後漢書·度尚傳）

塚中枯骨，何足介意？（三國志·蜀志·先主傳）

其後二人俱不介意。（世説新語·雅量）

復能乘駿馬，倒箸白接䍦。（同上，任誕）

（三）歷代新興的連綿字

連綿字是漢語構詞法之一種，歷代新詞的産生，也有許多連綿字。現在舉出一些漢代以後的連綿字的例子：

盤珊勃窣上乎金堤。（司馬相如子虚賦）

趣舍異路，未嘗啣杯酒接殷勤之歡。（司馬遷報任安書）

卓犖乎方州。（班固典引）

弱冠弄柔翰，卓犖觀羣書。（左思詠史）

董仲道卓犖有致度。（世説新語·賞譽下）

蟬之未蜕也，爲復育；已蜕也，去復育之體，更爲蟬之形。（論衡·論死）

張憑勃窣爲理窟。（世説新語·文學）

脩書累紙，意寄殷勤。（同上，雅量）

日莫倒載歸，茗艼無所知。（同上，任誕）

（以上叠韻）

羣公百僚莫不咨嗟。（蔡邕陳太丘碑）

郡中歡愛，三輔咨嗟焉。（後漢書·延篤傳）

撫軍與之話言，咨嗟稱善。（世説新語·文學）

王子敬語謝公，公故蕭灑。（同上，賞譽下）

玄德臨去時分付你什麽來？（三國志通俗演義·吕布夜月奪

徐州）

（以上雙聲）

另有一種雙音詞，既非雙聲，又非叠韻，也不像是由詞組變來，也可以認爲是一種連綿字。例如：

人有詣祖，見料視財物，客至，屏當未盡。（世説新語·雅量）

陝西何故未有虛分？（同上，識鑒）

上自處置其里居。（漢書·張安世傳）

爾曹善自處置。（五代史平話·唐史）

與我勾當家事。（唐薛調無雙傳）

願汝一言，早賜處分。（五代史平話·唐史）

你好生小心勾當，事濟有賞。（同上，漢史）

令阿裏罕做伴當。（同上，周史）

近朝庭征斂谷帛，多不俟收斂紡績之畢，教百姓每生受。（同上）

李重進才及駐營了當，便出奇兵邀擊。（同上）

仍約多爲詩準備，共防梅老敵難當。（歐陽修招許主客詩）

差軍五百，盛猪羊血並穢物準備。（三國志通俗演義·安喜張飛鞭督郵）

至於轉運司經畫財利，應副邊上，每年亦無定額。（範仲淹奏爲陝西西路入中糧草及支移二税）

軍需缺欠，劉備當應付。（三國志通俗演義·李傕郭汜亂長安）

（四）雙音副詞和連詞

新興的雙音副詞和連詞可以分爲兩種：

（1）在原來副詞或連詞的基礎上發展爲雙音詞。例如：

召湯而囚之夏臺，已而釋之。（史記·夏本紀）

行獵鳥獸，有不射鳴鏑所射者，輒斬之。已而冒頓以鳴鏑自射其

善馬。(同上,匈奴列傳)

不疑同舍有告歸,誤持其同舍郎金去。已而同舍郎覺亡,意不疑。(漢書·直不疑傳)

少君曰:"此器齊桓公十五年陳於柏寢。"已而案其刻,果齊桓公器。(論衡·道虛)

且夫道有夷隆,學有麤密,同時而建德者,不以遠近易則。(班固兩都賦序)

若夫姬公之籍,孔父之書,與日月俱懸,鬼神事奥,孝敬之準式,人倫之師友,豈可重以芟荑,加之翦裁?(蕭統文選序)

雖然異姓,結爲兄弟。(三國志通俗演義·祭天地桃園結義)

(這種"雖然"只等於"雖"的意思)

(2) 由詞組發展爲雙音詞。例如:

借使子嬰有庸主之材,僅得中佐,山東雖亂,秦之地可全而有,宗廟之祀未當絶也。(史記·秦始皇本紀贊引賈誼過秦論)

鄉使二世有庸主之行,而任忠賢,臣主一心,而憂海内之患,縞素而正先帝之過,……塞萬民之望,而以威德與天下,天下集矣。(同上)

故其著書十餘萬言,大抵率寓言也。(史記·老莊申韓列傳)

詩三百篇,大抵聖賢發憤之所爲作也。(同上,太史公自序)

大抵皆虛言也。(論衡·感虛)

此或時河壅之時,山初崩,土積聚,水未盛。三日之後,水盛土散,稍壞沮矣。(同上)

孫問深公:上人當是逆風家,向來何以都不言?(世説新語·文學)

若使殷仲文讀書半袁豹,才不減班固。(同上)

聞道如今猶避風。(杜甫白鳧行)

萬一車駕出氾水,則慕容彥超乘虛引兵入汴。(五代史平話·

周史）

中宫自内望見。諭旨雲："可以下來了。"①（宣和遺事·元集）

我等本是黄巾餘黨，如今依傍陶謙處。（三國志通俗演義·曹操興兵報父仇）

汝今日莫非被董太師見責來？（同上）

何進奏帝：火速分頭降詔，令各處備御，討賊立功；一面差中郎將盧植、皇甫嵩、朱儁各引精兵，分三路討之。（同上，祭天地桃園結義）

一面造下黄旗，約會三月初五，一齊舉事。（同上）

（五）簡稱發展爲語詞

漢語由單音詞占優勢發展爲由雙音詞占優勢，這是自然的趨勢。可以預料，將來雙音詞還會大量産生。有些雙音詞連用，可以采取習慣的簡化説法，有些多音的專名也可以采取簡稱，這些簡化説法和這些簡稱用久了，就變成了雙音詞，令人不再感覺到或不大感覺到是簡化説法和簡稱了。這就使語言的發展得到了平衡。例如：

支前——支援前線

支書——支部書記

黨委——中國共産黨委員會

省委——省的中國共産黨委員會

區委——自治區的中國共産黨委員會

地委——地區中國共産黨委員會

① 注意：這種"可以"是一個雙音詞，和上古漢語的"可以"不同。《論語·爲政》："温故而知新，可以爲師矣。"等於説"可以之爲師"（可以憑這個爲人師表）；而這裏的"可以下來了"不能解釋爲"可以之下來了"。

市委——市的中國共産黨委員會
縣委——縣的中國共産黨委員會
地鐵——地下鐵道
投産——投入生産
療效——治療效果
統戰——統一戰線
統購——統一收購
統銷——統一銷售
保密——保守機密
鞍鋼——鞍山鋼鐵公司
高校——高等學校
高速——高速度
女排——女子排球隊
女籃——女子籃球隊
知青——知識青年
指戰員——指揮員和戰鬥員

以上所舉的例子,可以細分爲三類:第一類是報刊上只是簡稱,不見全稱,或罕見全稱,如"指戰員"、"黨委"、"地鐵"、"保密"、"療效"等,這是完全詞語化了。第二類是常見簡稱,少見全稱,如"鞍鋼"、"女排"、"統戰"、"投産"等,這是準詞語化,還没有完全詞語化。第三類是簡稱、全稱的頻率差不多,如"高速"、"知青"等。但是第二類和第三類都有可能發展爲第一類,像"投産"、"知青"就有這種傾向。看來,簡稱的詞語化,是不可抗拒的趨勢。但也不能濫用,例如有人把"愛國衛生運動委員會"簡稱爲"愛委會",甚至有人把"人造革"簡稱爲"造革",象這樣的簡稱,恐怕是没有發展前途的。

第十二章　係詞的產生及其發展

在討論係詞的產生及其發展的時候，必須先給係詞下一個定義。在語法上，係詞是在判斷句中把名詞性謂語聯繫於主語的詞。就漢語來說，真正的係詞只有一個“是”字①。“甘地是印度人”，“鯨魚是獸類”，“她是個好青年”，這些都是判斷句，其中的“是”字都是係詞。但是，我們不能說，“是”字在任何情況下都是係詞。缺乏主語的往往不是係詞（“是我忘了，請你原諒”）；當謂語不是名詞性質的時候，謂語前面的“是”字也不是係詞（“他實在是很愛你”）。係詞這個概念是從邏輯學來的。它的任務是聯繫主謂兩項，缺一不可。

在現代漢語裏，判斷句以用係詞爲常。在上古漢語裏，情況正相反。名詞或名詞性詞組不需要係詞的幫助就可以搆成判斷。例如：

> 元者，善之長也；亨者，嘉之會也；利者，義之和也；貞者，事之干也。（易·干卦·文言）
>
> 隼者，禽也；弓矢者，器也。（易·繫辭下）
>
> 他人之賢者，丘陵也；仲尼，日月也。（論語·子張）
>
> 鄉原，德之賊也。（同上，陽貨）
>
> 百裏奚，虞人也。（孟子·萬章上）

---

① 在漢語方言中，可以是別的字。例如粵方言和客家方言都說成“係”。

南冥者,天池也。(莊子·逍遥游)

王駘,兀者也。(同上,德充符)

夫子,聖人也。(同上)

丘,天之戮民也。(同上,大宗師)

三軍五兵之運,德之末也;賞罰利害五刑之辟,教之末也;禮法度數刑名比詳,治之末也;鐘鼓之音,羽旄之容,樂之末也;哭泣衰絰隆殺之服,哀之末也。(同上,天道)

此予宅也。(同上,則陽)

彼后王者,天下之君也。(荀子·非相)

禮者,治辨之極也,强國之本也,威行之道也,功名之總也。(同上,議兵)

管仲夷吾者,潁上人也。(史記·管晏列傳)

夫天者,人之始也;父母者,人之本也。(同上,屈原賈生列傳)

蓍龜者,聖人之所用也。(漢書·藝文志)

予先,周室之太史也。(同上,司馬遷傳)

上古漢語的判斷句,一般以"也"字煞句;有時候,主語後面還用代詞"者"字復指。有了"者"字復指,句末可以不用"也"字。例如:

天下者,高祖天下。(史記·魏其武安侯列傳)

虎者,戾蟲。(戰國策·秦策)

但是這種情況是比較少見的。有時候,"者""也"都可以不用。例如:

窈窕淑女,君子好逑。(詩·周南·關雎)

赳赳武夫,公侯干城。(同上,兔罝)

子之所慎:齊、戰、疾。(論語·述而)

荀卿,趙人。(史記·孟子荀卿列傳)

足下中國人。(同上,陸賈傳)

朕高皇側室之子。(漢書・文帝紀)

舜本臣敞所厚吏。(同上,張敞傳)

那也是比較特殊的情況。

在上古時代,有些"是"字很像係詞,引起某些語法學家的誤解。楊樹達先生所舉的例子是:

知之爲知之,不知爲不知,是知也。(論語・爲政)

長沮曰:"夫執輿者爲誰?"子路曰:"爲孔丘。"曰:"是魯孔丘與?"曰:"是也。"(同上,微子)

桀溺曰:"子爲誰?"曰:"爲仲由。"曰:"是魯孔丘之徒與?"對曰:"然。"(同上)

若又勿壞,是無藏幣以重罪也。(左傳襄公三十一年)

蓋已卑,是蔽目也。(周禮・考工記)

王之不王,是折枝之類也。(孟子・梁惠王上)

我今破齊還報,是益吕氏資也。(史記・齊悼惠王世家)

今又立齊王,是欲復爲吕氏也。(同上)

陳平曰:"我多陰謀,是道家之所禁。"(同上,陳丞相世家)①

在這一點上,黎錦熙先生比楊樹達先生高明。他舉了下面的例子:

既不能令,又不受命,是絶物也。(孟子・離婁上)

然後他解釋説:"'是'字非表決定的同動②,乃'指代',猶'此'也,重指上文兩讀。"他又舉了下面的一些例子:

無處而餽之,是貨之也。(孟子・公孫醜下)

今又倍地而不行仁政,是動天下之兵也。(孟子・梁惠王下)

若棄德不讓,是棄先君之舉也。(左傳隱公三年)

---

① 見《詞詮》300 頁。

② 黎氏所謂"同動",就是指係詞。

今又變而之死,是相與爲春夏秋冬四時行也。(莊子・至樂)

秦以其力,攻其所不能取,倦而歸;王又以其力之所不能取以送之,是助秦自攻也。(史記・虞卿傳)

他說:"以上文言諸例,主語皆爲語句,故須以指代'是'字重指之。"他對於《論語・微子》一例,有很精闢的見解。他說:

馬氏(指馬建忠)亦曾說此"是"字爲指代,所謂先以是字指上文,而明所推之理(《文通》卷九,7頁),是也;然於"是魯孔丘與?曰:是也"則詮兩"是"字皆爲"決辭"(即決定的同動,《文通》卷一,14頁),不知上"是"字固指代,下"是"字乃形容詞是非之是,因爲然否副詞耳。古文中,如"'是'則"猶雲"'這'就是"或"'那麼'就","則'是'",亦當解爲"那麼'這'就是":"是"字皆屬指代。①

黎錦熙先生認爲上古漢語這一類"是"字都是指示代詞而不是"同動"(係詞),這個觀點是完全正確的。他的缺點是以爲本該有係詞。不過係詞經常被省略而已。他說:"總之,省'同動'者,古文之常。"②這就錯了。所謂省略,必須有不省略的原形。現在既沒有不省略的原形,就不能叫做省略。應該承認,上古時代還没有係詞産生。③

---

① "則是"二字連用,最容易引起誤解。《莊子・盜跖》:"論則賤之,行則下之,則是言行之情悖戰於胸中也。"有人舉這一類的例子來證明上古有係詞,當據黎錦熙此說來駁他。

② 《比較文法》1933年版,117頁。

③ 有人據《論語・微子》"是魯孔丘之徒與?"一句,來證明"是"字爲係詞,因爲桀溺當面問子路,不可能說"那人是魯孔丘之徒嗎?"但這是傳鈔之誤。《經典釋文》引作"孔子之徒與",無"是"字,雲:"一本作'子是',今本作'孔丘之徒與'"。力按,作"子是"更錯,顯然是後人所改。《史記・孔子世家》作"子孔丘之徒與?"才是正確的。

有一個“爲”字,常被人認爲是係詞,和“是”字同義。楊樹達説:“是,不完全内動詞,爲也。”①這是不對的。試問:“知之爲知之,不知爲不知,是知也”能换成“知之爲知之,不知爲不知,爲知也”嗎?

“爲”字本身不是一個係詞,而是一個動詞。“爲”的本義是“做”,在上古漢語某些句子裏,它具有某種引申的意義,使我們能够譯成現代漢語的“是”字。例如:

餘爲伯儵,餘而祖也。(左傳宣公三年)

長沮曰:“夫執輿者爲誰?”子路曰:“爲孔丘。”(論語・微子)

桀溺曰:“子爲誰?”曰:“爲仲由。”(同上)

這種敍述句代替了判斷句。在用“也”字煞句的情況下,一般不用“爲”字(“餘而祖也”)。“也”字煞句是上古判斷句的基本形式;在特殊情況下,“爲”字才是必需的。譬如説,在主語和謂語指稱同一事物的時候,“爲”字就不可以省。例如:

知之爲知之,不知爲不知。(論語・爲政)

爾爲爾,我爲我,雖袒裼裸裎於我側,爾焉能浼我哉?(孟子・公孫醜上)

公子姊爲趙惠文王弟平原君夫人。(史記・魏公子列傳)

相反地,在上古漢語的判斷句裏,如果主語和謂語不是指稱同一事物,主語的内涵外延和謂語的内涵外延不一致,就不能用“爲”字。例如“子産,惠人也”,不能説成“子産爲惠人”。“滕,小國也”,不能説成“滕爲小國”。可見“爲”字並不是係詞,係詞應該是屬於基本詞彙的。如果“爲”字是係詞,它不

① 《詞詮》223頁。

應該輕易給新興的詞所代替,可是“爲”字後來在類似判斷句中消失了。如果説上古的係詞既有“是”,又有“爲”,不能性更小,因爲在同一語言中同時有兩個係詞是不可能的。

另有一個“惟”(維)字,也被人們認爲是上古時代的係詞。例如:

厥草惟夭,厥木惟喬,厥土惟塗泥,厥田惟下下。(書·禹貢)
厥土惟白壤。(同上)
厥貢惟金三品瑶琨篠簜齒革羽毛,惟木。(同上)
周雖舊邦,其命維新。(詩·大雅·文王)
彼爾維何,維常之華。(同上·小雅·采薇)

“惟”和“爲”在現代漢語裏是同音字,所以容易令人誤會“惟”、“爲”是古今字。實際上,上古“惟”屬喻母微部,“爲”屬匣母歌部,聲母和韻部都不相同,不可能是同一個詞的不同寫法。

“惟”和“爲”詞性也不相同。“爲”是動詞,“惟”是純粹的虚詞,是類似詞頭的東西。試看《禹貢》中既有“厥土惟白壤”,又有“厥土白墳”;既有“厥貢惟金三品”,又有“厥貢鹽絺”。“惟”字可用可不用,可見“惟”字不是係詞。

此外還有許多字被人們認爲是上古時代的係詞,而其實不是係詞的。現在就楊樹達所舉諸例[1],分別辨析如下:

(1) 本是詞頭或足句虚詞,被誤認爲是係詞。例如:

蓼蓼者莪,匪莪伊蒿。(詩·小雅·蓼莪)
載色載笑,匪怒伊教。(詩·魯頌·泮水)
豈伊異人,兄弟甥舅。(詩·小雅·頍弁)

① 楊樹達《高等國文法》121—126頁。

彼有遺秉,此有滯穗,伊寡婦之利。(同上,大田)
匪伊垂之,帶則有餘。(同上,都人士)
民不易物,惟德繄物。(左傳僖公五年)
此三王四伯,豈繄多寵,皆亡王之後也。(國語・周語)
君王之於越也,繄起死人而辱白骨也。(國語・吳語)
彼爾維何?維常之華;彼路斯何?君子之車。(詩・小雅・采薇)①

(2)本是動詞,被誤認爲是係詞。例如:

一曰水,二曰火,三曰木,四曰金,五曰土。(書・洪範)
水曰潤下,火曰炎上,木曰曲直,金曰從革,土爰稼穡。(同上)
八庶征:曰雨,曰暘,曰燠,曰寒,曰風,曰時,五者來備,各以其叙,庶草蕃廡。(同上)
一曰干豆,二曰賓客,三曰充君之庖。(公羊傳桓公四年)
是其生也,與吾同物,命之曰同。(左傳桓公六年)
國無九年之蓄曰不足,無六年之蓄曰急。(禮記・王制)
命曰勞酒。(禮記・月令)
命之曰暢月。(同上)
百官族人可謂曰智。(孟子・滕文公上)
醉而不出,是謂伐德。(詩・小雅・賓之初筵)
是謂觀國之光。(左傳莊公二十二年)
於是上亦問左丞相平,平曰:"有主者。"上曰:"主者謂誰?"(史記・陳丞相世家)

這些"曰"字和"謂"字都是動詞,不是係詞。它們等於現代漢語的"叫做"或"説的是"。

眇能視,不足以有明也;跛能履,不足以有行也。(易・履卦)

① 楊樹達説:"斯亦維也,互文耳。"這話是對的。但"維"也是詞頭。

克國得妃,其有吉孰大焉?(國語·晉語一)

人之有道也,飽食煖衣,逸居而無教,則近於禽獸。(孟子·滕文公上)

王引之、楊樹達都認爲這種“有”字是“爲”的意思,這是對的。但“爲”字不是係詞,所以“有”字也不是係詞。

(3) 本是副詞,被誤認爲是係詞。例如:

呂公女,乃呂後也。(史記·高祖本紀)

臣非知君,知君乃蘇君。(同上,張儀列傳)

臨大澤,無厓,蓋乃北海也。(同上,大宛列傳)

樊噲,帝之故人也。功多,且又乃呂後弟呂嬃之夫。(同上,陳丞相世家)

嬴乃夷門抱關者也。(同上,信陵君列傳)

臣竊矯君命,以責賜諸民,民稱萬歲,乃臣所以爲君市義也。(戰國策·齊策)

此蓋乃昔所謂西戎,在於街冀貆道者也。(三國志·魏志·東夷傳注)

“乃”字可以譯爲現代漢語的“就是”,“卻是”,但在上古漢語裏它只是個副詞。“臣非知君,知君乃蘇君”,其中的“乃”,和《詩·鄭風·山有扶蘇》“不見子都,乃見狂且”的“乃”,詞性是一樣的,只不過一個是副詞修飾判斷語,一個是副詞修飾叙述語罷了。

苟我寡君之命達於君所,雖陷於深淵,則天命也。(左傳哀公十五年)

是非王之支子母弟甥舅也,則皆蠻荆戎狄之人也,非親則頑,不可入也。(國語·鄭語)

天下之言性也,則故而已矣。(孟子·離婁下)

夫章子,豈不欲有夫妻子母之屬哉?爲得罪於父,不得近,出妻

屏子，終身不養焉。其設心以爲：不若是，是則罪之大者，是則章子已矣。（同上）

此則寡人之罪也。（同上，公孫醜下）

卿則州人，昔又從事。（三國志・吴志・太史慈傳）

"則"字可以譯爲現代漢語的"就是"，它在意義上與"乃"字的區别在於："乃"字是簡單的肯定，而"則"字有對比的作用（"非親則頑"；"不若是，是則罪之大者"；"此則寡人之罪也"）。它和"乃"字一樣，在上古漢語裏只是個副詞。這種"則"字的詞性，和《孟子・公孫醜上》："仁則榮，不仁則辱"；《告子上》："思則得之，不思則不得也"，其中"則"字的詞性是一樣的，只不過一個是副詞修飾判斷語（"是則罪之大者"），一個是副詞修飾描寫語（"仁則榮，不仁則辱"），一個是副詞修飾叙述語罷了。

民死亡者，非其父兄，卽其子弟。（左傳襄公八年）

梁父卽楚將項燕。（史記・項羽本紀）

博士諸生三十餘人前曰："人臣無將，將卽反。"（同上，叔孫通傳）

少府徐仁，卽丞相車千秋女婿也。（漢書・杜延年傳）

宫卽曉子女。（同上，外戚傳）

游公母卽祁太伯母也。（同上，原涉傳）

"卽"字可以譯成現代漢語的"就是"，它在意義上與"乃"字的區别在於："乃"字是簡單的肯定，"卽"字是加强語氣的肯定。它和"乃"、"則"一樣，都是副詞，不是係詞。這種"卽"字的詞性，和《史記・項羽本紀》："公徐行卽免死，疾行則及禍"；"先卽制人，後則爲人所制"等例句中的"卽""則"字的詞性是一樣的，只不過一個是副詞修飾判斷語，一個是副詞修飾叙述語罷了。

始也,我以汝爲聖人邪? 今然君子也。(莊子·天地)

偶視而先俯,非恐懼也,然夫士欲獨修其身,不以得罪於此俗之人也。(荀子·修身)

譬其若去日之明於庭而就火之光於室也,然可以小見而不可以大知。(新書·修政語)

王引之説:"然,猶'乃'也。"[①]這是對的。但"乃"既不是係詞,"然"也就不是係詞了。

子路出謂子貢曰:"吾以夫子爲無所不知,夫子徒有所不知。"(荀子·子道)

子貢出謂子路曰:"女謂夫子爲有所不知乎? 夫子徒無所不知。"(同上)

田子方望翟黄乘軒騎駕,方以爲文侯也;移車而避之,則徒翟黄也。(韓非子·外儲説)

人主雖不肖,猶若用賢,猶若聽善,猶若爲可者;其患在乎所謂賢從不肖也,不爲善而從邪辟,所謂可從悖逆也。(吕氏春秋·正名)

王引之説:"徒,猶'乃'也。"[②]這是對的。但"乃"字既不是係詞,"徒"字也就不是係詞。王引之還引用《莊子·天地》:"吾聞之夫子,事求可,功求成,用力少,見功多者,聖人之道。今徒不然"爲例。楊氏因此例不能説成"不完全内動詞"(即係詞),而把它删掉了。楊氏在他的《詞詮》裏,把《莊子》這個例子收進去,同時認爲這種"徒"字是副詞,[③]那才是正確的。

---

① 《經傳釋詞》,中華書局 1956 年版,162 頁。

② 《經傳釋詞》,1956 年版,135 頁。

③ 《詞詮》,84—85 頁。

"非"字,譯成現代漢語是"不是",因此許多語法學家都認爲"非"是一個否定性的係詞[①]。例如:

獄貨非寶。(書·吕刑)

非予自荒兹德。(同上,盤庚上)

回也非助我者也。(論語·先進)

非其鬼而祭之,諂也。(同上,爲政)

人死,則曰:"非我也,歲也。"是何異於刺人而殺之,曰:"非我也,兵也。"(孟子·梁惠王上)

此莫非王事,我獨賢勞也。(同上,萬章上)

惠子曰:"子非魚,安知魚之樂?"莊子曰:"子非我,安知我不知魚之樂?"(莊子·秋水)

其實,"非"字在上古漢語也並不是係詞,它只是一個否定副詞。在上古漢語裏,要對形容詞謂語或動詞謂語加以否定,就用"不"字;[②]要對名詞謂語加以否定,就用"非"字。"不"和"非"在不同的謂語中起相同的作用,它們的詞性是一樣的。我們試拿正反對比的句子來看,就會發現反面用"非"字,正面並没有用"是"字。例如:

(1) 先是後非者:

夫帥師,專行謀,誓軍旅,君與國政之所圖也,非太子之事也。(左傳閔公二年)

若夫山林川澤之實,器用之資,皂隸之事,官司之守,非君之所及

---

① 馬建忠叫做決其不然的"決辭";黎錦熙叫做"否定同動詞";楊樹達叫做不完全内動詞。

② 對形容詞謂語加以否定,也可以用"非"字,那是用來撇開反面,以便突出正面。例如:"城非不高也,池非不深也,兵革非不堅利也,委而去之,是地利不如人和也。"(孟子·公孫醜下)

也。(同上,隱公五年)

此庸夫之怒也,非士之怒也。(戰國策・魏策)

舜禹益相去久遠,其子賢不肖,皆天地,非人之所能爲也。(孟子・萬章上)

天也,非人也。(莊子・養生主)

故此皆多駢旁枝之道,非天下之至正也。(同上,駢拇)

彼人之所引,非引人也。(同上・天運)

衣弊履穿,貧也,非憊也。(同上,山木)

若是而萬惡至者,皆天也,而非人也。(同上,庚桑楚)

且陛下所謂天授,非人力也。(史記・淮陰侯列傳)

(2) 先非後是者:

此非君子之言,齊東野人之言也。(孟子・萬章上)

此黄帝之兵,非人之力,天之福也。(史記・酈食其列傳)

舜相堯二十有八載,非人之所能爲也,天也。(孟子・萬章上)

爲其殺是童子而征之,四海之内皆曰:"非富天下也,爲匹夫匹婦復讎也。"(同上,滕文公下)

然則子非食志也,食功也。(同上)

天下莫朝,周不能制也,非其德薄也,而形勢弱也。(史記・劉敬列傳)

非愚於虞而知於秦也,用與不用,聽與不聽也。(同上,魏公子列傳)

如是,則邑裏相救助,赴胡不避死,非以德上也,欲全親戚而利其財也。(漢書・晁錯傳)

有時候,"是"、"非"都用上了。例如:

挾太山以超北海,語人曰:"我不能。"是誠不能也。爲長者折枝,語人曰:"我不能。"是不爲也,非不能也。故王之不王,非挾太山以超北海之類也;王之不王,是折枝之類也。(孟子・

樑惠王上）

是祭祀之齋，非心齋也。（莊子·人間世）

但是，前面説過，這種“是”字只是指示代詞，不是係詞。因此，“非”字也不能認爲是否定性的係詞。

以上所論，牽涉到一個研究方法的問題。翻譯的研究方法是很危險的。以今譯古和以外譯中有同樣的危險性。要知道，現代漢語有這種語法，古代漢語不一定有這種語法。

在邏輯的命題中，係詞是必需的。因此，我國語法學家也多錯誤地認爲漢語的判斷句必須有個係詞：上古漢語往往不用係詞，只能認爲是省略。這個觀點是錯誤的。有些語言從來不曾用過係詞，有些語言雖有係詞也常常不用。在印歐語正常的名句中，一般不用係詞，古希臘語也不用係詞。現代俄語雖有係詞，但是常常不用。可見係詞並非必需的。這樣，上古漢語不用係詞，就毫不足怪了。

*　　*　　*

“是”字是由指示代詞發展爲係詞的。發展的過程是這樣：在先秦時代，主語後面往往用代詞“是”字復指，然後加上判斷語。主語可以是一個或幾個名詞，如“富與貴，是人之所欲也”（論語·里仁）；也可以是一個或幾個句子形式或謂語形式，如“千裏而見王，是予之所欲也。”（孟子·公孫醜下）。無論是這種情況或那種情況，“是”字經常處在主語和謂語中間，這樣就逐漸産生出係詞的性質來。試拿《孟子·樑惠王下》“滕，小國也”爲例，大約也經過這麼一個階段：“滕，是小國也”（“是”在這裏仍舊是指示代詞），然後達到“滕是小國”。下面我們再舉出兩個更富於啓發性的例子：

餘,而所嫁婦人之父也。(左傳宣公十五年)

餘是所嫁婦人之父也。(論衡·死僞)

從上面這兩個例子的對比中,我們可以看出,《左傳》不用“是”而《論衡》用“是”。這就更可以顯示出這種演變的過程來①。

漢語真正係詞的產生,大約在公元第一世紀前後,即西漢末年或東漢初年。在王充《論衡》裏已經有了不少“是”字是當係詞用的。例如:

乃擾畜龍以服事舜,而賜之姓曰董,氏曰豢龍,封之鬷川。鬷夷氏是其後也。(龍虚)

海外西南有珠樹焉,察之是珠,然非魚中之珠也。(説日)

夫孔子雖雲“不及地尺”,但言“如雨”,其謂霣之者,皆是星也。(同上)

夜夢見老人曰:“餘是所嫁婦人之父也。爾用先人之治命,是以報汝。”(死僞)

如以鬼非人,則其信杜伯非也;如以鬼是死人,則其薄葬非也。(薄葬)

王充生於建武三年(公元27年),《論衡》書成於章和二年(公元88年)。王充認爲“古今語殊,四方談異”,他主張

① 蘇聯漢學家龍果夫也有同樣的看法。他説:“指示代詞‘是’首先變成贅餘的,有强調作用的代名詞性的助詞,然後變爲(語氣的)係詞。他在附注裏請讀者比較俄語“Дети—это наше будущее”(兒童是我們的未來)。見《現代漢語語法研究》30頁。

“文字與言同趨”（論衡・自紀篇），所以他不避當時的口語①。

但是，係詞在判斷句中起經常作用，係詞句在口語裏完全代替了上古的判斷句，則是中古時期的事。在這個時期，係詞句有三大標誌：第一，它擺脱了語氣詞“也”字，“是”成爲一個必要的，而不是可有可無的係詞。例如：

問今是何世，乃不知有漢，無論魏晉。（陶潛桃花源記）

張玄中、顧較是顧和中外孫。（世説新語・言語）

豫章太守顧邵是雍之子。（同上，雅量）

大將軍語右軍：“汝是我佳子弟，當不減阮主簿。”（同上，賞譽下）

世論温太真是過江第二流之高者。（同上，品藻）

---

① 《論衡》以前，《穀梁傳》、《史記》以及褚少孫所補的《史記》，個別地方也有係詞的例子。例如：

陳侯憙獵，淫獵於蔡，與蔡人争禽，蔡人不知其是陳君也，而殺之。（穀梁傳桓公六年）

非救而曰救，何也？遂齊侯之意也。是齊侯與？齊侯也。何用見其是齊侯也？（同上，僖公元年）

襄子至橋，馬驚。襄子曰：“此必是豫讓也。”（史記・刺客列傳）

此是家人言耳。（史記・儒林列傳）

龜者是天下之寶也。（史記・龜策列傳褚少孫補）

巫嫗弟子是女子也，不能白事。（史記・滑稽列傳褚少孫補西門豹傳）

例子少到這個程度，令人懷疑是後人改寫過的。《穀梁傳》不是戰國時代的原書，據徐彦《公羊傳疏》，《穀梁傳》和《公羊傳》一樣，到了漢代才著竹帛。我懷疑，晉範寧作集解時，還在文字上稍有改動。《史記》個别地方也可能是後人改動的。試看司馬遷所據的《戰國策・趙策》只作“只必豫讓也”，没有“是”字。褚少孫是元成間博士，和司馬遷時代相差半個世紀以上，已近西漢末年，他的文章有係詞出現，則是可能的。

衛君長是蕭祖周婦兄。謝公問孫僧奴:"君家道衛君長云何?"孫曰:"雲是世業人。"謝曰:"殊不爾。衛自是理義人。"(同上)

亡叔是一時之標,公是千載之英。(同上)

許允婦是阮衛尉女。(同上,賢媛)

賈充前婦是李豐女。(同上)

陸士衡入洛,咨張公所宜詣,劉道真是其一。(同上,簡傲)

謝中郎是王藍田女婿。(同上)

此是陳壽作諸葛評。(同上)

我固疑是老奴,果如所卜。(同上,假譎)

簡文見田稻不識,問是何草,左右答是稻。(同上,尤悔)

問孫皓燒鋸截一賀頭是誰,司空未得言,元皇自憶曰:"是賀劭。"(同上,紕漏)

殷仲堪父病虛悸,聞床下蟻動,謂是牛鬬。(同上)

力士是東郭門外官奴。(西京雜記)①

檀公三十六策,走是上計。(南齊書·王敬則傳)

佛是破惡之方,道是興善之術。(同上,顧歡傳)

佛是外國之神。(高僧傳·佛圖澄傳)

弟子是嶺南新州百姓。(壇經·自序品)

第二,係詞"是"字可以被副詞修飾。例如:

但克讓自是美事,終不可闕。(世説新語·方正)

若不如方回,故是常奴耳。(同上,品藻)

聞函道中有屐聲甚厲,定是庾公。(同上,容止)

今日若能見殺,乃是本懷。(同上,賢媛)

後有一田父耕於野,得周時玉尺,便是天下正尺。(同上,術解)

---

① 《西京雜記》僞託劉歆,其實是梁吴均的作品。

其由來清，而忽有此物，定是二百五十沓烏樏。（同上，任誕）

本謂雲龍騤騤，定是山鹿野麋。（同上，排調）

謝太傅謂子姪曰："中郎始是獨有千載。"（同上，輕詆）

殷顗、庾恒，並是謝鎮西外孫。（同上）

孔、老、釋迦，皆是至聖。（唐宗密原人論）

第三，係詞"是"字前面加否定詞"不"字，在口語裏代替了上古的"非"。例如：

劫劫生生，輪迴不絶……都由此身本不是我。（原人論）

餘亦不是作加之子，亦不是避難之人。（伍子胥變文乙）

"是"字用作係詞以後，又產生許多種活用法，其中最主要的就是承認或否認某一事實，有時候是追究原因。例如：

庾曰："君復何所憂慘而忽瘦？"伯仁曰："吾無所憂，直是清虛日來，滓穢日去耳。"（世說新語・言語）

自是君身有仙骨，世人那得知其故？（杜甫送孔巢父詩）

實不是愛微軀，又非關足無力。（杜甫偪仄行）

人生氣秉，理有善惡，然不是性中元有此二物相對而生也。（朱熹近思録卷一）

昨夜晚，是有這般一個人挑着個羊皮匣子過去了。（水滸傳第五十五回）

我不是不會，就是未諳得。（明高僧傳卷六）

我方才不過是説話取笑兒。（紅樓夢第四十一回）

由承認的意思又產生了變相的讓步式。那是近代的事情了。例如：

奴才説是説了，還得太太告訴老太太，想個萬全的主意才好。（同上，第九十六回）

雛是雛，卻飛了好些了。（同上，第一百零八回）

我給是給你，你若得他的謝禮，可不許瞞我的。（同上，第二十

八回)

偺們走是走,我就只捨不得那姑子。(同上,第一百十二回)

"是"字還有其他一些活用法,因爲比較次要,這裏不再討論了。

第十三章　詞序的發展

詞序是漢語語法的主要内容。就一般説,漢語的詞序是固定的。從歷史上看,漢語的詞序並没有多大的變化,但也不能説完全没有變化。在本章裏,我們將談一談各個時期的詞序變化。

主—動—賓的詞序,是從上古漢語到現代漢語的詞序。但是,在上古漢語裏,有一些特殊的情況,就是賓語可以放在動詞的前面。這種結構是有條件的。總的條件是:這個前置的賓語必須是個代詞。

在原始時代的漢語裏,可能的情況是這樣:代詞作爲賓語的時候,正常的位置本來就在動詞的前面(像法語一樣)。到了先秦時代,由於語言的發展,這種結構分爲三種情況:

第一種情況是舊式結構的殘留,代詞賓語無條件地放在動詞的前面。例如:

民獻有十夫予翼。(書・大誥)

惟我事,不貳適;惟爾王家我適。(同上,多士)

赫赫師尹,民具爾瞻。(詩・小雅・節南山)

在指示代詞當中,"是"字比較能保存原始的結構。在某些情況下,"是"字可以自由地放在動詞的前面。例如:

葛之覃兮,施於中谷。維葉莫莫。是刈是濩,爲絺爲綌。(詩・

周南・葛覃)

維彼忍心,是顧是復。(同上,大雅・桑柔)

爾貢包茅不入,王祭不共,無以縮酒,寡人是征;昭王南征而不復,寡人是問。(左傳僖公四年)

詞組"是以"是"以是"("因此")的意思,而"以"字放在"是"的後面。因爲"以"字本是動詞,而"是"是指示代詞,所以賓語放在動詞的前面。例如:

敏而好學,不恥下問,是以謂之文也。(論語・里仁)

當今之君,其蓄私也,大國拘女累千,小國累百,是以天下之男多寡無妻,女多拘無夫。(墨子・辭過)

三施而無報,是以來也。(左傳僖公十五年)

殆乎非我與子之罪,幾天與之也,吾是以泣也。(莊子・徐無鬼)

此小人之桀雄也,不可不誅也。是以湯誅尹諧,文主誅潘止。(荀子・宥坐)

内見疑彊大,外依蠻貊以爲援,是以日疏。(史記・韓王信盧綰列傳)

惜其不成,是以就極刑而無慍色。(漢書・司馬遷傳)

故虚實之事並傳世間,真僞不别也,世人惑焉,是以難論。(論衡・談天)

母孫二人更相爲命,是以區區不能廢遠。(李密陳情表)

若俛首帖耳,摇尾而乞憐者,非我之志也。是以有力者遇之,熟視之,若無覩也。(韓愈應科目時與人書)

於兹吾有望於子,是以終乃大喜也。(柳宗元賀進士王參元失火書)

由指示代詞"是"字搆成的另一個凝固形式是"是謂"。

“是謂”譯成現代漢語是“人們把它叫做”或“我們把它叫做”。例如：

觀其事上利乎天，中利乎鬼，下利乎人。三利無所不利，是謂天德。（墨子・天志中）

彼民有常性，織而衣，耕而食，是謂同德。（莊子・馬蹄）

獨往獨來，是謂獨有；獨有之人，是謂至貴。（同上，在宥）

天下之非譽，無益損焉，是謂全德之人哉！（同上，天地）

與天地爲合，其合緡緡，若愚若昏，是謂玄德。（同上）

此三材者而無失其次，是謂人主之道也。（荀子・君道）

殺人者不死，而傷人者不刑，是謂惠暴而寬賊也。（同上，正論）

除此之外，還有“自”字和“相”字。“自”字作爲代詞賓語的時候，總是放在動詞的前面（《莊子・人間世》：“山木自寇也，膏火自焚也”）。“相”字是代詞性的副詞，所以也總是放在動詞的前面，這裏不詳細討論了。

這些結構之所以被認爲是殘迹，是因爲到了先秦時代，除了凝固形式（“是以”、“是謂”）和“自”“相”二字的結構以外，一般已不再用主語—代詞賓語—動詞這種結構方式了。正常的結構已變爲：主語—動詞—代詞賓語。例如：

將安將樂，棄予如遺。（詩・小雅・谷風）

惠而好我，攜手同行。（詩・邶風・北風）

天保定爾，亦孔之固。（詩・小雅・天保）

故天棄我，不有康食。（書・西伯戡黎）

天惟畀矜爾。（書・多士）

起予者商也。（論語・八佾）

天其運乎？地其處乎？日月其争於所乎？孰主張是？孰維綱是？孰居無事推而行是？（莊子・天運）

其誰能覩是而不樂也哉?(荀子·王霸)

第二種情況是完全保存着舊形式。這種情況所依存的條件有兩個。第一個條件是:賓語是一個疑問代詞。例如:

吾誰欺?欺天乎?(論語·子罕)

子墨子曰:"……子將誰毆?"耕柱子曰:"將毆驥也。"(墨子·耕柱)

管伯曰:"公誰欲與?"公曰:"鮑叔牙。"(莊子·徐無鬼)

吾誰使正之?(同上,齊物論)

予何言?(書·益稷)

人而無止,不死何俟?(詩·鄘風·相鼠)

無父何怙?無母何恃?(詩·小雅·蓼莪)

何爲則民服?(論語·爲政)

客何好?……客何能?(戰國策·齊策)

奚取於三家之堂?(論語·八佾)

問臧奚事,則挾策讀書,問穀奚事,則博塞以游。(莊子·駢拇)

天下之父歸之,其子焉往?(孟子·離婁上)

介詞"以","與"來自動詞,疑問代詞作爲介詞賓語時,也放在"以","與"的前面。例如:

居上不寬,爲禮不敬,臨喪不哀,吾何以觀之哉?(論語·八佾)

何以知其然?(墨子·辭過)

既以非之,何以易之?(同上,兼愛中)

人而無情,何以謂之人?(莊子·德充符)

請問何以至於此?(同上,達生)

我何以過人哉?(同上,田子方)

吾誰與爲鄰?(同上,山木)

且夫暴國之君將誰與至哉?彼其所與至者必其民也。(荀子·議兵)

其中“何以”這個結構一直流傳到後來的書面語言裏，成爲一個凝固的形式。例如：

後有大者，何以加之？（史記・淮陰侯列傳）

若復數年，則損三分之二也，當何以圖敵？（諸葛亮出師表）

卿等何以得存？（世説新語・政事）

吾小人輟飧饔以勞吏者，且不得暇，又何以蕃吾生而安吾性邪？（柳宗元種樹郭橐駝傳）

愚觀賈生之論，如其所言，雖三代何以遠過？（蘇軾賈誼論）

吾不知信陵君何以謝魏王也。（唐順之信陵君救趙論）

第二個條件是：賓語雖是一個名詞，但有一個指示代詞復指。主要是用“是”字，偶然也有用“斯”字復指的。例如：

日居月諸，下土是冒。（詩・邶風・日月）

秉國之均，四方是維，天子是庳，俾民不迷。（詩・小雅・節南山）

朋酒斯饗，曰殺羔羊。（詩・豳風・七月）

愎諫違卜，固敗是求，又何逃焉？（左傳僖公十五年）

今吴是懼而城於郢。（同上，昭公二十三年）

五穀既收，大喪是隨。（墨子・非儒下）

處所介詞在這種情況下也能起復指作用。特别是“焉”字。因爲“焉”字本來就含有“於是”的意義。有時不用“焉”而用“於”或“於”。“於”、“於”也可以認爲是“於是”的省略。例如：

赫赫南仲，玁狁於襄。（詩・小雅・出車）

我周之東遷，晉鄭焉依。（左傳隱公六年）

王貪而無厭，惟蔡於感。（同上，昭公十一年）

名詞賓語前置而又有“是”字復指的時候，名詞前面往往還有詞頭"唯"字(或"惟""維")。我們知道,在殷虛卜辭中,賓語前置是不能不用"唯"字(或"叀")的[1]。"是、唯"並用,可以説是新舊語法的混合。例如:

無非無儀,唯酒食是議。(詩·小雅·斯干)

哀哉爲猶,匪先民是程,匪大猶是經;維邇言是聽,維邇言是争。(同上,小旻)

無若朱丹傲,惟慢游是好,傲虐是作。(書·益稷)

今商王受,惟婦言是用。(書·牧誓)

乃惟四方之多罪逋逃是崇,是長,是信,是使。(同上)

予小子新命於三王,惟永終是圖。(書·金縢)

除君之惡,惟力是視。(左傳僖公二十三年)

率師以來,惟敵是求。(同上,宣公十二年)

餘雖與晉出入,餘唯利是視。(同上,成公十三年)

寡人將率敝賦以從執事,唯命是聽。(同上,昭公二十五年)

荀偃令曰:"雞鳴而駕,塞井夷竈,惟餘馬首是瞻!"(同上,襄公十四年)

純素之道,唯神是守。(莊子·刻意)

直到今天,我們還説"唯利是圖"、"惟你是問"等。這是上古漢語的殘迹。

代詞"之"字和"是"字有同樣的作用(因爲"之"字本是一個指示代詞),名詞賓語靠着代詞"之"字的復指,也可以提到動詞的前面。例如:

先君之思,以勗寡人。(詩·邶風·燕燕)(鄭玄箋:"戴嬀思先君之故……")

[1] 參看管燮初《殷虛甲骨卜辭的語法研究》。

燕婉之求,得此戚施。(同上,新臺)(鄭玄箋:"伋之妻齊女來嫁於衛,其心本求燕婉之人……。")

吾以子爲異之問,曾由與求之問。(論語・先進)

非子之求而蒲之愛,董澤之蒲可勝既乎?(左傳宣公十二年)

寡君其罪之恐,敢與知魯國之難?(同上,昭公三十一年)

虢多涼德,其何土之能得?(同上,莊公三十二年)

父母於子,東西南北,唯命之從。(莊子・大宗師)

有人把這類"之"字認爲是介詞。但介詞"之"字也是來源於動詞。在此情況下,把"之"字看作指示代詞比較合理。有時候,"之""是"互文,更足以證明它們的語法作用是一樣的。例如:

君亡之不恤,而羣臣是憂,惠之至也。(左傳僖公十五年)

皇天無親,惟德是輔;民心無常,惟惠之懷。(書・蔡仲之命)

不但名詞賓語可以用代詞復指,連代詞賓語本身也可以用另一代詞復指,它更能顯出是一個前置的賓語。這種結構是"是之"①。例如:

古者民有三疾,今者或是之亡也。(論語・陽貨)

嫫母力父,是之喜也。(荀子・賦篇)

"是之謂"是一種凝固形式,最爲常見。由於"是謂"也可以説成"此謂"(莊子・大宗師:"此謂坐忘",徐無鬼:"此謂真人")。所以"是之謂"也可以説成"此之謂"。"是"和"此"所代的是名詞,所以有時候不用"是""此"而在名詞性詞組後面加"之謂"。例如:

是以聖人和之以是非,而休乎天鈞。是之謂兩行。(莊子・齊

① 《書・無逸》:"此厥不聽,人乃詩張爲幻。""此厥"也是屬於這種情況。

物論)

若然者,雖直不病。是之謂與古爲徒。(同上,人間世)

天下有大戒二:其一命也,其一義也。子之愛親,命也,不可解於心。臣之事君,義也。無適而非君也,無所逃於天地之間。是之謂大戒。(同上)

士大夫務節死制,然而兵勁。百吏畏法循繩,然後國常不亂。商賈敦愨無詐,則商旅安,貨財通,而國求給矣。百工忠信而不楛,則器用巧便,而財不匱矣。農夫樸力而寡能,則上不失天時,下不失地利,中得人和而百事不廢。是之謂政令行,風俗美。(荀子・王霸)

失乎由是,死乎由是,夫是之謂德操。德操然後能定,能定然後能應。能定能應,夫是之謂成人。(同上,勸學)

(以上是"是之謂"。)

太上無敗,其次敗而有以成。此之謂用民。(墨子・親士)

故周書曰:"國無三年之食者,國非其國也;家無三年之食者,子非其子也。"此之謂國備。(同上,上患)

四方之民莫不俱至。此之謂聖治。(莊子・天地)

人雖有知,無所用之,此之謂至一。(同上,繕性)

有左有右,有倫有義,有分有辯,有競有爭。此之謂八德。(同上,齊物論)

(以上是"此之謂"。)

於事爲之中,而權輕重之謂求。(墨子・大取)

無爲爲之之謂天,無爲言之之謂德,愛人利物之謂仁。不同同之之謂大,行不崖異之謂寬,有萬不同之謂富。故執德之謂紀,德成之謂立,循於道之謂備。(莊子・天地)

禮義之謂治,非禮義之謂亂也。(荀子・不苟)

三得者具而天下歸之,三得者亡而天下去之。天下歸之之謂王,

天下去之之謂亡。(同上,王霸)

(以上是名詞性詞組後面帶"之謂。")

試比較《莊子·徐無鬼》"以德分人謂之聖,以財分人謂之賢",《荀子·修身》"是是非非謂之智,非是是非謂之愚",就知道"之謂"的"之"是代詞。這種"之謂"一直沿用到後代。例如:

博愛之謂仁,行而宜之之謂義,由是而之焉之謂道,足乎已無待於外之謂德。(韓愈·原道)

如果我們承認"所"字是代詞,那麼它作爲賓語,也是放在動詞前面的。這樣,我們可以看見很整齊的幾個凝固形式,互相對應:

何以 是以 所以

何謂 是謂 所謂

第三種情况是舊結構和新結構同時存在。這種情况最明顯地表現在否定句的代詞賓語上。《馬氏文通》曾經指出:外動詞前面有否定副詞,或者有主語"莫""無"的時候①,賓語如果是一個代詞,總是放在外動詞的前面②。在先秦時代,在否定句中,詞序有一種過渡狀態:新的形式産生了,舊的形式還没有消亡。這個情况非常復雜。要看具體的否定詞是什麼,也要看具體的代詞賓語是什麼。大致説來,否定詞是"莫"、"未"、"毋"(無)等字的,代詞賓語是"吾"、"餘"、"汝"(女),"爾"等字的,動詞後置的情况比前置的情况多得多。下面是一些動詞後置的例子:

① 馬氏認爲"無"是無定代詞。

② 《馬氏文通》校注本下册,508頁。

汝念哉，無我殄。（書·康誥）

無我怨。（書·多士）

今予惟不爾殺。（同上）

謂他人父，亦莫我顧。（詩·王風·葛藟）

豈不爾思？遠莫致之。（詩·衛風·竹竿）

雖速我訟，亦不女從。（詩·召南·行露）

蝃蝀在東，莫之敢指。（詩·鄘風·蝃蝀）

居則曰："不吾知也。"（論語·先進）

以吾一日長乎爾，毋吾以也。（同上）

子路有聞，未之能行，唯恐有聞。（同上，公冶長）

予無樂乎爲君，唯其言而樂莫予違也。如其善而莫之違也，不亦善乎？如不善而莫之違也，不幾乎一言而喪邦乎？（同上，子路）

我未見力不足者，蓋有之矣，吾未之見也。（同上，里仁）

僂句不餘欺也。（左傳昭公二十五年）

是區區者而不餘畀，餘必自取之。（同上，昭公十三年）

莫予毒也已！（同上，僖公二十八年）

我無爾詐，爾無我虞。（同上，宣公十五年）

無適小國，將不女容焉。（同上，僖公七年）

晉國之命，未是有也。（同上，襄公十四年）

鄰國未吾親也。（國語·齊語）

丘也聞不言之言矣，未之嘗言，於此乎言之。（莊子·徐無鬼）

有人認爲疑問代詞賓語和否定句代詞賓語放在動詞前面的句子是"倒裝句"，那是不對的，因爲依照先秦正常的語法結構正是應該這樣。假定在先秦史料中發現"吾欺誰"、"莫毒餘"等那才應該認爲是"倒裝句"。因爲那種結構不是正常的。

有一種情況可以證明這些例子不是"倒裝句",那就是在連續的兩句話中,一句是疑問代詞賓語或否定句代詞賓語放在動詞前面,另一句是名詞賓語放在動詞後面。這決不是偶然的,而是先秦語法本該如此的。例如:

吾誰欺?欺天乎?(論語·子罕)

("誰"字前置,"天"字後置)

子墨子曰:"我將上大行,駕驥與羊,子將誰毆?"耕柱子曰:"將毆驥也。"(墨子·耕柱)

吾何執?執御乎?執射乎?(論語·子罕)

("何"字前置,"御""射"後置)

何以易之?子墨子曰:"以兼相愛,交相利之法易之。(墨子·兼愛中)

("何"字前置,"兼相愛,交相利之法"後置。)

桓公田於澤,管仲御,見鬼焉。公撫管仲之手,曰:"仲父何見?"

("鬼"字後置,"何"字前置)

不患人之不己知,患不知人也。(論語·學而)

("己"字前置,"人"字後置[1]。)

居則曰:"不吾知也。"如或知爾,則何以哉?(同上,先進)

若勝我,我不若勝。(莊子·齊物論)

(上句賓語"我"字後置,下句賓語"若"字前置)

我勝若,若不吾勝。(同上)

(上句賓語"若"字後置,下句賓語"吾"字前置。[2])

吾問狂屈,狂屈申欲告我,而不我告。

(上句賓語"我"字後置,下字賓語"我"字前置。)

---

① "人"字不是代詞。

② 注意:"吾"字一般不用作賓語,但在否定句中可以用作賓語。

有些結構最能表現過渡狀態。現在舉出“不我”、“不己”這兩個結構爲例，作爲否定句的賓語，“我”、“己”放在動詞前面或後面均可。

（甲）代詞賓語在動詞前面：

胡能有定？寧不我顧？（詩·邶風·日月）

昊天上帝，則不我遺。（詩·大雅·雲漢）

子不我思，豈無他人？（詩·鄭風·褰裳）

日月逝矣，歲不我與。（論語·陽貨）

不患人之不己知，患不知人也。（論語·學而）

君子病無能焉，不病人之不己知也。（同上，衛靈公）

愧不若黄帝，而哀不己若者。（莊子·徐無鬼）

（乙）代詞賓語在動詞後面：

爾不許我，我乃屏璧與珪。（書·金縢）

不知我者謂我何求？（詩·王風·黍離）

有事而不告我。（左傳襄公十八年）

且人之欲善，誰不如我？（同上，僖公九年）

以其不從己而敗楚師也。（同上，成公十七年）

不見己焉爾，不得類焉爾。（莊子·德充符）

聖人不愛己。（荀子·正名）

另有一些結構，則表現着新結構已經完成，代詞賓語已經不再前置，而是後置了。在這一點上，最明顯的一種結構就是“不……之”。[①] 例如：

不舒究之。（詩·小雅·小弁）

吾不知之矣。（論語·泰伯）

① 只有個别例外，如《吕氏春秋·離俗》：“苟可得也，則必不之賴。”

雖有骨肉之親，無故富貴，面目美好者，實知其不能也，不使之也。（墨子·尚賢下）

苟不充之，不足以事父母。（孟子·公孫醜上）

其妻曰："子得所求而不從之，何其懷也！"（國語·晉語）

若我而不有之，彼惡得而知之？若我而不賣之，彼惡得而鬻之？（莊子·徐無鬼）

若知之，若不知之；若聞之，若不聞之。（同上，則陽）

天下不知之。《荀子·性惡）

"子"字並不是代詞，因此，在否定句裏用作賓語時，它永遠只能放在動詞的後面。例如：

天下不説子，天下欲殺子。（墨子·耕柱）

今使子有二臣於此，其一人者，見子從事，不見子則不從事；其一人者，見子亦從事，不見子亦從事。（同上）

我非子，固不知子矣。（莊子·秋水）

"人"字當"别人"講時，也不是代詞。因此，在否定句裏用作賓語時，它也永遠只能放在動詞的後面。例如：

臣之壯也，猶不如人。（左傳·僖公三十年）

不患人之不己知，患不知人也。（論語·學而）

指不若人則知惡之，心不若人則不知惡，此之謂不知類也。（孟子·告子上）

以上所述，主要是講所謂"倒裝句"的問題。

*　　*　　*

到了漢代，疑問代詞賓語後置的結構逐漸發展出來了。例如：

出户獨彷徨，愁思當告誰？（古詩十九首·明月何皎皎）

蘭澤多芳草，採之欲遺誰？（同上，涉江採芙蓉）

夫如是,累害之人,負世以行;指擊之者,從何往哉?(論衡·累害)

盗跖日殺不辜,肝人之肉,暴戾恣睢,聚黨數千,横行天下,竟以壽終,是獨遵何哉?(同上,禍虚)

至於否定句中的代詞賓語,到了漢代,後置的情况表現得更爲明顯了。例如:

九合諸侯,一匡天下,諸侯莫違我。(史記·封禪書)

莫知我夫!(同上,孔子世家)

到了南北朝以後,這種疑問代詞賓語和否定句中代詞賓語後置的發展已經在口語中完成了。從此以後,凡是在書面語言裏運用先秦時代那種代詞賓語前置的結構的(如古文作家),那只是仿古,而並不反映口語。

*　　*　　*

關於處所狀語和工具狀語的位置,也有它們的發展過程,現在分别加以敍述。

所謂處所狀語,這裏專指"於"(於)字結構而言。在殷虚卜辭中,處所狀語的位置還没有十分固定,它可以放在動詞的後面(如"告於父丁"),也可以放在動詞的前面(如"於父丁告"),但是放在動詞後面的結構是常見的結構。西周以後,這種常見的結搆成爲唯一的結構,處所狀語必須放在動詞(及其賓語)的後面[①]。例如:

爲壇於南方,北面,周公立焉。(書·金縢)

管叔及其羣弟乃流言於國。(同上)

子擊磬於衛。(論語·憲問)

---

① 當然,也還有個别例外,如《書·酒誥》:"無於水監,當於民監。"

民以爲將拯己於水火之中也。(孟子・梁惠王下)

逢蒙學射於羿。(同上,離婁下)

單音節的動詞(如"在""至""行")不帶賓語者,"於"字結構必須放在它的後面。例如:

八佾舞於庭。(論語・八佾)

本在於上,末在於下,要在於主,詳在於臣。(莊子・天道)

利澤施於萬世。(同上,天運)

莊子行於山中。(同上,山木)

藏於心者,無以竭愛;動於身者,無以竭恭;出於口者,無以竭馴。(墨子・修身)

在被動句裏,"於"字結構也必須放在動詞的後面。例如:

郤克傷於矢。(左傳成公二年)

勞心者治人,勞力者治於人。治於人者食人,治人者食於人。(孟子・滕文公上)

井鼃不可以語於海者,拘於虛也。夏蟲不可以語於冰者,篤於時也。

曲士不可以語於道者,束於教也。(莊子・秋水)

吾長見笑於大方之家。(同上)

彌子瑕見愛於衛君。(韓非子・説難)

在比較句裏,"於"字結構也必須放在形容詞的後面。例如:

季氏富於周公。(論語・先進)

子貢賢於仲尼。(同上,子張)

苛政猛於虎也。(禮記・檀弓下)

王知如此,則無望民之多於鄰國也。(孟子・梁惠王上)

天下莫大於秋豪之末,而大山爲小;莫壽於殤子,而彭祖爲夭。

（莊子・齊物論）

如果"於"字結構表示趨向，它也必須放在動詞（及其賓語）的後面。例如：

夫子至於是邦也，必聞其政。（論語・學而）

今人乍見孺子將入於井，皆有怵惕惻隱之心。（孟子・公孫醜上）

是鳥也，海運則將徙於南冥。（莊子・逍遥游）

葉公子高將使於齊。（同上，人間世）

夢爲魚而没於淵。（同上，大宗師）

相反地，如果"於"是"對於"的意思，就已經不是一般的處所狀語，"於"字結構就可以放在謂語甚至主語的前面。例如：

不義而富且貴，於我如浮雲。（論語・述而）

我於辭命則不能也。（孟子・公孫醜上）

於禽獸又何難焉？（同上，離婁下）

我於周爲客。（左傳昭公二十五年）

於周室，我爲長。（同上，哀公十三年）

到了漢代以後，一般處所狀語漸漸可以移到動詞的前面。例如：

褒於道病死，上閔惜之。（漢書・王褒傳）

宰相不親小事，非所當於道路問也。（同上，丙吉傳）

南北朝以後，在口語裏，"在"字取代了"於"字，"在"字結構放在動詞（及其賓語）的前面。例如：

主已知子猷當往，乃灑埽施設，在聽事坐相待。（世説新語・簡傲）

故人今居子午谷，獨在陰崖結茅屋。（杜甫玄都壇歌）

但是，表示趨向的“在”字結構，仍須放在動詞的後面。例如：

會有亡兒瘞在此。（世說新語・假譎）

家人了不見兒去，後乃各見死在床上。（神仙傳・李常在）

與藥三丸，內在口中。（同上，董奉）

見龍門邊二龍係在一起。（法苑珠林・俱名國）

住在勝業坊古寺曲。（霍小玉傳）

這種詞序一直沿用到現代漢語裏。

所謂工具狀語，這裏指“以”字結構，即介詞“以”字及其賓語。在上古時代，工具狀語放在動詞前面或後面都可以。放在動詞前面的，例如：

以旦代某之身。（書・金縢）

以二干戈，虎賁百人，逆子釗於南門之外。（書・顧命）

天將以夫子爲木鐸。（論語・八佾）

以戈逐子犯。（左傳僖公二十三年）

許子以釜甑爨，以鐵耕乎？（孟子・滕文公上）

方今之時，臣以神遇，而不以目視。（莊子・養生主）

放在動詞（及其賓語）後面的，例如：

殺人以梃與刃，有以異乎？（孟子・梁惠王上）

嫂溺，援之以手者，權也。（同上，離婁上）

夫大塊載我以形，勞我以生，佚我以老，息我以死。（莊子・大宗師）

夫堯既已黥汝以仁義，而劓我以是非矣。（同上）

如果工具狀語被活用來表示原因，它的位置就只能在動詞前面。例如：

君子不以言舉人，不以人廢言。（論語・衛靈公）

乃孔子則欲以微罪行，不欲爲苟去。（孟子・告子下）

乃欲以一笑之故殺吾美人，不亦甚乎？（史記・平原君虞卿

列傳)

如果工具狀語被活用來表示時間,它的位置也只能在動詞前面。例如:

其弟以千畝之戰生,命之曰成師。(左傳桓公二年)

文以五月五日生。(史記·孟嘗君列傳)

韓説以太初三年爲遊擊將軍。(同上,衛青列傳)

河間獻王德以孝景帝前二年用皇子爲河間王。(同上,五宗世家)

到了近代漢語口語裏,動詞"拿"字代替了介詞"以"字,於是"拿"字及其賓語(謂語形式)所組成的工具狀語的位置也就固定在動詞的前面。

武鬆自在房裏拿起火筯撥火。(水滸傳第二十四回)

張青拿起翦刀替武鬆把前後頭髮都翦了。(同上,第三十一回)

拿真心待你,你到不信了。(紅樓夢第四十七回)

但是,"以"字結構在書面語言裏仍然相當常見,而且象"給以經濟的援助"一類的結構,工具狀語放在動詞後面,還不是"拿"字結構所能代替的。

* * *

在可能式中,也有詞序的發展過程。這裏談一個"得"字。先秦的"得"字表示情況的容許①,和表示能力的"能"字是有區别的。例如:

後死者不得與於斯文也。(論語·子罕)

趨而避之,不得與之言。(同上,微子)

① 這種"得"字是從"獲得"的意義發展來的,所以"得"字後面可能帶"而"字,如《論語·公冶長》:"夫子之文章可得而聞也。"

其詳不可得聞也。(孟子·萬章下)

二者不可得兼。(同上·告子上)

王之所大欲,可得聞與?(同上,樑惠王上)

得侍同朝,甚喜。(同上,公孫醜下)

“得”字這種用法,一直沿用到後代。例如:

不能勤苦,焉得行此?(韓詩外傳卷二)

三輔,太常郡得以叔粟當賦。(漢書·昭帝紀)

天下乃有汝輩愚人,道學未得,而欲殺之。我寧得殺耶?(神仙傳·李仲甫)

汝争得知我在此耶?(無雙傳)

但是,漢代以後,這種表示客觀情況允許的“得”字的位置可以移到動詞(及其賓語)後面去。例如:

今壹受詔如此,且使妾摇手不得。(漢書·孝成許皇后傳)

世或有謂神仙可以學得,不死可以力致者。(嵇康養生論)

田爲王田,買賣不得。(後漢書·隗囂傳)

但召得子訓來,使汝可不勞而得矣。(神仙傳·薊子訓)

亂後誰歸得?他鄉勝故鄉。(杜甫得舍弟消息詩)

天邊老人歸未得,日暮東臨大江哭。(杜甫天邊行)

試令羅公取,取不得則羅公輸,取得則僧輸。(神仙感遇傳·羅公遠)

某自小不知味,實進不得。(逸史·吕生)

無雙若認得,必開簾子(無雙傳)

奈他有三般病,怎生把錢付他去得?(五代史平話·漢史)

等到使成式普遍應用以後,又有一種新的可能式出現,就是把“得”字放在動詞的後面,再加上動作的結果,成爲“打得破”、“煮得爛”一類的結構。例如:

有錢便愛使,有酒便愛吃,怎生留得錢住?(五代史平話·漢

史)

操使典韋出馬,挾雙戟直取侯成,侯成如何抵敵得過?(三國志通俗演義、陶恭祖三讓徐州)

但是,在否定句中並不是用"不得"來否定,而是簡單地插入一個"不"字,表示不能做到。例如:

巧兒舊來鐫未得,畫匠迎生摸不成。(遊仙窟)

大杖打不死,三具火燒不煞。(舜子至孝變文)

饒你丹青心裏巧,彩色千般畫不成。(醜女緣起變文)

翦不斷,理還亂,是離愁。(李煜相見歡詞)

冉冉秋光留不住。(李煜詞)

玄德、子龍抵當不住,迤邐退後便走。(三國志通俗演義·諸葛亮博望燒屯)

可見最晚在唐代,這種使成式中插入"不"字表示對可能性的否定的結構就已經出現了。

在現代某些粵方言地區(如博白)有"不打得破"、"不煮得爛"(譯意)的説法。但這種説法在全國方言中是少見的。

*　　*　　*

在漢語裏,形容詞或不及物動詞用作狀語時,一般總是放在動詞的前面。例如:

漢兵因乘勝,遂盡虜之。(史記·絳侯世家)

相如與俱之臨邛,盡賣其車騎。(同上,司馬相如列傳)

公疾,偏賜大夫。(左傳昭公三十二年)

範蠡徧游天下。(漢書·李陵傳)

羣後以師畢會。(書·泰誓中)

諸將効首虜,休,畢賀。(史記·淮陰侯列傳)

不如早爲之所。(左傳隱公元年)

大器晚成。(老子)

項梁聞陳王定死,召諸別將會薛計事。(史記·項羽本紀)

皇華吾美處,於汝定無嫌。(杜甫送張二十參軍赴蜀州詩)

從漢代開始,某些表示時間早晚的詞可以從動詞前移到動詞後了。例如:

在母之身留多十月。(論衡·吉驗)

四時失序,則辰星作異。……政急則出蚤,政緩則出晚。(漢書·李尋傳)

賈父來晚,使我先反。今見清平,吏不敢飯。(後漢書·賈琮傳)

到唐代以後,某些作狀語的形容詞和不及物動詞可以從狀語的位置移到動詞後面表示强調的情況逐漸多起來了,常見的有"畢"、"盡"、"遲"、"晚"、"熟"、"定"等。例如:

萬事盡付形骸外,百年未見歡娱畢。(杜甫相從歌)

天王拜跪畢,讜議果冰釋。(杜甫贈司空王公思禮詩)

參佐哭辭畢,門闌誰送歸。(杜甫送盧十四弟侍御護韋尚書靈櫬歸上都詩)

率少年詣園,共啖畢,伐樹而去。(晉書·王濟傳)①

往妻兄家乞食,食畢,求檳榔。(南史·劉穆之傳)

回紇數千人飲畢,尚不能半。(唐書·回紇傳)

一日一夜寫畢,退其本。(北史祖珽傳)

美人細意熨貼平,裁縫滅盡針線跡。(杜甫白絲行)

一聞説盡急難材,轉益愁向駑駘輩。(杜甫李鄠縣丈人胡馬行)

古來相傳是海眼,苔蘚食盡波濤痕。(杜甫石笋行)

洛陽宫殿燒焚盡,宗廟新除狐兔穴。(杜甫憶昔詩)

---

① 《晉書》是唐代的作品。

不如醉雲風吹盡,可忍醒時雨打稀。(杜甫三絶)
巢燕高飛盡,林花潤色分。(杜甫喜雨詩)
天高雲去盡,江迥月來遲。(杜甫觀作橋成月夜舟中有述詩)
已應春得細,頗覺寄來遲。(杜甫佐還山後寄詩)
眠熟,良久起。(唐牛肅紀聞・邢和璞)
陛下緣何來晚?(宣和遺事亨集)
張闓殺盡曹嵩全家①。(三國志通俗演義・曹操興兵報父仇)
巧姐兒死定了。(紅樓夢第八十四回)
他一定是在偺們家住定了的。(同上,第四十九回)

現代漢語的"做完"、"吃飽"、"抓緊"、"記牢"等,都是這種詞序。

① 比較同書卷二:"又聞操盡殺徐州所轄之民。""盡殺"是沿用上古語法。"殺盡"是中古以後的語法。

第十四章　長句的發展

長句的發展標誌着人類思維的發展。從邏輯上説，這是從簡單的命題到復雜的命題的發展。

粗略地觀察一下，我們就能發現：《孟子》的長句子比《論語》的長句子多，《左傳》的長句子比《尚書》的長句子多，《史記》的長句子又比《左傳》的長句子多。時代不同，句子的長短也就不同。

現在就長定語、長狀語、長主語、長判斷語、長複句五個方面，分别加以敘述。

（一）長定語

"者"字是被飾代詞，"者"字前面往往有較長的定語。在《尚書》裏，"者"字前面就有相當長的定語。例如：

> 爲人上者，奈何不敬？（五子之歌）
>
> 不及時者，殺無赦。（胤征）
>
> 能自得師者王，謂人莫己若者亡。（仲虺之誥）

這些例子都出自古文《尚書》，時代不會太早。《詩經》的詩句爲字數所限制，不可能有長的定語，像《王風・黍離》："知我者謂我心憂，不知我者謂我何求"，"者"字前面的定語算是長的了。

"者"字前面長定語的産生，大約在春秋戰國以後。例如：

其爲人也孝弟,而好犯上者,鮮矣。不好犯上,而好作亂者,未之有也。(論語・學而)

據財不能以分人者,不足與友。(墨子・脩身)

至入人欄廄,取人牛馬者,其不義又甚攘人犬豕鷄豚。(墨子・非攻上)

宋人有善爲不龜手之藥者。(莊子・逍遥游)

自狀其過以不當亡者衆,不狀其過以不當存者寡。(同上,德充符)

且夫待鈎繩規矩而正者,是削其性者也;待繩約膠漆而固者,是侵其德者也;屈折禮樂,句俞仁義,以慰天下之心者,此失其常然也。(同上,駢拇)

棄其親家而欲奔之者,比肩並起。(荀子・非相)

今之所謂處士者,無能而雲能者也,無知而雲知者也,利心無足而佯無欲者也;行爲險穢而彊高言謹愨者也;以不俗爲俗,離縱而跂訾者也。(荀子・非十二子)

"者"字句的長定語,不勝枚舉。這裏再舉漢代以後的幾個例子,以見一斑:

所以隱忍苟活,幽於糞土之中而不辭者,恨私心有所不盡,鄙陋没世,而文彩不表於後世也。(司馬遷報任安書)

有年五十擊壤於路者。(論衡・藝增)

彼童子之師,授之書而習其句讀者,非吾所謂傳其道解其惑者也。(韓愈師説)

吾以是觀之,非所謂食焉怠其事而得天殃者邪?非强心以智而不足,不擇其才之稱否而冒之者邪?非多行可愧,知其不可而强爲之者邪?將富貴難守,薄功而厚饗之者邪?抑豐悴有時,一去一來,而不可常者邪?(韓愈圬者王承福傳)

士之特立獨行,適於義而已。不顧人之是非,皆豪傑之士,信道篤而自知明者也。一家非之，力行而不惑者，寡矣。至於一國一州非之，力行而不惑者，蓋天下一人而已矣。若至於舉世非之，力行而不惑者，則千百年乃一人而已耳。若伯夷者，窮天地，亘萬世而不顧者也。（韓愈伯夷頌）

又有納少妾，妾善歌舞，而暴死者，請和璞活之。（唐牛肅紀聞、邢和璞）

除"者"字句外，長定語比較少見。漢代以後，逐漸多起來。例如：

高祖有斷大蛇，老嫗哭於道之瑞。（論衡・語增）

於是候鳧至，舉羅張之，但得一舄焉，乃四年時所賜尚書官屬履也。（前蜀杜光庭仙傳拾遺・王喬）

祖茂被華雄追趕至急，將赤幘掛於人家燒不盡庭柱上。（三國志通俗演義，曹操起兵伐董卓）

（二）長狀語

介詞結構一般當狀語用。現在舉出一些介詞結構長狀語的例子：

民之爲淫暴寇亂盜賊，以兵刃毒藥水火退無罪人乎道路，奪人車馬衣裘以自利者，有鬼神見之。（墨子・明鬼下）

且德厚信矼，未達人氣，名聞不爭，未達人心，而强以仁義繩墨之言術暴人之前者，是以人惡有其美也。（莊子・人間世）

時定陵侯淳於長坐大逆誅，長小妻迺始等六人皆以長事未發覺時棄去或更嫁。（漢書・孔光傳）

天之愛人也，薄於聖人之愛人也；其利人也，厚於聖人之利人也，大人之愛小人也，薄於小人之愛大人也；其利人也，厚於小人之利大人也。（墨子・大取）

我義之鉤强，賢於子舟戰之鉤强。（同上，魯問）

今子有大樹,患其無用,何不樹之於無何有之鄉,廣莫之野?(莊子·逍遥游)

故聖人將游於物之所不得遁而皆存。(同上,大宗師)

除介詞結構外,長狀語比較少見。漢代以後,謂語形式作狀語的逐漸多起來。例如:

輒相邀新亭,借卉飲宴。(世説新語·言語)

左右啓,依常應臨。(同上)

有一官連根取之。(同上,政事)

乃超兩階用之。(同上)

但恭坐捻鼻顧睞。(同上,容止)

石季倫用蠟燭作炊。(同上,汰侈)

郗太傅在京口,遣門生與王丞相書求壻。(同上,雅量)

郗(超)不覺竊從帳中與宣武言。(同上)

玉鏡臺是公爲劉越石長史,北征劉聰所得。(同上,假譎)

("爲劉越石長史,北征劉聰"指時間。)

當及生棄之;若死於家,則世世子孫相蛀耳。(神仙傳·趙瞿)

數日,乃委(劉)表去,入東吴。(同上,左慈)

張患之,乃懷匕首往。(同上,李仲甫)

有使者乘龍持節雲中來,言太乙請少君。(同上,李少君)

唐元和十三年,鄭滑節度使司空薛公平、陳許節度使李公光顔並準詔各就統所部兵自衛入討東平。(唐薛用弱集異記·僵僧)

("準詔各就統所部兵"指方式。)

人莫之測,但以錢與之,以長繩穿,拖地行,或散失,亦不回顧。(南唐沈汾續神仙傳,藍採和)

六軍不肯進發,把那貴妃使高力士將去佛殿後面地裏埋。(宣和遺事元集)

(“使高力士將去佛殿後面地裏”指方式。)

(三) 長主語

七字以上的主語,春秋時代罕見。戰國以後,長主語逐漸多起來了。例如:

昔者三代之聖王禹湯文武,百裏之諸侯也,說忠行義取天下;三代之暴王桀紂幽厲讎怨行暴失天下。(墨子·魯問)

貴富顯嚴名利六者,勃志也,容動色理氣意六者,繆心也;惡欲喜怒哀樂六者,累德也,去就取與知能六者,塞道也。(莊子·庚桑楚)

彼曾史、楊墨、師曠、工倕、離朱,皆外立其德,而以爚亂天下者也。(同上,胠篋)

上好權謀,則臣下百吏誕詐之人乘是而後欺探籌投鈎者,所以爲公也。(荀子·君道)

材技股肱健勇爪牙之士,彼將日日棲遲薛越之中野。(同上,王制)

唐宋古文家的句子,長主語很多。例如:

河陽軍節度、御史大夫烏公,爲節度之三月,求士於從事之賢者。(韓愈送石處士序)

堯之時,小人共工、驩兜等四人爲一朋,君子八元、八愷十六人爲一朋。(歐陽修朋黨論)

堯舜禹湯文武成康之際,何其愛民之深,憂民之切,而待天下以君子長者之道也!(蘇軾刑賞忠厚之至論)

世之所謂豪傑之士,必有過人之節,人情有所不能忍者。(蘇軾留侯論)

夫六經三史諸子百家非無可觀,皆足爲治。(蘇軾乞校正陸贄奏議進御札子)

（四）長判斷語

七字以上的判斷語，春秋時代罕見。戰國以後，長判斷語逐漸多起來了。例如：

況又有賢良之士，厚乎德行，辯乎言談，博乎道術者乎？此固國家之珍而社稷之佐也。（墨子·尚賢上）

天下有義則生，無義則死；有義則富，無義則貧；有義則治，無義則亂。然則天欲其生而惡其死，欲其富而惡其貧，欲其治而惡其亂。此我所以知天欲義而惡不義也。（同上，天志上）

夫天地者，古之所大也，而黄帝堯舜之所共美也。（莊子·天道）

夫天下之所尊者，富貴壽善也；所樂者，身安厚味美服好色音聲也；所下者，貧賤夭惡也，所苦者，身不得安逸，口不得厚味，形不得美服，目不得好色，耳不得音聲。（同上，至樂）

今大王欲廢法毁約而見説，此非臣之所以聞於天下也。（同上，讓王）

故君子居必擇鄉，游必就士，所以防邪僻而近中正也。（荀子·勸學）

志意致修，德行致厚，智慮致明，是天子之所以取天下也；政令法，舉指時，聽訟公，上則能順天子之命，下則能保百姓，是諸侯之所以取國家也；志行修，臨官治，上則能順上，下則能保其職，是士大夫之所以取田邑也。（同上，榮辱）

漢代以後，長判斷語繼續發展。現在舉出一些例子：

今南方已定，兵甲已足，當獎帥三軍，北定中原，庶竭駑頓，攘除姦兇，興復漢室，還於舊都。此臣之所以報先帝而忠陛下之職分也。（諸葛亮出師表）

若夫商財賄之有亡，計班資之崇庳，忘己量之所稱，指前人之瑕疵，是所謂詰匠氏之不以杙爲楹，而訾醫師以昌陽引年，欲進

其豨苓也。(韓愈進學解)

天池之濱,大江之濆,曰有怪物焉,蓋非常鱗凡介之品彙匹儔也。(韓愈應科目時與人書)

且家人父子尚不能以此自克,況號爲君臣者邪?是直小丈夫缺缺者之事,非周公所宜用,故不可信。(柳宗元桐葉封弟辨)

古者,賞不以爵禄,刑不以刀鋸。賞之以爵禄,是賞之道行於爵禄之所加,而不行於爵禄之所不加;刑之以刀鋸,是刑之威施於刀鋸之所及,而不施於刀鋸之所不及也。(蘇軾刑賞忠厚之至論)

(五)長複句

上面所舉長定語、長狀語、長主語、長判斷語的例子,它們所在的句子多數是單句。下面再舉幾個結構復雜的複句的例子:

屈平疾王聽之不聰也,讒諂之蔽明也,邪曲之害公也,故憂愁幽思,而作《離騷》。(史記·屈原列傳)

("聽之不聰……邪曲之害公"是"疾"的賓語。)

所以自惟,上之不能納忠效信,有奇策材力之譽,自結明主;次之又不能拾遺補闕,招賢進能,顯巖穴之士;外之不能備行伍,攻城野戰,有斬將搴旗之功;下之不能積日累勞,取尊官厚禄,以爲宗族交遊光寵:四者無一遂,苟合取容,無所短長之效,可見於此矣。(司馬遷報任安書)

(連用四個排句,再用"四者"復指,作爲主語,所以句子就長了。)

凡世人所以不信仙之可學,不許命之可延者,正以秦皇漢武求之不獲,以少君欒大爲之無驗故也。然不可以黔婁原憲之貧,而謂古者無陶朱猗頓之富;不可以無鹽宿瘤之醜,而謂在昔無南威西施之美。(抱樸子·論仙)

(這也是以排句構成長複句。)

道者,涵干括坤,其本無名。論其無,則影響猶爲有焉;論其有,則萬物尚爲無焉。隸首不能計其多少,離朱不能察其髣髴。吴札晉野竭聰,不能尋其音聲乎窈冥之內;猒狶豩猪疾走,不能迹其兆朕乎宇宙之外。以言乎邇,則周流秋毫而有餘焉;以言乎遠,則彌綸太虚而不足焉。(同上,道意)

(這也是以排句構成長定語。)

宋代以後,產生了一些新的語法結構,也就產生了一些新的長複句。例如:

黄巢次早與朱金星、朱存、朱温三個弟弟相别,臨行拿盞囑咐他日兄弟每富貴時節誓不相忘。(五代史平話・梁史)

("他日……不相忘"是"囑咐"的賓語。)

咱這三娘子是您同胞的兄弟,不把半眼覷他,迫令他受盡了萬萬千千磨難,日夕爲你做驅口去河頭挑水。(同上,漢史)

("迫令他受盡……"是遞係式。)

店家不肯當與,被郭威抽所執佩刀將酒保及店主兩人殺死了。(同上,周史)

(被動句中用謂語形式"抽所執佩刀"作狀語。)

長句子能使文氣流暢,這是長句子的優點。但是長句子只適用於議論文,不適於記叙文,短句子有明快的優點,這是不可不知的。

第十五章　名詞的關係位

漢語的名詞(或名詞性詞組),就其在句中的位置來説,有居於主位的(即主語),有居於賓位的(即賓語,包括介詞後的賓語),有居於領位的(即名詞定語,如"馬蹄"的"馬"),也有居於關係位的。凡名詞(或名詞性詞組)直接和動詞聯繫,或者放在句首、句末,以表示時間、處所、範圍、方式或者表示行爲所憑藉的工具、行爲之所由來等等,這個名詞(或名詞性詞組)所處的位置就叫關係位。在這種位置上的名詞(或名詞性詞組)就叫做關係語。

在上古漢語裏,時間的表示,可以用介詞帶賓語的結構。例如:

子於是日哭,則不歌。(論語·述而)

棺椁三寸,衣衾三領,不得飾棺,不得晝行,以昏殣,凡緣而往埋之,反無哭泣之節。(荀子·禮論)

文以五月五日生。(史記·孟嘗君列傳)

於今面折庭爭,臣不如君。(同上,吕後本紀)

但是,在更多的情況下是不用介詞,只用關係語。從上古到今天都是這樣。例如:

七月流火,九月授衣。(詩·豳風·七月)

朝聞道,夕死可矣。(論語·里仁)

吉月必朝服而朝。(同上,鄉黨)

晉侯在外十九年矣。(左傳僖公二十八年)

八月庚辰，宋穆公卒。（同上，隱公三年）

雖有天下易生之物也，一日暴之，十日寒之，未有能生者也。（孟子・告子上）

今吾日計之而不足，歲計之而有餘。（莊子・庚桑楚）

臣以《詩》三百篇朝夕授王。（史記・儒林列傳）

駑馬一日行百裏。（世説新語・品藻）

自後賓客絶百所日。（同上，規箴）

憲宗之十四年，始定東平，三分其地。（韓愈鄆州谿堂詩序）

午時采蓮舡至。（大唐三藏取經詩話下）

長者一日思念考妣之恩，又憶前妻之分。（同上）

今日且喜光臨草寨。（水滸傳第十九回）

兩公子又留了一日。（儒林外史第十回）

星期日的早晨，我揭去一張隔夜的日曆。（魯迅頭髮的故事）

處所的表示，雖然也可以用介詞帶賓語的結構（常見的是"於"字結構），但是也常常可以只用關係語。這種關係語可以放在動詞的前面，或者放在句末。放在動詞的前面的①。例如：

彭氏之子半道而問曰。（墨子・貴義）

及寡人之身，東敗於齊，長者死焉。（孟子・梁惠王上）

夸父與日逐走，入日；渴欲得飲，飲於河渭。河渭不足，北飲大澤。未至，道渴而死。（山海經・海外北經）

我欲中國而授孟子室。（孟子・公孫醜下）

君王宜郊迎，北面稱臣。（史記・酈生陸賈列傳）

---

① 黎錦熙先生把這種關係位叫做副位（比較文法 95—97 頁），也就是因爲它處在副詞的位置，黎先生説："凡實體詞用爲句中之'副詞的附加語'者，即爲副位。"（68 頁）

迺病免家居。（同上）

獨奈何廷辱張廷尉？（同上，張釋之列傳）

至雍，道死。（論衡·道虛）

管寧、華歆共園中鋤菜。（世説新語·德行）

有人道上見者，問雲："君何處來？"（同上，文學）

徐孺子年九歲，嘗月下戲。（同上，言語）

桓玄義興還後，見司馬太傅。（同上）

範宣年八歲，後園挑菜，誤傷指，大啼。（同上）

夜，華林園中飲酒。（同上，雅量）

（嵇）康方大樹下鍛。（同上，簡傲）

忽有一人馬頭拜。熟視之，乃舊使蒼頭塞鴻也。（唐薛調無雙傳）

遂襟帶間解一琥珀合子，中有物隱隱若蜘蛛形狀。（南唐沈汾續仙傳）

放在句末的，例如：

象至不仁，封之有庳。（孟子·萬章上）

子産使校人畜之池。（同上）

黄帝尚不能全德，而戰涿鹿之野。（莊子·盜跖）

於是天子始種苜蓿、蒲陶肥饒地。（史記·大宛列傳）

項王往擊齊，征兵九江。（同上，黥布列傳）

章邯夜銜枚擊項梁定陶。（漢書·高帝紀）

孔子絶糧陳蔡，孟子困於齊梁。（論衡·逢遇）

成湯囚夏臺，文王厄羑裏。（同上·命義）

后稷之時，履大人跡，或言衣帝嚳之服，坐息帝嚳之處，姙身，怪而棄之陋巷。（同上，吉驗）

高皇帝母曰劉媼，嘗息大澤之陂，夢與神遇。（同上）

孔子適鄭，與弟子相失。孔子獨立鄭東門。（同上，骨相）

若孔子栖栖，周流應聘，身不得容，道不得行，可骨立跛附，僵卧道路乎？（同上，語增）

文帝使使治廟汾陰。（同上，藝增）

出小人之口。（同上，感虚）

君子修德窮僻，名猶達朝廷。（同上）

當共戮力王室，克復神州，何至作楚囚相對？（世説新語·言語）

孫綽賦《遂初》，築室畎川，自言見止足之分。（同上）

稱制西隅。（同上）

王敦既下，住船石頭。（同上，方正）

劉道真少時，常漁草澤。（同上）

對於這種關係語，一般語法書以爲是省略了介詞"於"字。其實這只是關係語的應用，無所謂省略。特別是當這種關係語含有"上"、"下"、"中"、"外"、"間"、"側"等字時，更以不用"於"字爲常。① 例如：

坎坎伐輻兮，寘之河之側兮。（詩·魏風·伐檀）

昔者楚熊麗始討此睢山之間。（墨子·非攻下）

有牽牛而過堂下者。（孟子·梁惠王上）

王巾笥而藏之廟堂之上。（莊子·秋水）

不如食以糟糠，而措之牢筴之中。（同上，達生）

又況乎兄弟親戚之謦欬其側者乎？（同上，徐無鬼）

諸侯趨走堂下。（荀子·儒效）

寘之冰上。（論衡·吉驗）

後行澤中，手斬大蛇。（同上）

---

① 有人把名詞後面的"上、下、中、外"等叫做後置詞，那是不合理的。特別是有"之"字在前面，更顯得"上、下、中、外"等字名詞。

有一木杖,植其門側。(同上)

馳閭巷之間。(同上,藝增)

既無餘席,便坐薦上。(世說新語·德行)

於法開始與支公爭名,後精漸歸支,意甚不分,遂遁剡下。(同上,文學)

雞犬舐啄之,盡得昇天。故雞鳴天上,犬吠雲中也。(神仙傳·劉安)

王母果至,與王游燧林之下。(前蜀杜光庭仙傳拾遺·燕昭王)

有些名詞(或名詞性詞組),雖不表處所,一般也用"於"字爲介,如被動句中的主動者,比較句中的比較者。有時候也可以不用"於"字爲介,單用關係語。例如:

當鄧通之幸文帝也,貴在公卿之上。(論衡·骨相)

(等於説"鄧通見幸於文帝。")

王亦以爲奇,謂諸人曰:"君輩勿爲爾,將受困寡人女壻。"(世説新語·文學)

(等於説:"將受困於寡人之女壻"。)

王平子素不知眉子,曰:"志大其量,終當死塢壁間。"(同上,識鑒)

(等於説"其志大於其量"。)

這種情況都不該認爲省略,而應該認爲是關係語。

間接賓語,一般用"於"字爲介。但也可以不用"於"字。例如:

王莽姑正君許嫁,至期當行時,夫輒死。如此者再,乃獻之趙王。(論衡·骨相)

韓生謝遣相工,通刺倪寬,結膠漆之交。(同上)

範圍的表示,在上古漢語裏,有時用介詞帶賓語的結構。例如:

必不得已而去，於斯三者何先？（論語・顔淵）

燕於姬姓獨後亡。（史記・燕世家）

但是，更多的時候是不用介詞，只用關係語。例如：

萬事莫貴於義。（墨子・貴義）

與之參國政，正是非，如是，則國孰敢不爲義矣？君臣上下、貴賤長少、至於庶人，莫不爲義，則天下孰不欲合義矣？（荀子・彊國）

一些語法書所謂分母性的詞，實際上也就是關係語的應用，它在句中的職務也是表示範圍的，並非主語①。例如：

志士仁人，無求生以害仁，有殺身以成仁。（論語・衛靈公）

仲尼之徒，無道桓文之事者，是以後世無傳焉。（孟子・梁惠王上）

宋人有閔其苗之不長而揠之者，芒芒然歸。（同上，公孫醜上）

今天下之君有好仁者，則諸侯皆爲之敺矣。（同上，離婁上）

還有另一種情況，就是表示關於某一個問題，或對於某一種事物的，也算是範圍的表示。在現代漢語裏，要表示這種範圍，我們通常在名詞（或名詞性詞組）的前面加上新興的介詞"關於"或"對於"，這是受了西洋語法的影響。古代漢語在此種情況下，只用"於"，不用"關於"或"對於"。例如：

回也，非助我者也，於吾言無所不説。（論語・先進）

我於周爲客。（左傳昭公二十五年）

萬鍾則不辨禮義而受之，萬鐘於我何加焉？（孟子・告子上）

於趙則有功矣，於魏則未爲忠臣也。（史記・信陵君列傳）

---

① 《馬氏文通》説："至樑惠王下'王之臣有托其妻子於其友而之楚游者'句，'王之臣'乃約數之母，非起詞也，猶雲'王臣之中有如是之人者'。"（校注本，上册，229頁）

儒者所謂中國者,於天下乃八十分居其一耳。(同上,孟子荀卿列傳)

但是,常常是連"於"字也不用,只簡單地把這種名詞(或名詞性詞組)放在句首作爲關係語。例如:

禮之用,和爲貴;先王之道,斯爲美。(論語·學而)

甯武子,邦有道則知,邦無道則愚。(論語·公冶長)

疇昔之羊子爲政,今日之事我爲政。(左傳宣公二年)

矢人豈不仁於函人哉?矢人惟恐不傷人,函人惟恐傷人。巫匠亦然。故術不可不慎也。(孟子·公孫醜上)

財物貨寶以大爲重,政教功名反是,能積微者速成。(荀子·彊國)

凡表示行爲所借的工具,可以用介詞帶賓語的結構(如"許子以釜甑爨,以鐵耕乎?"),但是,有時候也可以只用關係語。一般語法書所謂"以"字的省略,實際上就是這種關係語的應用。例如:

秦王車裂商君以徇。(史記·商君列傳)

使秦破大樑而夷先王之宗廟,公子當何面目見天下乎?(同上,信陵君列傳)

縱江東父老憐而王我,我何面目見之?(同上,項羽本紀)

羣臣後應者,臣請劍斬之。(漢書·霍光傳)

事親盡色養之孝。(世説新語·德行)

卑辭厚幣請致之。(神仙傳·劉安)

卽往逐之,不及,遂餅誘得之。(唐張鷟朝野僉載·李凝道)

有道術,能符禁鬼神。(唐牛肅紀聞·葉法善)

凡表示價值的,一般也只用關係語,不能認爲是省略了"以"字。例如:

請買其方百金。(莊子·逍遥游)

死馬且買之五百金,況生馬乎?(戰國策·燕策)

中古時代以後,也產生了一些新的關係語。其中最主要的一種關係語就是被動句中的施事者。它不是主語,也不是賓語,而是處在關係位的名詞。例如《世説新語·言語》:"禰衡被魏武謫爲鼓吏。""魏武"是處在關係位的。因爲"禰衡被謫爲鼓吏"已經成爲結構完整的一句話(比較《世説新語·文學》:"殷中軍被廢東陽",《雅量》:"裴叔則被收"。這些被動句都没有施事者),"魏武"插進去,只是指出施事者是誰罷了。

"五四"以後,關係語大大地減少,代之以介詞(如"關於"、"對於"、"由於")帶賓語,或類似的結構,或者另换一個説法,使句子的組織更加嚴密,從而加强語言的明確性。的確,古代有些關係語是不够明確的,如《孟子》"故術不可不慎也",就容易被人誤會"術"是主語,"慎"是"術"的謂語。但是,在現代漢語裏,關係位仍然是存在的。不但"我們今天開會"的"今天,應該認爲是關係位,而且"今天我們開會"的"今天"也應該認爲是關係位。"東邊來了一個人"的"東邊","這裏不賣票"的"這裏","我在北京住了三年"的"三年","三千塊錢買了一架鋼琴"的"三千塊錢","敵人被我們打敗了"的"我們",也都是關係位。這樣的分析,是比較適合於歷史發展的情況的。因此我們可以説,自古至今,漢語裏的關係位是始終存在的,只是古代的關係語常見些,現代的關係語少見些。就現代漢語來説,一般口語裏的關係語常見些,政治和科學論文的關係語少見些。如此而已。

第十六章 “之”、“其”構成的名詞性詞組

（一）“之”字句

許多中國語法家都區別包孕句（或稱母子句）和其他的複句[①]。所謂包孕句，例如：

他不來是一件怪事。

我不知道他往那裏去了。

我没想到你忘了。

前一例是句子形式作主語，子句在前；後兩例是句子形式作賓語，子句在後。這種包孕句是上古漢語所罕見的，唐宋古文家的文章裏也是罕見的。一般都在子句的主語和謂語的中間插進一個“之”字。例如：

三代之得天下也以仁，其失天下也以不仁。（孟子・離婁上）

喜怒哀樂之未發謂之中。（禮記・中庸）

計四海之在天地之間也，不似礨空之在大澤乎？計中國之在海內，不似稊米之在大倉乎？（莊子・秋水）

這種之字結構並不是子句，而只是名詞性詞組；它們所在句子也不是複句或包孕句，而是單句。這是和現代漢語大不相同的語法結構。我們把這種“之”字譯成現代漢語的“的”

---

① 參看黎錦熙《國語文法》，250—264 頁；趙元任《中國話的文法》，英文版，108 頁。

字覺得不順口,就是因爲現代漢語没有這種結構。而古代漢語(特别是上古漢語)則必須使用這種語法結構。這種"之"字是必需的,不是可有可無的。過去我們認爲這種語法結構是句子的仂語化①,有人叫做取消句子的獨立性,這種提法雖然好懂,但是不切合實際情况。這種語法結構是本來就有的,不是"化"出來的,更不是爲了取消句子的獨立性,才使用這種語法結構。

主謂結構插進了"之"字,成爲名詞性詞組,它可以用作主語、判斷語、賓語(包括介詞後的賓語),或關係語。現在分别舉例如下:

(1) 在判斷句中充當主語和判斷語。例如:

(甲) "猶"字句

則此語古者國君諸侯之不可以不執善承嗣輔佐也,譬之猶執熱之有濯也。(墨子·尚賢中)

我以爲人之於就兼愛,交相利也,譬之猶火之就上,水之就下也。(墨子·兼愛下)

夫子之在此也,猶燕之巢於幕上。(左傳襄公二十九年)

民之歸仁也,猶水之就下,獸之走壙也。(孟子·離婁上)

人性之善也,猶水之就下也。(同上,告子上)

士之失位也,猶諸侯之失國家也。(同上,滕文公下)

士之仕也,猶農夫之耕也。(同上)

故理義之悦我心,猶芻豢之悦我口。(同上)

周公之不有天下也,猶益之於夏,伊尹之於殷也。(同上,萬章上)

① 《漢語史稿》中册,395頁。

禮之所以正國也，譬之猶衡之於輕重也，猶繩墨之於曲直也，猶規矩之於方圓也。（荀子・王霸）

形之包血氣也，猶囊之貯粟米也。（論衡・無形）

人之有吉凶，猶歲之有豐耗。（同上，命義）

星之去天也，猶鼎之亡於地也。（同上，儒增）

（乙）“若”字句：

彼人之才性之相縣也，豈若跛鼈之與六驥足哉？（荀子・修身）

民之望之，若大旱之望雨也。（孟子・滕文公下）

夫賢者之處世也，譬若錐之處囊中，其末立見。（史記・平原君列傳）

（丙）“如”字句：

孟施捨之守氣，又不如曾子之守約也。（孟子・公孫醜上）

（丁）“異”字句：

夫子之求之也，其諸異乎人之求之與？（論語・學而）

且夫天子之有天下也，譬之無以異乎國君諸侯之有四境之內也。（墨子・天志中）

（2）在判斷句中充當主語。例如：

人之有技，若己有之。（書・秦誓）

三子之能達名成功於天下也，皆於其國抑而大醜也。（墨子・親士）

卽此言文王之兼愛天下之博大也，譬之日月兼照天下之無有私也。（同上，兼愛下）

人之生也，固若是芒乎？（莊子・齊物論）

人之生也直，罔之生也幸而免。（論語・雍也）

德之不修，學之不講，聞義不能徙，不善不能改，是吾憂也。（同上，述而）

湯之問棘也是已。（莊子・逍遥游）

禹之治水,水之道也。(孟子・告子下)
今天下溺矣,夫子之不援,何也?(同上,離婁上)
故王之不王,不爲也,非不能也。(同上,梁惠王上)
吾之不遇魯侯,天也。(同上,梁惠王下)
聖人之憂民如此,而暇耕乎?(同上,滕文公上)
何許子之不憚煩?(同上)
(這是倒裝句)
民之悦之,猶解倒懸也。(同上,公孫醜上)
人之可使爲不善,其性亦猶是也。(同上,告子上)
喜怒哀樂之未發謂之中。(禮記・中庸)
秦之乘勝役諸侯,於今六世矣。(史記・李斯列傳)
秦王之欲尊宗廟,安子孫,與湯武同。(同上,賈誼列傳)

(3) 在描寫句中充當主語。例如:

楚王之貴幸君,雖兄弟不如。(戰國策・楚策)
天下之無道也久矣。(論語・八佾)
夫明之不勝神也久矣。(莊子・列禦寇)
然後驅而之善,故民之從之也輕。(孟子・梁惠王上)
紂之去武丁未久也。(同上,公孫醜上)
且王者之不作,未有疏於此時者也。(同上)
王之好樂甚,則齊國其庶幾乎!(同上,梁惠王下)
丹之治水也愈於禹。(同上,告子下)
龍之爲蟲,一存一亡,一短一長。(論衡・無形)
久矣哉,由之行詐也[①]。(論語・子罕)
惜乎,夫子之説君子也!駟不及舌。(同上,顔淵)
巍巍乎,舜禹之有天下也,而不與焉!(同上,泰伯)

① 以下五例是倒裝句。

甚矣夫,好知之亂天下也!(莊子·胠篋)

宜乎百姓之謂我愛也。(孟子·梁惠王上)

(4) 在敍述句中充當主語。例如:

祿之去公室五世矣。(論語·季氏)

吾王之好田獵,夫何使我至於此極也?(孟子·梁惠王下)

則孝子仁人之掩其親,亦必有道矣。(孟子·滕文公上)

人之易其言也,無責耳矣。(同上,離婁上)

此之爲德,豈直數十百錢哉?(史記·日者列傳)

仁之與義,敬之與和,相反而皆相成也。(漢書·藝文志)

仙人之有翼,安足以驗長壽乎?(論衡·無形)

幽厲王之去夏世,以爲千數歲。(同上,異虛)

鷹之擊鳩雀,鴞之啄鵠雁,未必鷹鴞生於南方,而鳩雀鵠雁産於西方也。(同上,物勢)

(5) 充當關係語。例如:

民之貪亂,寧爲荼毒。(詩·大雅·桑柔)

寡君之以爲戮,死且不朽。(左傳僖公二十三年)

是故先王之治天下也,必察邇來遠。(墨子·修身)

故聖人之爲衣服,適身體,和肌膚而足矣。(同上,辭過)

是故昔者堯之舉舜也,湯之舉伊尹也,武丁之舉傅説也,豈以爲骨肉之親,無故富貴,面目美好者哉!(同上,尚賢下)

昔者文王之治西土,若日若月,乍光於四方,於西土。(同上,兼愛中)

君子之至於斯也①,吾未嘗不得見也。(論語·八佾)

赤之適齊也,乘肥馬,衣輕裘。(同上,雍也)

---

① 《論語·學而》:“夫子至於是邦也,必聞其政。”缺“之”字,當是傳鈔之誤。《馬氏文通》引文有“之”字,是對的。

苟子之不欲,雖賞之不竊。(同上,顏淵)

有成有虧,故昭氏之鼓琴也;無成無虧,故昭氏之不鼓琴也。昭氏之鼓琴也,師曠之枝策也,惠子之據梧也,三子之知幾乎?(莊子・齊物論)

孔丘之於至人,其未邪?(同上,德充符)

人之生也,與憂俱生。(同上,至樂)

堯舜之治天下,豈無所用其心哉?(孟子・滕文公上)

墨之治喪也,以薄爲其道也。(同上)

孔子之仕於魯也,魯人獵較,孔子亦獵較。(同上,萬章下)

羿之教人射,必志於彀。(同上,告子上)

舜之居深山之中,與木石居,與鹿豕游。(同上,盡心上)

流水之爲物也,不盈科不行;君子之志於道也,不成章不達。(同上)

古之爲國也,將以御暴;今之爲關也,將以爲暴。(同上,盡心下)

孔子之去魯,曰:"遲遲吾行也。"(同上)

鵬之徙於南冥也,水擊三千裏,摶扶搖而上九萬裏。(莊子・逍遥游)

昔者聖王之治天下也,參其國而伍其鄙。(國語・齊語)

五羖大夫之相秦也,勞不坐乘,暑不張蓋。(史記・商君列傳)

彼賢人之用天下也,專用天下適己而已矣。(同上,李斯列傳)

秦之滅大樑也,張耳家外黄。(同上,張耳陳餘列傳)

若夫燕之用樂毅,秦之任李斯,酈食其之下齊,説行如流,曲從如環,所欲必得,功若丘山。(同上,東方朔傳)

諸侯之見項王遷逐義帝置江南,亦皆歸逐其主而自王善地。(同上,淮陰侯列傳)

信之下魏破代,漢輒使人收其精兵詣滎陽以距楚。(同上)

諸葛亮之爲相國也，撫百姓，示儀軌，約官職，從權制，開誠心，布公道。（三國志・蜀志・諸葛亮傳贊）

高子羔之喪親，泣血三年。（論衡・儒增）

當鄧通之幸文帝也，貴在公卿之上。（論衡・骨相）

（6）充當判斷句的判斷語。例如：

其克從先王之烈，若顛木之有由蘖。（書・盤庚）

惟我文考若日月之照臨。（同上，泰誓）

予臨兆民，懍乎是朽索之馭六馬。（同上，五子之歌）

肇我邦之有夏，若苗之有莠，若粟之有秕。（同上，仲虺之誥）

然當今之時，天下之害孰爲大？曰：若大國之攻小國也，大家之亂小家也。（墨子・兼愛下）

民望之①，若大旱之望雲霓也。（孟子・梁惠王下）

凡有四端於我，皆擴而充之矣，若火之始燃，泉之始達。（同上，公孫醜上）

我欲載之空言，不如見之於行事之深切著明也。（史記・太史公自序）

（7）充當敍述句的賓語。例如：

聽予一人之作猷。（書・盤庚）

予念我先神後之勞爾先。（同上）

不虞君之涉吾地也。（左傳僖公四年）

於以禁王之爲帝，有餘。（戰國策・秦策）

臣恐侍御者之不察先王之所以畜倖臣之理。（同上，燕策）

以指喻指之非指，不若以非指喻指之非指也；以馬喻馬之非馬，不若以非馬喻馬之非馬也。（莊子・齊物論）

---

① 當作“民之望之”。缺“之”字，當是傳鈔之誤。《孟子・滕文公下》：“民之望之，若大旱之望雨也。”可以爲證。

餘語汝三皇五帝之治天下。（同上，天運）
敢問瞽瞍之非臣。（孟子・萬章上）
不識舜不知象之將殺己與？（同上）
知虞公之不可諫。（同上，萬章上）
是故江河不惡小谷之滿己也。（墨子・親士）
天必欲人之相愛相利，而不欲人之相惡相賊也。（同上，法儀）
何以知尚賢之爲政本也？（同上，尚賢中）
則此言聖之不失以尚賢使能爲政也。（同上）
欲以禁止大國之攻小國也。（墨子・節葬下）
然則何以知天下欲義而惡不義？（同上，天志上）
然則何以知天之愛天下之百姓？（同上）
嬰不知孔某之有異於白公也，是以不對。（同上，非儒下）
非夫子則吾終身不知孔某之與白公同也。（同上）
不患人之不己知，患不知人也。（論語・學而）
我不欲人之加諸我也，吾亦欲無加諸人。（同上，公冶長）
歲寒，然後知松柏之後雕也。（同上，子罕）
君子病無能焉，不病人之不己知也。（同上，衛靈公）
俄而有無矣，而未知有無之果孰有孰無也。（莊子・齊物論）
庸詎知吾所謂知之非不知邪？庸詎知吾所謂不知之非知邪？（同上）
庸詎知夫造物者之不息我黥而補我劓，使我乘成而隨先生邪？（同上，大宗師）
謑髁無任，而笑天下之尚賢也。（同上，天下）
吾未知聖知之不爲桁楊接折也，仁義之不爲桎梏鑿枘也，焉知曾史之不爲桀跖嚆矢也？（同上，在宥）
明乎物物之非物也，豈獨治天下百姓而已哉？（同上）
知天地之爲稊米也，知毫末之爲丘山也，則差數覩矣。（同上，

秋水)

彼視淵若陵,視舟之覆猶其車卻也。(同上,達生)

文王欲舉而授之政,而恐大臣父兄之弗安也;欲終而釋之,而不忍百姓之無天也。(同上,田子方)

曾不知以食牛干秦繆公之爲汙也。(孟子・萬章上)

知虞公之將亡而先去之,不可謂不智也;時舉於秦,知繆公之可與有行也而相之,可謂不智乎?(同上)

前日不知虞之不肖,使虞敦匠事。(同上,公孫醜下)

王如知此,則無望民之多於鄰國也。(同上,梁惠王上)

敢問夫子之不動心與告子之不動心,可得聞與?(同上,公孫醜上)

醜見王之敬子也,未見所以敬王也。(同上,公孫醜下)

有楚大夫於此,欲其子之齊語也,則使齊人傅諸?使楚人傅諸?(同上,滕文公下)

致亂而惡人之非己也,致不肖而欲人之賢己也。心如虎狼,行如禽獸,而又惡人之賊己也。(荀子・修身)

無禮何以正身?無師吾安知禮之爲是也?(同上)

此言君子之能以公義勝私慾也?(同上)

志不免於曲私,而冀人之以己爲公也;行不免於汙漫,而冀人之以己爲脩也;其愚陋溝瞀而冀人之以己爲知也,是衆人也。(同上,儒效)

知夫爲人主上者不美不飾之不足以一民也,不富不厚之不足以管下也,不威不強之不足以禁暴勝悍也。(同上,富國)

知隆禮義之爲尊君也,知好士之爲美名也,知愛民之爲安國也,知有常法之爲一俗也,知尚賢使能之爲長幼也,知務本禁末之爲多材也,知無與下爭小利之爲便於事也,知明制度權物稱用之爲不泥也,是卿相輔佐之材也。(同上,君道)

秦四世有勝,諰諰然常恐天下之一合而軋己也。(同上,議兵)

今俳優侏儒狎徒詈侮而不鬥者,是豈鉅知見侮之爲不辱哉?(同上,正論)

公與語,不自知厀之前於席也。(史記·商君列傳)

大宛聞漢之饒材,欲通不得。(同上,大宛列傳)

知與之爲取,政之寶也。(同上,管晏列傳)

有所薦辟,唯恐其人之聞知。(漢書·孔光傳)

(二)"其"字句

"其"字的意義,等於名詞+"之"。在上古漢語裏,它永遠處於領位。從前中國語法學家以爲"其"字可以居主位①,那是錯誤的。黎錦熙先生雖然也承認"其"字可以充當子句的主語,但是他有一段很好的議論。他說:

馬氏又分"其"字用法爲二:一在主次,二在偏次。實則"其"字皆領位也②。

"其"字等於名詞+"之"。舉例如下:

子謂顔淵,曰:"惜乎!吾見其進也,未見其止也。"(論語·子罕)

(等於説:"吾見顔淵之進也,未見顔淵之止也。③)

闕黨童子將命。或問之曰:"益者與?"子曰:"吾見其居於位也,見其與先生並行也。非求益者也,欲速成者也。"(同上,

① 《馬氏文通》:"其字用法有二:一在主次,一在偏次。"(卷二,三十九頁)。楊樹達《詞詮》:"其,彼也。用於主位與領位。"(卷四,二一二頁)黎錦熙《比較文法》:"將賓位子句中之'主語'弁諸句首,其本位則重指以代詞'其'字者。"(1957年修訂本48頁)

② 《比較文法》,1957年修訂本,196頁。

③ "之"字不可省,説見上文。

憲問）

（等於説：“吾見闕黨童子之居於位也，見闕黨童子之與先生並行也。”）

立則見其參於前也，在輿則見其倚於衡也。（同上，衛靈公）

仲尼曰：“始作俑者，其無後乎！”爲其象人而用之也。（孟子・梁惠王上）

王若隱其無罪而就死地，則牛羊何擇焉？（同上）

吾何以識其不才而舍之？（同上，梁惠王下）

葛伯率其民，要其有酒食黍稻者奪之。（同上，滕文公下）

其設心以爲不若是，是則罪之大者。（同上）

吾聞其以堯舜之道要湯，未聞以割烹也。（同上，萬章上）

其至，爾力也；其中，非爾力也。（同上，萬章下）

其交也以道，其接也以禮。（同上）

欲見賢人而不以其道，是欲其入而閉之門也。（同上）

夜氣不足以存，則其違禽獸不遠矣。（同上，告子上）

獨孤臣孽子，其操心也危，其慮患也深。（同上，盡心上）

惡莠，恐其亂苗也；惡佞，恐其亂義也；惡利口，恐其亂信也；惡鄭聲，恐其亂樂也；惡紫，恐其亂朱也；惡鄉原，恐其亂德也。（同上，盡心下）

其作始也簡，其將畢也必巨。（莊子・人間世）

然而其禁暴也察，其誅不服也審。（荀子・彊國）

（三）“之”、“其”互文

“之”、“其”互文，最足以證明“其”字等於名詞加“之”。舉例如下：

大夫之許，寡人之願也；若其不許，亦將見也。（左傳成公二年）

（“其不許”等於説“大夫之不許”。）

鳥之將死，其鳴也哀；人之將死，其言也善。（論語・泰伯）

（“其鳴也哀”等於“鳥之鳴也哀”；“其言也善”等於“人之言也善”。

大哉，堯之爲君也！巍巍乎！唯天爲大，唯堯則之。盪蕩乎！民無能名焉。巍巍乎其有成功也，焕乎其有文章。（同上）

（“其有成功”等於“堯之有成功”；“其有文章”等於”堯之有文章”。）

三代之得天下也以仁，其失天下也以不仁。（孟子·離婁上）

（“其失天下”等於“三代之失天下”。）

人之有是四端也，猶其有四體也。（同上，公孫醜上）

（“其有四體”等於“人之有四體”。）

陽貨瞰孔子之亡也，而饋孔子蒸豚；孔子亦瞰其亡也，而往拜之。（同上，滕文公下）

（“其亡”等於“陽貨之亡”。）

舜之飯糗、茹草也，若將終身焉；及其爲天子也，被袗衣，鼓琴，二女果，若固有之。（同上，盡心下）

（“其爲天子”等於“舜之爲天子”。）

至於子都，天下莫不知其姣也；不知子都之姣者，無目者也。（同上，告子上）

（“其姣”等於“子都之姣”。）

且夫水之積也不厚，則其負大舟也無力。（莊子·逍遥游）

（“其負大舟”等於“水之負大舟”。）

凡説之務，在知飾所説之所矜，而滅其所耻。（韓非子·説難）

（“其所耻”等於“所説之所耻”。）

人之生也髮黑，其老也髮白。（論衡·道虚）

（“其老”等於“人之老”。）

正如這種“之”字不能譯成現代漢語的“的”字一樣，這種

“其”字也不能譯成現代漢語的“他的”或“它的”。[1] 不能譯，這正説明古今語法的不同。過去我們把這類“其”字誤認爲主語，是以今語法説明古語法的一種方法上的錯誤。我們應該知道，不但依照外國語法的框框來講中國語法是錯誤的，而且依照現代語法的框框來講古代語法也是錯誤的。

① 例如《孟子·滕文公下》關於陽貨的一段話，不能把“矙孔子之亡”譯成“打聽得孔子的不在家”，同時也不能把“孔子亦矙其亡也”譯成“孔子也打聽得他的不在家”。又如《莊子·逍遥游》“水之積也不厚”不能譯成“水的積蓄不多”，同時也不能把“其負大舟也無力”譯成“它的負擔大船無力”。

第十七章　能願式的發展

能願式分爲兩類：(一)可能式；(二)意志式。分别敘述如下。

(一) 可能式

可能式又可以細别爲兩種：(1)可能性；(2)必要性。

在上古時代，可能性的表示，最常見的是“能、可”二字。“能”字表示能力做得到。它本來是個動詞，後面帶直接賓語。例如：

柔遠能邇。(書·舜典)

予仁若考，能多材多藝。(書·金縢)

非曰能之，願學焉。(論語·先進)

日知其所亡，月無忘其所能，可謂好學也已矣。(同上，子張)

但是，它很早就被用作助動詞。例如：

乃能責命於天。(書·西伯戡黎)

是不能容，以不能保我子孫黎民，亦曰殆哉！(書·秦誓)

誰能執熱，逝不以濯？(詩·大雅·桑柔)

必知亂之所自起，焉能治之；不知亂之所自起，則不能治。(墨子·兼愛上)

事父母，能竭其力；事君，能致其身。(論語·學而)

民欲與之偕亡，雖有臺池鳥獸，豈能獨樂哉？(孟子·樑惠王上)

以盛水漿，其堅不能自舉也。(莊子·逍遥游)

目不能兩視而明，耳不能兩聽而聰。（荀子・勸學）

“可”字表示被動的能。在上古時代，“可”字後面的動詞一般都有被動的意義。例如：

若火之燎於原，不可嚮邇，其猶可撲滅？（書・盤庚上）

（等於説“不能被接近”、“還能被撲滅”。）①

朽木不可雕也，糞土之墻不可杇也。（論語・公冶長）

（等於説“不能被雕刻”、“不能被粉刷”。）

不違農時，谷不可勝食也；數罟不入洿池，魚鼈不可勝食也；斧斤以時入山林，材木不可勝用也。（孟子・梁惠王上）

（等於説“不能被吃完”、“不能被用完”。）

夫道有情有信，無爲無形，可傳而不可受，可得而不可見。（莊子・大宗師）

（等於説“能被傳授而不能被接受”；“能被獲得而不能被看見”。）

道不可聞，聞而非也；道不可見，見而非也；道不可言，言而非也。（同上，知北游）

（等於説“不能被聽見”；“不能被看見”；“不能被説出”。）

鍥而不捨，金石可鏤。（荀子・勸學）

（等於説“金石能被刻成”。）

厭其源，開其瀆，江河可竭。（同上，修身）

（等於説“能被弄干”。）

人們往往以爲“可”與“可以”同義，那是錯誤的。“可以”是兩個詞，是“可以之”（能憑着這個）的意思。例如：

一言而可以興邦，有諸？（論語・子路）

---

① 這樣翻譯，似乎有點彆扭。我只想説有這個意思，不是説實際上有這種説法。

(一句話,就能以此興邦。)

公叔文子之臣大夫僎與文子同昇諸公。子聞之曰:"可以爲'文'矣。"(同上,憲問)

(就憑這件事,他可以稱爲"文子"了。)

其爲舟車也,全國輕利,可以任重致遠。(墨子·辭過)

(能以舟車任重致遠。)

後來"可以"凝結爲一個單詞,表示在某種情況下可以做到的事。它和"可"字不同有兩點:

1. "可"字後面的動詞是被動意義的①,"可以"後面的動詞是主動意義的②。

2. "可"字後面的動詞不能帶賓語;而"可以"後面的動詞經常帶賓語。例如:

温故而知新,可以爲師矣。(論語·爲政)

中人以上,可以語上也;中人以下,不可以語上也。(同上,雍也)

不仁者不可以久處約,不可以長處樂。(同上,里仁)

善人爲邦百年,亦可以勝殘去殺矣。(同上,子路)

故倉無備粟,不可以待凶饑。(墨子·七患)

五畝之宅,樹之以桑,五十者可以衣帛矣。鷄豚狗彘之畜,無失其時,七十者可以食肉矣。百畝之田,勿奪其時,八口之家可以無饑矣。(孟子·梁惠王上)

故貴以身於爲天下,則可以託天下;愛以身於爲天下,則可以寄天下。(莊子·在宥)

---

① 有個别例外,則可認爲是"可以"的省略。

② 没有例外。

君乎！君乎！獨不可以舍我乎？（同上，讓王）

可以爲堯禹，可以爲桀跖，可以爲工匠，可以爲農賈。（荀子·榮辱）

則倜然無所歸宿，不可以經國定分。（同上，非十二子）

試看下面的例子：

沈同以其私問曰："燕可伐與？"孟子曰："可；子噲不得與人燕，子之不得受燕於子噲。……"齊人伐燕。或問曰："勸齊伐燕，有諸？"曰："未也。沈同問'燕可伐與'，吾應之曰：'可'，彼然而伐之也。彼如曰：'孰可以伐之？'則將應之曰：'爲天吏，則可以伐之。'今有殺人者，或問之曰：'人可殺與？'則將應之曰：'可。'彼如曰：'孰可以殺之？'則將應之曰：'爲士師，則可以殺之。'今以燕伐燕，何爲勸之哉？"（孟子·公孫醜下）

這是很有啓發性的一個例子。"燕可伐"，"人可殺"，"伐、殺"是被動意義，不能説成"燕可以伐"、"人可以殺"。"孰可以伐之？""天吏可以伐之"。"孰可以殺之？""士師可以殺之"。"伐、殺"是主動意義，不能説成"孰可伐之？""天吏可伐之。""孰可殺之？""士師可殺之。""可"和"可以"的分别是明顯的。

到了後代，"能"、"可"、"可以"的分别逐漸亂了。例如"可食"可以説成"可以吃"，又可以説成"能吃"，三者的界限變爲不清楚了。

"得"字

"得"字也是可能式助動詞，它表示客觀條件的可能。例如：

君子之至於斯也，吾未嘗不得見也。（論語·八佾）

得見有恒者，斯可矣。（同上，述而）

天之將喪斯文也，後死者不得與於斯文也。（同上，子罕）

回也視予猶父也，予不得視猶子也。（同上，先進）

彼奪其民時，使不得耕耨以養其父母。（孟子・梁惠王上）

險阻既遠，鳥獸鬼神始得從上撫之。（墨子・節葬下）

夫愚且賤者不得爲政乎貴且知者，然後得爲政乎愚且賤者。（同上，天志中）

子姓皆從，得厭飲食。（同上，非儒下）

覆卻萬方陳乎前，而不得入其舍。（莊子・達生）

汝得全而形軀，具而九竅。（同上）

是故其行列不斥，而外人卒不得害，是以免於患。（同上，山木）

古之真人，知者不得説，美人不得濫，盗人不得劫，伏戲黄帝不得友。（同上，田子方）

雖左堯而右舜，未有能以此道得免焉者也。（荀子・富國）

這個"得"字後來移到動詞後面，表示某種動作是能做的，或者是可以做的。例如：

試令羅公取，取不得則羅公輸，取得則僧輸。（前蜀杜光庭神仙感遇傳・羅公遠）

某自小不知味，實進不得。（唐盧□逸史・吕生）

無雙若認得，必開簾子。（唐薛調無雙傳）

前後深得阿計替保護，知得南北地消息。（宣和遺事利集）

奈他有三般病，怎生把錢付他去得？（五代史平話・漢史）

在使成式裏嵌進一個"得"字，也是表示可能。這種結構形式大約起源於唐代。例如：

秦吴只恐篘來近，劉項真能釀得乎。（皮日休奉和魯望看壓新醅詩）

氣象四時清，無人畫得成[1]。（方干處州洞溪詩）

---

① 以上兩個例子採自岳俊發《"得"字句的產生及其結構形式的演變》。

他不是擺脱得開，只爲立不住，便放卻。（上蔡語録）

奴才一時那裏辦得來？（紅樓夢第六十四回）

若是在香菱身上，倒還裝得上。（同上，第一百三回）

還可以在"得"字後面再嵌進一個賓語。例如：

我兒若修得倉全，豈不是於家了事？（舜子變文）

周子看得這理熟。（朱子語類四纂卷一）

有錢便愛使，有酒便愛吃，怎生留得錢住？（五代史平話·漢史）

奉承得他好。（京本通俗小説·碾玉觀音）

二來怪他開得門遲了。（同上，錯斬崔寧）

你也罵的我够了。（元曲選·薛仁貴）

天生的一表非俗，匹配得你過。（同上，鴛鴦被）

李忠如何敵得呼延灼過。（水滸傳第五十七回）

莫想拿得他動。（西遊記第四十二回）

虧他撇得大娘下。（古今小説卷一）

要説爲伏侍的你好不叫我去，斷然没有的事。（紅樓夢第十九回）

他今兒也睡中覺，自然吃的晚飯早。（同上，第二十四回）

你倒催得我緊。（同上，第一百十九回）

我們姐妹……還一定體貼得你周到，侍奉得你殷勤。（兒女英雄傳第三十回）

河裏泉水清清，看得河底明明白白。（老殘遊記第三回）①

賓語也可放在使成式的後面。例如：

學士，你怎生瞞的過我？（元曲選·風光好）

---

① 以上例句，除《紅樓夢》第一例外，都採自岳俊發同志的論文。（從前我説在《紅樓夢》裏只找到一例，誤。）下文還有些例句採自岳文，不再一一註明。

後來這兩種形式都罕見了,代之而起的、最常見的形式是重復一個動詞。例如:

因爲他辦强盗辦得好。(老殘遊記第三回)

或者説話説得不得法,犯到他手裏,也是一個死。(同上第五回)

所以有些上司不知道,還説某人當差當得勤。(官場現形記第十三回)

這個人人品倒也没有什麽壞處,只是一件,要錢要得太認真。(二十年目睹之怪現狀第三十七回)

在否定句裏,起初的時候,是把動詞嵌在"不"和"得"的中間,或者把"不"字放在"得"字後面。例如:

若工夫有所欠缺,便於天理不凑得着。(朱子語類·訓門人)

只是見得不完全。(朱子語類四纂卷一)

到了後來,就索性取消"得"字,只在使成式中間嵌進一個"不"字。例如:

李克用引兵對陣,一箭砲石打不到處,兩處陣圓。(五代史平話·梁史)

衆官勸不住。(三國志平話·卷上)

温侯當不住,張飛引十八騎撞出陣去。(同上)

薛蘭必守兖州不住。(三國志通俗演義·吕温侯濮陽大戰)

於禁、樂進雙戰吕布不住。(同上)

楊奉、董承撑攔不住。(同上,楊奉董承雙救駕)

劉繇阻當不住。(同上,孫策大戰太史慈)

這個"得"字又發展爲介詞,介詞後面的部分表示動作的結果。例如:

太子既生之下,感得九龍吐水,沐浴一身。(八相成道變文)

郭威被刺污了臉兒,思量白净面皮今被刺得青了,只得索性做個

麄漢，學取使槍使棒，彎弓走馬。（五代史平話·周史）

敬塘直跳上狼背上，騎着狼，救得那胡羊再活。（同上，晉史）

徽宗叫苦不迭，向外榻上忽然驚覺來，諕得一身冷汗。（宣和遺事亨集）

即時渾家來救得蘇醒。（京本通俗小説西山一窟鬼）

咬得牙齒剥剥地響。（同上，碾玉觀音）

諕得貂蟬連忙跪下。（三國志平話卷上）

惱得吕布性起，挺戟驟馬，冲出陣來。（三國志通俗演義·吕温侯濮陽大戰）

哄得寶玉不理我，只聽你們的話。（紅樓夢第二十回）

寶玉羞得滿臉紫漲。（同上，第三十二回）

有時候，“得”字後面的話並不是表示動作的結果，而是一種極度的形容語[①]。例如：

便有富貴郎君，也使得七零八落，或撞着村沙子弟，也壞得棄生就死。（宣和遺事亨集）

這賈奕晝忘飧，夜忘寢，禁不得這般愁悶，直瘦得肌膚如削。（同上）

這三箇圍住吕布，轉燈兒般斯殺，八路人馬都看得呆了。（三國志通俗演義·虎牢關三英戰吕布）

他們是憨皮慣了的，早已恨得人牙癢癢。（紅樓夢第三十回）

寶玉聽了，喜得眉花眼笑。（同上，第四十九回）

以上這兩種情況，在《紅樓夢》裏都可以寫成“的”字。大約在《紅樓夢》時代，這種“得”字已經變爲輕聲，與“的”字同音了。例如：

---

① 二者的界限是不清楚的。上文所舉的“諕得一身冷汗”、“羞得滿臉紫漲”，也可以説是極度形容語。

説的林黛玉撲嗤一聲笑了。(第二十三回)

氣的我只要替平兒打抱不平呢。(第四十五回)

脖子低的怪疼的。(第三十六回)

如今攛掇的真打死人了。(第八十五回)

窮的連飯也没的吃。(第四十八回)

寶玉見問,慌的藏之不迭。(第二十三回)

以後便疼的什麽都不知道了。(第八十一回)

"會"字

"會"字用作助動詞,表示學習得來的能力。上古時代還没有這種"會"字,只用"能"字來表示。例如:

譬若築墻然:能築者築,能實壤者實壤,能欣者欣,然後墻成也。(墨子·耕柱)

子生五月而能言。(莊子·天運)

嘗與汝登高山,履危石,臨百仞之淵,若能射乎?(同上,田子方)

匠石曰:"臣則嘗能斲之。"(同上,徐無鬼)

到唐宋以後才有這種"會"字出現。例如:

師彈指一聲雲:"會麽?"雲:"不會。"(傳燈録卷十二)

黄巢因下第了,點檢行囊,没十日都使盡,又不會做甚經紀。(五代史平話·樑史)

怎知朱三與劉文政卻去學習賭博,無所不爲;又會將身跳上高墻,行,屋上瓦皆不響;又會拳手相打,使槍使棒,不學而能。(同上)

婁忒没見了,心中大喜道:"您有這般勇力,咱教您學習武藝,休辜負了這氣力麽。"敬瑭答雲:"咱自會走馬射弓,怎要學習?"婁忒没道:"咱卻不知得您元會武藝。"(同上,晉史)

在上古時代,必要性的表示,一般用"必"字。"必"是"必須”、“一定要”的意思。例如：

夏德若茲，今朕必往。（書·湯誓）

必有忍其乃有濟。（同上，君陳）

魏武子有嬖妾，無子。武子疾，命顆曰：“必嫁是。”疾病，則曰：“必以爲殉。”（左傳宣公十五年）

今王公大人有一衣裳不能制也，必借良工；有一牛羊不能殺也，必借良宰。（墨子·尚賢中）

必去六辟，……必去喜，去怒，去樂，去悲，去愛而用仁義。（同上，貴義）

先生必無往。（莊子·盜跖）

“須”字後出，代替了上古的“必”字。例如：

不須復煩大將。（漢書·馮奉世傳）

適有事務，須自經營。（應璩與滿公琰書）

到了近代，“須”又變爲“須得”，最後變爲“得”字。例如：

須得調息一夜。（紅樓夢第十回）

我也須得幫着媽媽去料理。（同上，第七十八回）

你們也得弄一個風爐子。（同上，第四十二回）

在否定句裹，“不須”也變爲“不必”或“不用”。例如：

隨意喫喝，不必拘禮。（紅樓夢第四十四回）

你也不用到我這邊來立規矩。（同上，第二十九回）

不用鍼心，只鍼肋條就是了。（同上，第七十五回）

（二）意志式

在上古時代，意志式一般用“欲”字。“欲”字本是動詞，它可以帶直接賓語。例如：

民之所欲，天必從之。（書·泰誓）

我欲仁，斯仁至矣。（論語・述而）

夫子欲之，吾二臣皆不欲也。（同上，季氏）

無欲速，無見小利。（同上，子路）

天必欲人之相愛相利，而不欲人之相惡相賊也。（墨子・法儀）

父母豈欲吾貧哉？（莊子・大宗師）

壽富多男子，人之所欲也。（同上，天地）

子欲之乎？（同上，至樂）

但是它又經常用作助動詞，成爲能願式。例如：

禘自既灌而往者，吾不欲觀之矣。（論語・八佾）

顔淵死，門人欲厚葬之。（同上，先進）

夫子欲寡其過而未能也。（同上，憲問）

工欲善其事，必先利其器。（同上，衛靈公）

今王公大人欲王天下，正諸侯。（墨子・尚賢中）

吾欲取天地之精，以佐五穀，以養民人。（莊子・在宥）

莊子來，欲代子相。（同上，秋水）

龜至，君再欲殺之，再欲活之。（同上，外物）

民欲與之偕亡。（孟子・梁惠王上）

諂諛者親，諫争者疏，修正爲笑，至忠爲賊，雖欲無滅亡得乎哉？（荀子・修身）

到了中古時代，"欲"字作爲助動詞，又可以表示將來時，有"快要"的意思。例如：

上有無心雲，下有欲落石。（杜甫白水縣崔少府十九翁高齋詩）

李生園欲荒，舊竹頗修修。（杜甫晦日尋崔戢李封）

長安苦寒誰獨悲，杜陵野老骨欲折。（杜甫投簡成華兩縣諸子詩）

江風蕭蕭雲拂地，山木慘慘天欲雨。（杜甫發閬中詩）

男兒生無所成，頭皓白，牙齒欲落真可惜。（杜甫莫相疑行）

一國實三公,萬人欲爲魚!(杜甫草堂詩)

平生流輩徒蠢蠢,長安少年氣欲盡。(杜甫魏將軍歌)

洞庭秋欲雪,鴻雁將安歸?(杜甫北風詩)

望中疑在野,幽歌欲生雲。(杜甫假山詩)

季秋時欲半,九日喜兼悲。(杜甫九日曲江詩)

涼風新過雁,秋雨欲生魚。(杜甫得家書詩)

且看欲盡花經眼,莫厭傷多酒入脣。(杜甫曲江詩)

鼓角緣邊郡,川原欲夜時。(杜甫秦州雜詩)

舊好腸堪斷,新愁眼欲穿。(杜甫寄岳州賈司馬六丈詩)

欲填溝壑惟疎放,自笑狂夫老更狂。(杜甫卜居詩)

整履步青蕪,荒庭日欲晡。(杜甫徐步詩)

二月六夜春水生,門前小灘渾欲平。(杜甫春水生詩)

卻看妻子愁何在,漫卷詩書喜欲狂。(杜甫聞官軍收河南河北詩)

二月頻送客,東津江欲平。(杜甫泛江送客詩)

江碧鳥逾白,山青花欲然。(杜甫絕句)

別筵花欲暮,春日鬢俱蒼。(杜甫送韋郎司直歸成都詩)

高浪垂飜屋,崩崖欲壓林。(杜甫觀李固請司馬弟山水圖詩)

梅花欲開不自覺,棣蕚一別永相望。(杜甫至後詩)

萬國皆戎馬,酣歌淚欲垂。(杜甫雲安九日鄭十八携酒陪諸公宴詩)

江月去人只數尺,風燈照夜欲三更。(杜甫漫成詩)

落日心猶壯,秋風病欲蘇。(杜甫江漢詩)

瞿塘春欲至,定卜瀼西居。(杜甫瀼西寒望詩)

不堪垂老鬢,還對欲分襟。(杜甫夏日揚長寧宅送崔侍御常正字入京詩)

欲雪違胡地,先花別楚雲。(杜甫歸雁詩)

晚來天欲雪,能飲一杯無?(白居易問劉十九詩)

溪雲初起日沉閣,山雨欲來風滿樓。(許渾咸陽城東樓詩)

唐宋以後,這種"欲"字的意義也可以説成"要"。"要"字作動詞用,帶直接賓語的,例如。

此時一行出人意,賭取聲名不要錢。(劉禹錫觀棋歌)

文官不要錢,武官不惜死,天下太平。(宋史·岳飛傳)

"要"字作助動詞用,成爲能願式,例如:

賈環見了也要頑。(紅樓夢第二十回)

他因是寶丫頭起的,他才有心要改。(同上,第八十四回)

又可以表示將來時,例如:

人要死了,你們還只管議論人。(紅樓夢第一百十四回)

一經了火,是要炸的。(同上,第四十二回)

那破的水滴到好的上頭,這一毬兒都是要爛的。(同上,第六十七回)

姑娘的身子不大好,起來又要抖摟着了。(同上,第九十七回)

"願"字

"願"字用作助動詞,表示希望做或樂意做某一件事。例如:

願聞子之志。(論語·公冶長)

北方有侮臣,願借子殺之。(墨子·公輸)

寡人願安承教。(孟子·梁惠王上)

尊賢使能,俊傑在位,則天下之士皆悦而願立於其朝矣。(同上,公孫醜上)

吾願游於其藩。(莊子·大宗師)

孔子謂顔回曰:"回來!家貧居卑,胡不仕乎?"顔回對曰:"不願仕。"(同上,讓王)

這個"願"字一直沿用到現代,在口語裏則變爲雙音詞

"情願"或"願意"。

"敢"字

"敢"字用作助動詞,表示有膽量做某一件事。例如:

非我小國敢弋殷命。(書·多士)

豈敢憚行?畏不能趨。(詩·小雅·綿蠻)

賜也何敢望回?(論語·公冶長)

子在,回何敢死?(同上,先進)

非敢爲佞也,病固也。(同上,憲問)

小國不敢非,大國不敢誅。(莊子·胠篋)

夫畏塗者,十殺一人,則父子兄弟相戒也,必盛卒徒而後敢出焉。(同上,達生)

"敢"字又用於反語,等於"豈敢"。例如:

敢辱高位,以速官謗?(左傳莊公二十二年)

貢之不入,寡君之罪也,敢不共給?(同上,僖公四年)

天威不違顏咫尺,小白餘敢貪天子之命,無下拜?恐隕越於下,以遺天子羞。敢不下拜?(同上,僖公八年)

孤之罪也,敢不唯命是聽。(同上,宣公十二年)

丘少而脩學,以至於今,六十九歲矣,無所得聞至教,敢不虛心?(莊子·漁父)

"敢"字又用作謙詞,表示冒昧之意。例如:

季路問事鬼神。子曰:"未能事人,焉能事鬼?"曰:"敢問死。"曰:"未知生,焉知死?"(論語·先進)

曰:"敢問其次。"曰:"宗族稱孝焉,鄉黨稱弟焉。"(同上,子路)

鄭穆公再拜稽首,曰:"敢問神名。"(墨子·明鬼下)

君之惠也,孤之願也,非所敢望也。敢布腹心,君實圖之。(左傳宣公十二年)

今乘輿已駕矣,有司未知所之,敢請。(孟子·梁惠王下)

敢問夫子之不動心與告子之不動心，可得聞與？（同上，公孫醜上）

聞吾子達於至道，敢問治身奈何而可以長久。（莊子・在宥）

小子敢問回東之齊，夫子有憂色，何邪？（同上，至樂）

臣愚不識，敢請之王。（荀子・賦篇）

敢問持滿有道乎？（同上，宥坐）

敢問何如斯可謂大聖矣？（同上，哀公）

"敢"字用於反語，後代還相當常見，例如：

嘉貺益腆，敢不欽承？（曹丕與鍾大理書）

敢望惠施，以忝莊氏？（楊脩答臨淄侯牋）

長者雖有問，役夫敢伸恨？（杜甫兵車行）

敢辭茅葦漏？已喜忝豆高，（杜甫大雨詩）

君辱敢愛死，赫怒幸無傷。（杜甫壯游詩）

孤陋忝末親，等級敢比肩？（杜甫贈李十五丈別詩）

敢忘二疎歸？痛迫蘇耽井。（杜甫八哀詩・故右僕射相國張公九齡）

我雖消渴甚，敢忘帝力勤？（杜甫別蔡十四著作詩）

艱難貴體安，冗長吾敢取？（杜甫奉贈李八丈判官曛詩）

飄風過無時，舟檝敢不係？（杜甫宿鑿石浦詩）

幸因腐草出，敢近太陽飛？（杜甫螢火詩）

濟時敢愛死？寂寞壯心驚。（杜甫歲暮詩）

敢論才見忌，實有醉如愚。（杜甫徐步詩）

鷄鳴問前舘，世亂敢求安？（杜甫山舘詩）

歲月須知課，田家敢忘勤。（杜甫贈王二十四侍御契詩）

敢將十指誇纖巧？不把雙眉鬥畫長。（秦韜玉貧女詩）

至於"敢"字用作謙詞，後代就罕見了。

第十八章　連動式的發展

連動式是兩個以上的動詞連用,中間没有停頓的一種語法結構形式①。大概在原始漢語裏就有了這種結構形式,不過後來這種形式越來越廣泛應用了,越來越多樣化了。

在《尚書》、《詩經》裏,就有不少連動式的例子。例如:

王來紹上帝。(書・召誥)

孺子來相宅。(書・洛誥)

君王既皆聽命,相揖趨出。(書・康王之誥)

戛擊鳴球,搏拊琴瑟以詠,祖考來格。(書・益稷)

來假來饗,降福無疆。(詩・商頌・烈祖)

無怠無荒,四夷來王。(書・大禹謨)

至於海邦,淮夷來同。(詩・魯頌・閟宫)

四方既平,徐方來庭。(詩・大雅・常武)

鳳凰來儀。(書・益稷)

來歸自鎬,我行永久。(詩・小雅・六月)

其他經典和先秦著作,也有許多連動式的例子。例如:

季姬及鄫子遇於防,使鄫子來朝。(春秋僖公十四年)

禮聞來學,不聞往教。(禮記・曲禮上)

鴻燕來賓。(禮記・月令)

被甲嬰冑將往戰。(墨子・兼愛下)

---

① 我在《中國現代語法》裏,認爲這種語法結構形式是緊縮式的一種。

往死亡而不反者,不可勝數。(同上,非攻中)

於此爲堅甲利兵以往攻伐無罪之國。(同上,非攻下)

昔者湯將往見伊尹。(同上,貴義)

則此語古者國君諸侯之以春秋來朝聘天子之庭。(同上,尚同中)

往見四子藐姑射之山。(莊子·逍遥游)

俄而子輿有病,子祀往問之。(同上,大宗師)

孔子聞之,使子貢往侍事焉。(同上)

而丘使女往吊之,丘則陋矣。(同上)

子輿曰:"子桑殆病矣。"裹糧而往食之。(同上)

黄帝順下風膝行而進,再拜稽首而問曰。(同上,在宥)

閒居三月,復往邀之。(同上)

夫子欲藏書,則試往因焉。(同上,天道)

莊子釣於濮水,楚王使大夫二人往先焉。(同上,秋水)

萬物皆往資焉而不匱。(同上,知北游)

子路請往召之。(同上,則陽)

莊周家貧,故往貸粟於監河侯。(同上,外物)

吾聞西方有人,似有道者,試往觀焉。(同上,讓王)

丘請爲先生往説之。(同上,盗跖)

有虚船來觸舟。(同上,山木)

攝汝知,一汝度,神將來舍。(同上,知北游)

凡緣而往埋之。(荀子·禮論)

往迎爾相。(同上,大略)

兵不血刃,遠邇來服。(同上,議兵)

大約在晉代以後,有一種新的連動式出現。連用兩個動詞,並不是先後的兩件事(如"來朝"、"往見"),也不是平行的兩件事(如"往來"、"出没"),而是後面的動詞補充前面的動詞的意義,有人把這種詞組叫做“補充詞組”。其實後一個動詞(“取”、“得”、“到”、“住”、“出”、“入”、“上”、“下”、“來”、“去”等)具有副詞的性質。分别敍述如下:

(1)“取”字。

“取”字表示做到。例如:

庾(敳)時頹然已醉,幘墮幾上,以頭就穿取。① (世説新語·雅量)

肯與鄰翁相對飲,隔籬呼取盡餘杯。(杜甫客至詩)

誰能載酒開金盞,喚取佳人舞繡筵?(杜甫江畔獨步尋花詩)

雖無南過雁,看取北來魚。(杜甫酬韋韶州見寄詩)

誰與援琴親寫取?夜泉聲在翠微中。(歐陽修憶滁州幽谷詩)

當時號令君聽取,白戰不許持寸鐵。(蘇軾聚星堂雪詩)

(2)“得”字。

“得”字表示達到目的。② 例如:

嘗聞秦帝女,傳得鳳凰聲。(李白鳳臺曲)

數莖白發那抛得?(杜甫樂游園歌)

蒼天變化誰料得?(杜甫杜鵑行)

曾隨織女度天河,記得雲間第一歌。(劉禹錫聽舊宮人穆氏歌詩)

(3)“到”字。

“到”字表示得到,做到。連動式的“到”字產生較晚。例如:

① 這種“取”字和“攻取”、“奪取”的“取”不同。“攻取”是“攻而取之”,“奪取”是“奪而取之”,而“穿取”不是“穿而取之”,“取”字的意義已經虚化了。下仿此。

② 參看上章《能願式的發展》。

斬着萬餘級，奪到旗旛金鼓馬匹極多。（三國志通俗演義・劉玄德斬寇立功）

不到百餘日，操招安到降兵三十餘萬，男女百餘萬口；收到精鋭者，號爲青州兵。（同上，曹操興兵報父仇）

（4）"住"字。

"住"字表示阻止。例如：

花倚朱闌裹住風。（蘇軾贈嫵卿詞）

風惡闌回雨，天寒勒住花。（陸游山亭詩）

翠釵扶住欲敧鬟。（蔣捷夜景詞）

晉主在宫中自放火携劍，驅宫人赴火，偶爲親軍將薛超拖住。（五代史平話・晉史）。

走到小地名殺猪林，被散兵拿住。（同上，梁史）

呼左右人捉住劉備。（三國志平話卷上）

曹操攔住，大殺一陣。（三國志通俗演義・劉玄德斬寇立功）

玄德自往見之，被當住在門外，不肯放參。（同上，安喜張飛鞭督郵）

吕公截住三十餘騎。（同上，孫堅跨江戰劉表）

（5）"出"、"入"、"過"。

"出"字表示從某處出去或出來；"入"字表示從某處進去或進來（後來説成"進"）；"過"字表示從某處過去或過來。例如：

最憐雙翡翠，飛入小梅叢。（元稹生春詩）

是兒要嘔出心乃已耳。（唐書・李賀傳）

至一洞口，已昏黑，驢復走入。（唐盧□逸史・崔生）

因投入城内井中。（唐□□十二真君傳・許真君）

薛志勤扶李克用跳過墻，突圍走出。（五代史平話・晉史）

先主打馬數鞭，一勇跳過檀溪水。（三國志平話卷中）

靈帝驚倒，武士急慌救出。（三國志通俗演義·祭天地桃園結義）

時榜文到涿縣張掛去，涿縣樓桑村引出一個英雄。（同上）

我等皆來苦告，不得放入。（同上，安喜張飛鞭督郵）

城中黄祖、蒯越、蔡瑁分投引兵殺出。（同上，孫堅跨江戰劉表）

（6）“上”、“下”、“起”

“上”字表示動作向上；“下”字表示動作向下；“起”字表示使某物起來或動作開始。例如：

（阮）籍時在袁孝尼家，宿醉扶起，書札爲之，無所點定。（世説新語·文學）

衆雛爛漫睡，唤起沾盤飧。（杜甫彭衙行）

日暮烏歸人散盡，野風吹起紙錢灰。（吴融野廟詩）

打起黄鶯兒，莫教枝上啼。（金昌緒春怨詩）

吕公截住三十餘騎，並皆殺了，放起連珠號砲。（三國志通俗演義·孫堅跨江戰劉表）

酒且斟下，某去便來。（三國志通俗演義·曹操起兵伐董卓）

堂中點上畫燭。（同上，司徒王允説貂蟬）

（7）“來”、“去”

“來”字表示動作自彼方來；“去”字表示動作自此方去。都是表示動向的。例如：

齎刀劍，將一車，直從壞壁中入來。（神仙傳·劉根）

車出去，南壁開，後車過，壁復如故。（同上）

請令人於臣院内，勑弟子開櫃取來。（神仙感遇傳·羅公遠）

及曉，覺洞中微明，遂入去。（逸史·崔生）

見鮑果從内出來。（霍小玉傳）

見人入來，卽語曰：“有人入來。”（同上）

乘電光中逃去。（五代史平話·唐史）

歇下車子,入來飲酒。(三國志通俗演義·祭天地桃園結義)

到了近代,“入來”變爲“進來”,“入去”變爲“進去”。例如:

晴雯便命人叫宋嬷嬷進來。(紅樓夢第五十二回)

轉眼到了十四,黑早,賴大的媳婦又進來請。(同上,第四十七回)

一脚踢開了門進去。(同上,第四十四回)

急的賈政卽忙進去。(同上,第一百五回)

“來”字又被用作語氣詞,放在句末,表示過去。《世説新語》裏就有這樣的例子,唐宋以後更多。例如:

天錫心甚悔來。(世説新語·賞譽下)

君卿指賊而罵曰:“老賊!吃虎膽來!敢偷我物!”(唐張鷟朝野僉載堯君卿)

汝今日莫非被董太師見責來?(三國志通俗演義·鳳儀亭布戲貂蟬)

玄德臨去時分付你甚麼來?(同上,吕布夜月奪徐州)①

(8)“起來”、“下來”等

這是三個動詞連用的結構,其作用等於一個單詞,卽三音詞。但是,當其帶賓語的時候,賓語不是放在“起來”、“下來”的後面,而是放在“起”和“來”、“下”和“來”的中間(如“拿起帽子來”、“放下包袱來”);在否定句中,“不”字不是放在三音詞的前面,而是放在中間(如“拿不起來”。)所以它和一般

① 上古時代,在《莊子》裏,“來”字就被用作語氣詞,表示祈使。《人間世》:“雖然,若必有以也,嘗以語我來!”又:“是兩也,爲人臣者不足以任之,子其有以語我來!”這種來字的用法没有在後代沿用下來。

的三音詞不同。例如：

恰遇平章劉知遠朝回，那郭威醉倒路傍，被喝道軍卒將藤棒子打起來，擁至知遠馬前。（五代史平話·周史）

殿角狂風大作，見一條青蛇從樑上飛下來。（三國志通俗演義·祭天地桃園結義）

連我也罵起來了。（紅樓夢第四十四回）

（以上是三個動詞連用。）

以此做出事來，事親則必孝，事君則必忠，與朋友交則必信。（朱子語類輯略卷四）

聖人做出這一件物事來，使學者聞之，自然歡喜。（同上，卷五）

書中吊下金錢來了也。（元曲金錢記）

董超、薛霸都吐出舌頭來。（水滸傳第九回）

晁蓋等慌忙扶起三人來，吴用就血泊裏拽過頭把交椅來。（同上第十九回）

卻說那梢公摇開船去，離得江岸遠了。（同上，第三十七回）

忽然想起探春來，要瞧瞧他去。（紅樓夢第一百一回）

湘雲只得扶過他的頭來。（同上，第二十回）

掛起簾子來。（同上，第二十三回）

眼下可以拿出萬金來，以爲爐火藥物之費。（儒林外史第十五回）

（以上是賓語插在連動式中間）

爲什麽我們那個過了門，更覺得靦腆了，話都説不出來了呢？（紅樓夢第一百八回）

（以上是"不"字插在連動式中間。）

以上所述的連動式都是以前一動詞爲主要成分，後一動詞（或後兩個動詞）爲次要成分，等於副詞的。也有相反的情況，就是"行"字句。"行"字表示進行某事，等於一個詞頭。

例如：

將那氏叔琮，朱友寧所將軍馬盡行抽回。（五代史平話·唐史）

見一彪人馬盡行打紅旗，當頭來到，截住去路。（三國志通俗演義·劉玄德斬寇立功）

這種“行”字在近代常見於公文中，到了現代漢語裏變了雙音詞“進行”，但用法稍有不同。

連動式前一動詞帶賓語時，後一動詞往往表示目的，等於補語。例如：

今我與公飯吃，過猶不及也。（唐韋絢嘉話録·杜佑）

朱温請他入酒店買些酒吃。（五代史平話·梁史）

我送他幾兩銀子使罷。（紅樓夢第八十三回）

妹妹有檳榔，賞我一口吃。（同上，第六十四回）

即時傳了賴陞媳婦，要家口花名册查看。（同上，第十四回）

明兒挑一個丫頭給老太太使喚。（同上，第三十六回）

我轉給你瞧。（同上，第十五回）

有時候，前後兩個動詞都帶賓語。例如：

還要買兩個絶色的丫頭謝你。（紅樓夢第六十四回）

寶玉因和他借香爐燒香。（同上，第四十三回）

由上所述，可見連動式的發展是廣泛而復雜的。

第十九章　使成式的産生及其發展

使成式(causative form)是現代漢語裏常見的一種結構形式。從形式上説,是及物動詞加形容詞(如"修好"、"弄壞"),或者是及物動詞加不及物動詞(如"打死"、"救活");從意義上説,是把行爲及其造成的結果用一個動詞性詞組表達出來。

這種使成式在上古漢語是比較少見的。上古漢語的動詞有一種使動用法。例如:

君豈有斗升之水而活我哉?(莊子·外物)

("活我"就是使我活。)

形容詞也有使動用法。例如:

工師得大木,則王喜,以爲能勝其任也;匠人斫而小之,則王怒,以爲不勝其任矣。(孟子·梁惠王下)

到了後代,這種使動用法往往爲使成式所替代,例如"活我"變爲"把我救活","斫而小之"變爲"把它削小了"。

由使動用法發展爲使成式,是漢語語法的一大進步。因爲使動用法只能表示使某物得到某種結果,而不能表示用哪一種行爲以達到這一結果。若要把那種行爲説出來,就要加個"而"字,如"斫而小之"。使成式不用"而"字,所以是一種進步。

大約在漢代,使成式已經産生了,及物動詞帶形容詞的使

成式和及物動詞帶不及物動詞的使成式都大量出現了。帶形容詞者,例如:

羣儒既以不能辯明封禪事,又牽拘於詩書古文,而不敢騁。(史記·孝武帝本紀)

今諸侯王皆推高寡人,將何以處之哉?(漢書·高帝紀)

及仲舒對册,推明孔氏,抑黜百家。(同上,董仲舒傳)

(王)鳳不内省責,反歸咎寡人,推遠定陶王。(同上,元後傳)

今陛下以未有繼嗣,引近定陶王。(同上)

使陛下奉承天統,欲矯正之也。(同上,李尋傳)

漢氏減輕田租。(同上,王莽傳)

田,填也,五稼填滿其中也。(劉熙釋名)

帶不及物動詞者,例如:

楚騎追漢王,漢王急,推墮孝惠、魯元車下。(史記·項羽本紀)

乃激怒張儀。(同上,蘇秦列傳)

射傷郤克,流血至履。(同上,齊太公世家)

陳餘擊走常山王張耳。(同上,張丞相列傳)

呼旦以驚起百官,使夙興。(周禮春官雞人鄭注)

墮,讀若推落之墮。(説文解字)

到了晉南北朝以後,使成式的應用就更爲普遍了。其帶形容詞者,例如:

而求紙,畫作兵馬器仗十數萬,乃一一裂壞之。(神仙傳·李意期)

復於地取内口中,齧破即吐之。(世説新語·忿狷)

臣以愚頑,顯備大位,犬馬氣衰,猥得進見,論難於前,無所甄明。(後漢書·魯恭傳)

庶裁定聖典,刊正碑文。(同上,盧植傳)

幽薊已削平,荒徼尚彎弓。(杜甫贈蘇四徯詩)

羣公有慙色,王室無削弱。(杜甫過郭代公故宅詩)

只要看明白未讀底,不曾去紬繹前日已讀底。(朱子語類輯略卷二)

只是將那頭放重,這頭放輕了,便得。(同上,卷六)

俟樑寇削平,復唐社稷。(五代史平話・唐史)

其帶不及物動詞者,例如:

遂能驅走董卓,掃除陵廟,忠勤王室,其功莫大。(後漢書・公孫瓚傳)

微過斥退,久不復用。(同上,伏湛傳)

結珠爲簾,雜寶異香爲屑,使數百人於樓上吹散之,名曰芳塵。(拾遺記)

無令長相隨,折斷楊柳枝。(李白宣城送劉副使入秦詩。)

具本末,上不信,令笞死。(逸史・崔生)

今日壓倒元白矣!(唐書・楊嗣復傳)

王仙芝自得黄巢來歸後,連攻陷數州。(五代史平話・樑史)

使成式既然是兩個詞的結合,就有可能被賓語隔開。

吹歡羅裳開,動儂含笑容。(子夜四時歌夏歌)

石角鈎衣破,藤枝刺眼新。(杜甫奉陪鄭駙馬韋曲詩)

復吹霾翳散,虛覺神靈聚。(杜甫雷詩)

檢書燒燭短,看劍引杯長。(杜甫夜宴左氏莊詩)

寒天催日短,風浪與雲平。(杜甫公安縣懷古詩)

禮樂攻吾短,山林引興長。(杜甫秋野詩)

誰能拆籠破,從放快飛鳴。(白居易詩)

這種情況之所以産生,可能是因爲使成式發展的前一階段動詞和補語的關係還不是很密切的。宋代以後,雖然還可以發現個别這樣的情況(例如水滸傳二十回:"王婆收拾房里干淨了"),但是,就一般情況説,使成式中間已經不能再插進賓語了。那麼,如果有賓語的話,賓語放在什麼位置上呢?可以有兩種情況:第一種情況是賓語放在使成式後面。這是老辦法,漢代以後就有了的。例如:

展開豹皮幅子看時,中間一個(金鈴)有茶鍾大。(西遊記第七十回)

是怕這氣兒大了,吹倒了林姑娘;氣兒暖了,又吹化了薛姑娘。(紅樓夢第六十五回)

第二種情況是賓語放在使成式的前面,這是新辦法,是和處置式結合着使用的。例如:

朱全忠誤將楊彥洪射死了。(五代史平話·唐史)

不意去年大蟲趕逐野獸,將住房壓倒。(鏡花緣第十回)

一句話又把寶玉説急了。(紅樓夢第三十二回)

想是連日聽舅舅時常讀他,把耳聽滑了。(鏡花緣第三十一回)

有時候,兩種情況在一個句子裏同時出現。例如:

如今只消到城裏問明底細,替他把這幾兩債弄清了就是。(儒林外史第九回)

另有一種情況,形似賓語,其實是主語,使成式用於被動意義,所以不必和處置式結合,而能放在使成式的前面。例如:

連連在飯店裏住了幾天,盤纏也用盡了。(儒林外史第二十八回)

(盤纏也被用盡了。)

只是杯盤果菜俱已擺齊了。(紅樓夢第五十回)

(杯盤果菜俱已被擺齊了。)

第二十章　處置式的産生及其發展

處置式就是“把”字句。就形式上説，它是用介詞“把”字把賓語提到動詞的前面(“一定要把淮河修好”)；就意義上説，它的主要作用在於表示一種有目的的行爲，一種處置。

處置式在較早時代，更常見的結構是“將”字句。我們在這裏就討論“將”字句和“把”字句的産生及其發展。

介詞“將”和“把”本來都是動詞。例如：

無將大車。(詩·小雅·無將大車)
闕黨童子將命。(論語·憲問)
禹親把天之瑞令以征有苗。(墨子·非攻下)
無把銚推耨之勞，而有積粟之實。(戰國策·秦策)
相待甚厚，臨别把臂言誓。(後漢書·吕布傳)

以上這些都不是處置式，因爲“將”和“把”都是動詞而不是介詞。

唐代以後，處置式産生了，但“將”、“把”仍沿用爲動詞。例如：

將炙啖朱亥，持觴勸侯嬴。(李白俠客行)
令其兄子將米百車往饟之。(舊唐書·張萬福傳)
兩鬢愁應白，何勞把鏡看？(李頻黔中罷職詩)
每冬月，四更竟，即敕把燭看事。(南史·梁武帝紀)

以上這些也不是處置式，因爲“將”和“把”都是動詞而不是介詞。“將炙”和“持觴”對舉，“將”就是“持”的意思。“把鏡看”,看的是兩鬢,而不是看鏡,“把”字也不是介詞。

另有一種“將”字句,“將”字放在動詞後面。似乎也是一種處置式。例如:

宗旦使人上到巢裏,取將孩兒下來。(五代史平話·樑史)

向晉王太廟獻俘,縛將劉守光就太廟前斬了。(同上,唐史)

他前時不肖,被我趕將出去。(同上,漢史)

昨日是箇七月七日節,我特地打將上等酒來。(宣和遺事亨集)

玄德叫拖將張飛來。(三國志通俗演義·李傕郭汜亂長安)

不過這種“將”字恐怕只能認爲是動詞詞尾,而不是處置式,因爲有時候它並不表示處置。例如:

操見四面八方圍裹將來。(三國志通俗演義·吕温侯濮陽大戰)

梆子響處,箭如驟雨射將來。(同上)

(典)韋左冲右突,殺將入來。(同上)

但是,處置式確是在唐代就産生了。有些結構形式只能認爲是處置式。例如:

已用當時法,誰將此義陳?(杜甫寄李十二白詩)

見酒須相憶,將詩莫浪傳。(杜甫泛江送魏十八詩)

念我常能數字至,將詩不必萬人傳。(杜甫公安送韋二)

莫把杭州刺史欺。(白居易詩)

悠然散吾興,欲把青天摸。(皮日休初夏游楞伽精舍詩)

不把庭前竹馬騎。(變文)

把他堂印將去。(嘉話録)

在唐宋時代,工具狀語和處置式都可以用“將”或“把”。所謂工具狀語,指的是謂語形式作狀語(如“將炙啖朱亥”、“把燭看事”);所謂處置式就是介詞把賓語提前。直到元代的《水滸傳》裏，還是這種情況。往往在一句話裏，“將”“把”都用。時而“將”字用於工具語，“把”字用於處置式；時而“把”字用於工具語，“將”字用於處置式。例如：

那人便將手把武鬆頭髮揪起來。（第三十二回）

把白勝押到廳前，便將索子綁了。（第十八回）

就大牢裏把宋江、戴宗兩個匾扎起，又將膠水灑了頭髮。（第四十回）

（以上是“將”字用於工具語，“把”字用於處置式）

吳用把手將髭須一摸。（第二十二回）

軍士把鎗將秦明妻子首級挑起在鎗上。（第三十四回）

智深把左手拔住上截……將那株緑楊樹帶根拔起。（第七回）

（以上是“把”字用於工具語，“將”字用於處置式。）

在《五代史平話》、《宣和遺事》、《三國志通俗演義》等書中，“將”“把”兩字多用於處置式，但有時候也還用於工具語。例如：

待帶他出去打獵時分，將他殺了。（五代史平話·晉史）

不當不對把那家顧瑞的孩兒顧驢兒太陽穴上打了一彈。（同上，周史）

趙季扎先將輜重及妓妾等遣歸。（同上）

將那姓花名約的拿了。（宣和遺事元集）

董平只得將晁家莊圍了，突入莊中，把晁蓋的父親縛了，管押解官。（同上）

平白地湧出一條八爪金龍，把這鴛鴦兒拆散了。（同上，亨集）

今夜三更，只推賊到來，把曹嵩一家殺了。（三國志通俗演義·曹操興兵報父仇）

許褚既降，將何儀、黄劭斬訖。（同上，曹操定陶破吕布）

（以上是處置式。）

有宣武將楊彥洪密地與朱全忠商議,將車填塞了道路。(五代史平話·唐史)

嗣源馬匹跌倒,敬瑭跳下來將手扶嗣源上他馬走去;他回身將鐵檛擊死韓正時,殺虜一千餘人。(同上,晉史)

只因父親把那錢分付小人去納糧,在卧龍橋上被五個後生厮合擲骰,一齊輸了。(同上,漢史)

(以上是工具語)

到了《紅樓夢》時代,工具狀語和處置式才有了明確的分工:工具狀語用"拿"字,處置式用"把"字。例如:

拿真心待你,你倒不信了。(第四十七回)

他吃了酒,又拿我們來醒脾了。(第八回)

(以上是工具語。)

把你林姑娘暫安置在碧紗廚裏。(第三回)

便把手絹子打開,把錢倒了出來。

在處置式産生的初期,賓語後面可以只有一個單音節的動詞,如"把琴弄"、"把卷看",等等。到了後代,除了在歌曲唱詞中還可以沿用這種結構外,一般不能再用單音節動詞放在賓語後面,而是用使成式(如"把絹子打開")或連動式(如"把錢倒了出來")。這種結構形成,至少在宋代就已經産生了。例如:

今看來反把許多元氣都耗卻。(朱子語類輯略卷五)

易得將下面許多工夫放緩了。(同上,卷六)

若將此心推轉,看這一篇極易。(同上)

公只是將那頭放重了,這頭放輕了,便得。(同上)

在近代的戲曲小説中,我們看見無數這一類的結構。例如:

把一天好事都驚散。(董西廂)

你把我老子都藥死了。(元曲竇娥寃)
我把那爲官事都參透。(同上,陳州糶米)
把索子都割斷了。(水滸傳第九回)
輕輕把石頭掇開。(同上,第十回)
將葫蘆裏冷酒都吃盡了。(同上)
武鬆先把背上包裹解下來,放在桌子上。(同上,第二十七回)
把那墳墓一頓築倒。(西遊記第八十六回)
叫子弟把他的批語涂掉了讀。(儒林外史第十八回)
當下三人把那酒和飯都吃完了。(同上,第三十九回)
只見一人進來,將他二人按住。(紅樓夢第十五回)
你把那穿衣鏡的套子放下來。(同上,第五十一回)

如果賓語後面不是使成式或連動式,那就是動詞後面帶結果補語("得"字結構)、動量補語,處所補語等。總之,不能在賓語後面光禿禿地只帶一個動詞。例如:

把這些禮物擺的(得)好看些(元曲救風塵)
林冲把陸虞候家打得粉碎。(水滸傳第七回)
把可憎的婿臉兒飽看了一頓。(董西厢)
楊志先把弓虚扯一扯。(水滸傳第十三回)
我也把甲馬拴在他腿上。(同上,第五十三回)
把衆人都留在莊上。(同上,第四十回)
把棺材就停在房子中間。(儒林外史第二十六回)

由此可見,在近代和現代漢語裏,處置式賓語後面的動詞,一般是必須帶有補語或類似補語的成分的。

就意義方面説,處置式的用法,到了近代也漸漸超出了處置的範圍。特别是在元明以後,它可以用來表示一種不幸或不愉快的結果。處置式的動詞本該是及物動詞;在這種情況下,它可以是不及物動詞或不表示處置的及物動詞。例如:

將那一艙活魚都走了。(水滸傳第三十八回)

正是他們把個選事壞了。(儒林外史第十八回)

偏又把鳳丫頭病了。(紅樓夢第七十六回)

把我那要强的心,一分也没有了。(同上,第十一回)

把姑娘的東西丢了。(同上,第七十三回)

先把太太得罪了。(同上,第七十二回)

誰知接接連連許多事情,就把你忘了。(同上,第二十六回)

直到現代漢語裏,這種處置式仍然繼續應用着。例如:

主人聽了主婦的話,把一腔俠情冷了下來。(葉聖陶一生)

説起那柳色堆在四周,映入水裏,幾乎滿望都緑,教人把什麽都忘了。(葉聖陶搭班子)

謀到一個位置不容易,怕把它丢了。(葉聖陶抗争)

在近代後期,處置式有了新的發展。在過去的處置式中,賓語既然提前,動詞後面就不能再帶賓語(雙賓語和保留賓語除外,例如《紅樓夢》第二十四回:"把你嘴上的胭脂賞我吃了罷";七十四回:"將角門皆上鎖。")但是,到了近代後期,我們發現了一種新興的處置式:賓語提前了;動詞後面還有賓語。我們在《兒女英雄傳》裏找到一個例子:

把從前的話作了個交代。(第二十一回)

到了現代漢語裏,這種處置式才普遍應用起來。在現代典範的白話文著作裏,這種處置式也是常見的。例如:

我們要分辯真正的敵友,不可不將中國社會各階級的經濟地位及其對於革命的態度,作一個大概的分析。(毛澤東選集,第一捲3頁)

聰明的孫中山看到了這一點,得了蘇聯和中國共産黨的助力,把三民主義重新作瞭解釋。(同上,卷二,686頁)

我們知識分子出身的文藝工作者,要使自己的作品爲羣衆所歡迎,就得把自己的思想感情來一個變化,來一番改造(同上,第三卷,873頁)

不過,我們要注意:並不是任何處置式的動詞後面都可以帶賓語,必須這個動詞後賓語是一個動作性的名詞。這樣,“把從前的話作一個交代”實際上等於説“把從前的話交代一下”;“將中國社會各階級……作一個大概的分析”實際上等於説“將中國社會各階級……大概地分析一下”;“把三民主義重新作瞭解釋”等於説“把三民主義重新解釋”;“把自己的思想感情來一個變化,來一番改造”等於説“把自己的思想感情變化一番,改造一番”。所處置的仍舊是動詞前的賓語而不是動詞後的賓語。

處置式是漢語語法走向完善的標誌之一。由於賓語的提前,賓語後面能有語音的停頓,使較長的句子不顯得笨重。更重要的是:由於賓語的提前,顯示這是一種處置,一種要求達到目的的行爲,語言就更有力量。“一定要把淮河修好”,“把革命進行到底”,這種語句的力量不是一般的結構形式所能比擬的。

第二十一章　被動式的産生及其發展

在原始漢語裏，被動式是不存在的。在先秦的古書中，被動式還是少見的。漢代以後，被動式逐漸多起來；唐宋以後，被動式不但更多，而且更多樣化；“五四”以後，由於受西洋語法的影響，被動式又達到了一個新的發展階段。這裏分别加以敍述。

在上古漢語裏，動詞用於被動意義是有的。例如：

諫行言聽。(孟子·離婁下)

魯酒薄而邯鄲圍。(莊子·胠篋)

昔者龍逢斬，比干剖，萇弘胣，子胥靡。(同上)

這種被動意義的動詞，一直沿用到漢代以後。例如：

北宫伯子以愛人長者，而趙同以星氣幸。(史記·佞幸列傳)

西伯，伯也，拘於羑裏。(司馬遷報任安書)

蓋文王拘而演《周易》，仲尼厄而作《春秋》；屈原放逐，乃賦《離騷》；左丘失明，厥有《國語》；孫子臏脚，兵法修列；不韋遷蜀，世傳《吕覽》；韓非囚秦，《説難》、《孤憤》。(同上)

故桀紂誅死，赧王奪邑。(論衡·奇怪)

實禹舜之時，鴻水未治。(同上，書虚)

湯困夏臺，文王拘羑裏，孔子厄陳蔡。(同上，變虚)

蜘蛛結網，蜚蟲過之，或脱或獲。(同上，幸偶)

蛟龍見而雲雨至。(同上，龍虚)

乃與伍被謀爲反事，事覺自殺。(同上，道虚)

以上所述這一類句子都不能認爲是被動式，因爲從結構形式上看，這些句子和主動句的形式毫無區别。“孫子臏脚”與“左丘失明”的結構是一樣的。甚至在同一句子裏，“或脱”用於主動意義，“或獲”用於被動意義，我們不能説這是主動句，也不能説這是被動句。

有時候，爲了把施事者表示出來，古人就在被動意義的動詞後面加上一個“於”字結構。例如：

御人以口給，屢憎於人。（論語・公冶長）

郤克傷於矢。（左傳成公二年）

勞心者治人，勞力者治於人。（孟子・滕文公上）

通者常制人，窮者常制於人。（荀子・榮辱）

人之情，寧朝人乎，寧朝於人乎？（戰國策・趙策）

這一種形式一直沿用到漢代以後。例如：

故内惑於鄭袖，外欺於張儀。（史記・屈原賈生列傳）

然而兵破於陳涉，地奪於劉氏者，何也？（漢書，賈山傳）

廉頗者，……以勇氣聞於諸侯。（史記，廉頗藺相如列傳）

帝年八歲，政事壹决於光。（漢書・霍光傳）

然則人君劫於臣，已失法也。（論衡・非韓）

這似乎是被動式了，其實不是[①]。這只是借用處所狀語來引進施事者。從結構形式上看，它和處所狀語“於”字結構毫無二致。例如：

鶴鳴於九皋，聲聞於天。（詩・小雅・鶴鳴）

東敗於齊，長子死焉。（孟子・梁惠王上）

---

① 過去我曾經認爲這是被動式（《漢語史稿》中册 420—421 頁），現在修正我的錯誤。

傅説舉於版築之間,管夷吾舉於士,孫叔敖舉於海,百裹奚舉於市。(同上,告子下)

吾再逐於魯,伐樹於宋,削迹於衛,窮於商周,圍於陳蔡之間。(莊子·山木)

前不遇於魯,後不遇於齊,無以異也。(論衡·刺孟)

彼言聲聞於天,見鶴鳴於雲中,從地聽之,度其聲鳴於地,當復聞於天也。(同上,藝增)

由此看來,"屢憎於人"、"郤克傷於矢"一類的句子不能算是被動式。

在"可"字句中,"可"字後面的動詞往往是用於被動意義。"可謂"等於説"可以被認爲";"可知"等於説"可以被知道",等等①。例如:

三年無改於父之道,可謂孝矣。(論語·學而)

殷因於夏禮,所損益,可知也。周因於殷禮,所損益,可知也。(同上,爲政)

天作孽,猶可違;自作孽,不可逭。(書·太甲中)

若火之燎於原,不可嚮邇,其猶可撲滅。(書·盤庚上)

爾尚弼予一人,永清四海,時哉弗可失!(書·泰誓上)

左右皆曰可殺,勿聽;諸大夫皆曰可殺,勿聽。(孟子·梁惠王下)

但是,這些都不能算是被動式,因爲:(一)"可"字句是能願式的一種,不能認爲是被動式。(二)並不是所有的"可"字句都有被動意義。例如:

可愛非君,可畏非民。(書·大禹謨)

---

① 這只是説有這個意思,實際上並没有這樣説。

莫得安其性命之情者，而猶自以爲聖人，不可恥乎？（莊子·天運）

其生可樂。（同上，山木）

汝欲反汝情性而無由入，可憐哉！（同上，庚桑楚）

若知之，若不知之，若聞之，若不聞之。其可喜也終無已。（同上，則陽）

“可愛”譯爲“可以被愛”，“可畏”譯爲“可以被畏”，就非常勉强。“可恥”、“可樂”、“可憐”、“可喜”等，更不能解作被動意義。可見“可”字句不是被動式。①

真正的被動式是“爲”字句和“見”字句。“爲”和“見”作爲助動詞放在動詞前面，表示被動。“爲”字句的施事者放在助動詞和動詞的中間。這種被動式大約在春秋時代就産生了。例如：

不爲酒困。（論語·子罕）

止，將爲三軍獲。（左傳襄公十八年）

道術將爲天下裂。（莊子·天下）

這個形式一直沿用到漢代。例如：

身死人手，爲天下笑者，何也？（賈誼過秦論上）

身客死於秦，爲天下笑。（史記·屈原賈生列傳）

多多益善，何以爲我禽？（同上，淮陰侯列傳）

僕以口語遇遭此禍，重爲鄉黨戮笑。（司馬遷報任安書）

“見”字句的施事者放在“於”字後面。

吾長見笑於大方之家。（莊子·秋水）

---

① 可以拿英語作比較，“可謂”可以譯成 it may be said 或 it may be called（被動式），但“可愛”、“可悲”、“可恥”、“可恨”、“可憐”等都只能譯成單詞 lovely, lamentable, shameful, hateful, pitiful 等，不是被動式。

這個形式一直沿用到後代。例如：

先絶齊而後責地，則必見欺於張儀。見欺於張儀，則王必怨之。（史記·楚世家）

臣誠恐見欺於王而負趙。（同上，廉頗藺相如列傳）

自知以必然之事見責於世，則作誇誕之語。（論衡·道虚）

凡此諸子，以瞻爲冠，紹、簡亦見重當世。[①]（世説新語·賞譽下）

在"爲"字句和"見"字句中，施事者都可以不出現。[②]例如：

使身死而爲刑戮。（墨子·尚賢中）

賊其人多，故天禍之，使遂失其國家，身死爲僇於天下。[③]（同上，法儀）

貴爲天子，富有天下，而身爲禽者，其救敗非也。（賈誼過秦論中）

誠令武安君聽足下計，若信者亦已爲禽矣。（史記·淮陰侯列傳）

（伍子）胥之父兄爲戮於楚。（同上，吴太伯世家）

靈公少侈，故爲弑易。（同上，晉世家）

（以上"爲"字句）

年四十而見惡焉，其終也已。（論語·陽貨）

投我以桃，報之以李，即此言愛人者必見愛也，而惡人者必見惡也。（墨子·兼愛下）

出必見辱。（同上，公孟）

---

① "見重當世"，等於説"見重於當世"。

② 從史料上看，"見"字句以施事者不出現更爲常見。

③ "於天下"是處所狀語，"天下"不是施事者。下面《史記》"爲戮於楚"同。

盆成括見殺。(孟子·盡心下)
百姓之不見保,爲不用恩焉。(同上,梁惠王上)
見侮不辱。(莊子·天下)
休居鄉不見謂不脩,臨難不見謂不勇。(同上,達生)
君子……見由則恭而止,見閉則敬而齊。(荀子·不苟)
故君子恥不修,不恥見汙;恥不信,不恥不見信;恥不能,不恥不見用。(同上,非十二子)
齊桓公……於天下不見謂脩。(同上,王霸)
凡人之動也爲賞慶,爲之則見害傷,焉止矣。(同上,議兵)
明見侮之不辱,使人不鬪。人皆以見侮爲辱,故鬪也;知見侮之爲不辱,則不鬪矣。(同上,正論)
齊趣下三國,不且見屠。(史記·齊悼惠王世家)
忠且見棄,軫不之楚,何歸乎?(同上,張儀列傳)
(王)根言雖切,猶不見從。(漢書·張禹傳)
臣聞武帝使中郎將蘇武使匈奴,見留二十年。(同上,燕剌王劉旦傳)
地火不見射而滅,天火何爲見射而去?(論衡·感虚)
鄒衍無罪,見拘於燕。(同上)
甯戚隱厄,逢齊桓而見官。(同上,禍虚)
嘗見害,未有非,立爲帝,未有是。(同上)
孔子曰:"丘治詩、書、禮、樂、易、春秋,誦先王之道,明周召之迹,以干七十二君而不見用。"(神仙傳·老子)
奉尊見敕,不敢違耳。(漢武内傳)
文帝兄弟每造門,皆獨拜牀下,其見禮如此。(世説新語·方正)
國破家亡,無心至此。今日若能見殺,乃是本懷。(同上,賢媛)
使者驚拜曰:"無以復命,亦恐見殺,惟神人憫之。"(仙傳拾遺·

王次仲)

(以上"見"字句)

有時候,"爲""見"對舉,可見它們作爲被動式的助動詞是同義詞。例如:

厚者爲戮,薄者見疑。(韓非子·説難)

有時候,"爲"和"見"先後都用上了,"爲"字放在施事者的前面,"見"字放在施事者的後面,它們的位置並不衝突。例如:

烈士爲天下見善矣。(莊子·至樂)

到了後代,産生了"被"字句,"被"和"見"也可以同時用上。例如:

汝今日莫非被董太師見責來。(三國志通俗演義、鳳儀亭布戲貂蟬)

漢代以後,"見"字又可以由被動意義轉爲主動意義,等於一個詞頭。例如:

乃今日見教,謹受命矣。(司馬相如上林賦)

許下論議待吾不足,足下相爲觀察,還以見誨。(三國志·魏志·陳矯傳)

同心不滅骨肉親,每語見許文章伯。(杜甫戲贈閿鄉秦少翁短歌)

君於諸堂並可,望以今日見讓。(晉書·劉毅傳)

争名於朝廷者,則冠蓋相趨;遁跡於丘園者,則林泉見托。(王勃宴李處士宅序)

張祖希欲相識,自可見詣。(晉書·王忱傳)

吾兒欲來見尋。吾當去,可將金餅與之。(神仙傳·李常在)

夙攻水墨,願留一圖,以酬見侍之厚。(仙傳拾遺·劉商)

這種“見”字往往可以譯成“相”字,如“見許”即“相許”,“見讓”即“相讓”。王勃以“見托”與“相趨”爲對仗,可見“見”就是“相”的意思。但這種“見”字仍當認爲來源於助動詞,與代詞“相”字不同。

*　　*　　*

到了漢代以後,被動式有了新的發展。主要表現爲兩種形式:第一種是“爲……所”式①;第二種是“被”字句。

“爲……所”式

“爲……所”式是由先秦的被動式“爲”字句發展出來的。先秦的“所”字兩種性質:一方面,它具有代詞性;另一方面,它放在及物動詞的前面,受及物動詞的支配。漢代被動式在助動詞“爲”字和動詞之間插入一個“所”字不是偶然的,而是一種類化的結果。《馬氏文通》把“衛太子爲江充所敗”解釋爲“衛太子爲江充所敗之人”,楊樹達不同意他的解釋。楊樹達是對的。依馬氏的解釋,“衛太子爲江充所敗”應是主動句,而實際上它是被動句。但這種被動句是受主動句的形式的類化,則是不可否認的。在表示被動的情況下,“所”字失去了原來的代詞性,而成爲動詞的詞頭。例如:

漢軍卻,爲楚所擠。(史記・項羽本紀)

無爲有國者所羈。(同上,老莊申韓列傳)

吾悔不用蒯通之計,乃爲兒女子所詐。(同上,淮陰侯列傳)

---

① 《馬氏文通》解釋《莊子・天下》“道術將爲天下裂”一句說:“即‘天下所裂’也,‘天下’,‘裂’之起詞,其止詞乃‘所’字,隱而不言。”這是顛倒歷史的說法。先秦時代“爲……所”式還没有産生。楊樹達《高等國文法》引《禮記・檀弓》“世子申生爲驪姬所譖”。查無此語。且《禮記》也是漢代的作品。

及爲匈奴所敗，乃遠去。（同上，大宛列傳）

爲（郭）解所殺。（同上，遊俠列傳）

衛太子爲江充所敗。（漢書·霍光傳）

（王）章由是見疑，遂爲（王）鳳所陷。（同上，王章傳）

虞舜爲父弟所害，幾死再三。（論衡·禍虚）

（紂）雖爲文王所擒時，亦宜殺傷十百人。（同上，語增）

範雎爲須賈所讒，魏齊僇之，折乾折脅。（同上，變動）

庾太尉少爲王眉子所知。（世説新語·賞譽）

少爲王敦所歎。（同上）

何（充）少爲王公所重。（同上）

於時郎中雷被召與之戲，而被誤中遷，遷大怒。被怖，恐爲遷所殺。（神仙傳·劉安）

有時候，施事者也可以不出現。例如：

君王爲人不忍，若入前爲壽，壽畢，請以劍舞，因擊沛公於坐，殺之。不者，若屬皆且爲所虜。（史記·項羽本紀）

"被"字句

"被"字句大約萌芽於戰國末期。例如：

今兄弟被侵，必攻者，廉也；知友被辱，隨仇者，貞也。（韓非子·五蠹）

萬乘之國，被圍於趙。（戰國策·齊策）

國一日被攻，雖欲事秦，不可得也。（同上）

到了漢代，"被"字句就普遍應用起來了。這種"被"字的作用大致和"見"字相當。《史記·屈原列傳》："信而見疑，忠而被謗。""見"、"被"互文，可見"見""被"都是被動式的助動詞。在起初的時候，"被"字句中還没有施事者。例如：

（晁）錯卒以被戮。（史記·酷吏列傳）

被汙惡言而死。（同上）

被戮辱者不太迫乎？（賈子・階級）
石慶雖以謹得終，然數被譴。（漢書・公孫賀傳）
屈原，楚賢臣也，被讒放逐，作《離騷》賦。（同上，賈誼傳）
或有忠而被害，或以孝而見殘。（崔駰大理箴）
身完全者謂之潔，被毀謗者謂之辱。（論衡・累害）
曾子見疑而吟，伯奇被逐而歌。（同上，感虛）
實孝而賜死，誠忠而被誅。（同上）

這種没有施事者的被動式一直沿用到後代。例如：

暉剛於爲吏，見忌於上，所在多被劾自去。（後漢書・朱暉傳）
慕進者蒙榮，違意者被戮。（同上，臧洪傳）
永平五年，兄（班）固被召詣校書郎。（同上，班超傳）
及丹被征，遣子昱候於道。（同上，王丹傳）
兄泌娶妻，始入門，夜被劫。（宋書・宗慤傳）
遵考從弟思考亦被遇，歷朝官，極清顯。（同上，劉遵考傳）
金雖重而見鑄，桂徒芳而被折。（江淹・傷友人賦）
牽牛娶織女，借天帝二萬錢下禮，久不還，被驅在營室中。（荆楚四時記）
衣冠舊貴，被逼偷生。（樑元帝敕餘黨令）
及瓊被選爲整屋令，卿猶言相中不見，而瓊果以暴疾未拜而終。（魏書・寇贊傳）
歸時會被喚，且試入蘭房。（陳後主采蓮詞）
舍長官禁貴人，汝亦被拘邪？（晉書・元帝紀）
而黄初中，柴玉、左延年之徒復以新聲被寵。（同上，樂志）
（胡）烈與諸將皆被閉。（同上，胡奮傳）
故仲由以兼人被抑，冉求以退弱被進。（同上，張華傳）
惟盛洛無母，獨不被打。（周書・晉蕩公護傳）
丹朱不應乏教，甯越不聞被捶。（南史・王裕之傳）

山濤、王戎以貴顯被黜。(同上,顔延之傳)

桑落之敗,藩艦被燒。(同上,胡藩傳)

巧詐者雖事彰而獲免,辭弱者乃無罪而被罰。(北史·蘇綽傳)

大抵被陷者甚衆。(隋書·刑法志)

莫愁劍閣終堪據,聞道鬆州已被圍。(杜甫黄草詩)

所遇多被傷,呻吟更流血。(杜甫北征詩)

何必走馬來爲問?君不見,嵇康養生被殺戮!(杜甫醉爲馬所墮諸公攜酒相看詩)

及秋將辭去,因被留以執事。(韓愈與孟東野書)

行中第一争先舞,博士旁邊亦被欺。(王建宫詞)

近代白話文裏還有一些"吃"字句,其作用和"被"字句相當。"吃"(吃)就是"被"的意思。例如:

鬪不多時,只見阿速魯眼上吃敬瑭射着一箭。(五代史平話·晉史)

你的妻房在這裏吃哥哥萬千磨難。(同上,漢史)

人居寒微時,誰不吃人欺負?(同上)

大約在漢末以後,被字句中有了施事者出現。和"見"字句不同,"被"字句的施事者放在"被"字和動詞的中間。這樣,它在口語裏逐漸代替了"爲……所"式。例如:

五月二十日,臣被尚書召問。(蔡邕被收時表)

禰衡被魏武謫爲鼓吏。(世説新語·言語)

亮子被蘇峻害。(同上,方正)

後語人被崑崙召,當去,遂不復還也。(神仙傳·李阿)

若官未通顯,每被公私使令,亦爲猥役。(顔氏家訓·雜藝)

舉體如被刀割。(同上,歸心)

夫子嵇阮流,更被時俗惡。(杜甫有懷台州鄭十八司户詩)

一朝被馬踏,脣裂板齒無。(杜甫戲贈友詩)

且爲辛苦行,蓋被生事牽。(杜甫贈李十五丈別詩)

共被征官縛,低頭愧野人。(杜甫獨酌詩)

縱被微雲掩,終能永夜清。(杜甫天河詩)

拙被林泉滯,生逢酒賦欺。(杜甫夔府書懷詩)

江上被花惱不徹,無處告訴只顛狂。(杜甫江畔獨步尋花絶句)

貯財不省關身用,行義惟愁被衆知。(張籍贈王司馬詩)

幸自禰衡人未識,賺他作賦被時輕。(秦韜玉鸚鵡詩)

帶醉由人插,連陰被叟移。(薛能海棠詩)

今被徐庶舉薦,先主志心不二,復至茅廬。(三國志平話卷中)

中軍帥字旗竿被風吹折。(三國志通俗演義·孫堅跨江戰劉表)

“被……所”式

“被……所”式是“爲……所”式的類化,是口語和文言的雜糅。

元帥所奪州府縣鎮,皆被張飛所收。(三國志平話卷下)

鮑信殺入重地,被賊所害。(三國志通俗演義·曹操興兵報父仇)

嵩與妾躲於厠中,被亂軍所殺。(同上)

*　　*　　*

以上我們談的被動式,被動詞的後面都是没有賓語的,因爲受事者已經轉爲主語,自然不應該再有賓語了。這是一般的被動式。但是到了唐代,被動式又有新的發展,“被”字的前面有主語,動詞的後面還有賓語,而賓語所代表的事物又是主語代表的人所領有的。這樣,在這種被動式裏,主語只不過是間接的受事者,而動詞後面的賓語才是直接的受事者。

每被老元偷格律,苦教短李伏歌行。(白居易編集拙詩成一十

五卷因題卷末戲贈元九李二十詩）

娘子被王郎道着醜貌。（醜女緣起變文）

縱有衰蓬欲成就，旋被流沙翦斷根。（王昭君變文）

這種被動式在後代沿用下來。例如：

卻不防備被徐兵劫寨，殺傷甚衆。（五代史平話・梁史）

玄德兵至廣陵，又被袁術劫寨。（三國志通俗演義・孫策大戰太史慈）

何濤先折了許多人馬，獨自一個逃得性命回來，已被割了兩個耳朵，自回家將息。（水滸傳第二十回）

我一時被那廝封住了手，施展不得。（同上，第四十四回）

小二哥正待要叫，被時遷一掌打腫了臉，做聲不得。（同上，第四十六回）

賈政還要打時，被王夫人抱住板子。（紅樓夢第三十三回）

* * *

對任何語言來説，被動式都不能簡單地瞭解爲主動式的反面；並非一切主動式都能轉爲被動式。特别是在漢語裏，被動式的應用範圍是比較狹窄的，但是它又不是没有規律的。那麽，在什麽條件之下，漢語使用被動式呢？如果我們從被動式發展的歷史來看，這個問題就會弄清楚的。

我們應該先從"被"字意義發展過程來看。這並不是説一個字的意義的發展能決定一種語法結構的發展；我們的意思只是説，一種新興的語法結構是采取了和它相適應的詞彙形式來表現的。

《説文》："被，寢衣也。"引申爲動詞，就是"覆蓋"的意義，而"施及"的意義又是從"覆蓋"的意義來的。《書・禹貢》："西被於流沙"；《堯典》："光被四表"；《荀子・臣道》：

“澤被生民”,《賦篇》:“功被天下”,《不苟》:“夫亂而被之以治”等,都是這個“被”字。這種意義的“被”字,一般是用於好事方面的。

“被”字作爲動詞,還有另一種意義,這是“蒙受”、“遭受”的意義。這種意義和“覆蓋”的意義自然是同一來源的,但是,在詞義的應用上卻大有分別。第一種意義是主動地覆蓋或施及某一事物,第二種意義是被動地蒙及或遭受某一事物。被動式的“被”字不是來自第一種意義的,而是來自第二種意義的。因此,我們首先必須考察,“被”字作爲動詞(後面帶賓語),在第二種意義下,到底有什麼特點。下面是一些例子:

下施之萬民,萬民被其利。(墨子・尚賢中)
寡人不祥,被於宗廟之祟。(戰國策・齊策)
百姓無被兵之患,髡有璧馬之寶,於王何傷乎?(同上)
秦王復擊軻,被八創。(同上,燕策)
晉獻惑於驪姬兮,申生孝而被殃。(楚辭・七諫)
處非道之位,被衆口之譖。(韓非子・姦劫弒臣)
被德含和,繽紛蘢蓯。(淮南子・俶真)
行直而被刑,則修身者不勸善。(同上,主術)
同日被霜,蔽者不傷。(同上)
高祖被酒,夜徑澤中,令一人行前。(史記・高祖本紀)
國新被寇。(同上,南越尉陀列傳)
平陽侯曹參身被七十創,攻城略地,功最多。(漢書・蕭何傳)
請命乞恩,受辱被恥。(吴越春秋・勾踐歸國外傳)
臣得微勞,被受爵邑。(蔡邕表)
有囚於家被病,自載詣獄。(後漢書・虞延傳)

宫衣亦有名,端午被恩榮。(杜甫端午日賜衣詩)

被疾山谷間,累旬,食盡。(新唐書·膠東郡王道彦傳)

然巨盗起,天下被其毒。(同上,刑法志)

在上列十八個例子中,只有四個是敘述好事的("萬民被其利","被德含和","被受爵邑"、"端午被恩榮"),其餘都是敘述不幸或者不愉快的事情的。在這些例子中,我們又可以證明,助動詞"被"字的確是從這種表示"遭受"意義的動詞"被"字演變而來的。

現在我們再考察一下,被動式是否也像上面所述"被"字作爲主要動詞的句子那樣,基本上是用來表示不幸或者不愉快的事情的。上面所舉被動式的例子(從《韓非子·五蠹》"今兄弟被侵"到《紅樓夢》第三十五回"被王夫人抱住板子"),差不多全是表示不幸或者不愉快的事情的。也許有人説,那是隨意舉出的例子,不足爲憑。但是我們也曾根據《世説新語》全書做過一次統計,全書的被動式共二十七個,其中就有十九個是表示不幸或者不愉快的事情的。這些被動式是:

鼠被害尚不能忘懷,今以鼠損人,無乃不可乎?(德行)

孔融被收,中外惶怖。(言語)

禰衡被魏武謫爲鼓吏。(同上)

嵇中散既被誅,向子期舉郡計入洛。(同上)

李弘度常歎不被遇。(同上)

謝(景重)爲太傅長史被彈,王(孝伯)卽取作長史。(同上)

嵇康被誅後,山公舉康子紹爲祕書丞。(政事)

殷中軍被廢東陽,始看佛經。(文學)

殷中軍被廢,徙東陽,大讀佛經,皆精解。(同上)

桓宣武北征,袁虎時從,被責免官。(同上)

(庾)亮子被蘇峻害,改適江虨。(方正)

裴叔則被收,神色無變,舉止自若。(雅量)

許侍中、顧司空俱作丞相從事,爾時已被遇,游宴集聚,略無不同。(同上)

此諸人當時並無名,後皆被知遇。(識鑒)

謝胡兒作著作郎,嘗作王堪傳,不諳堪是何似人,咨謝公。謝公荅曰:"世胄亦被遇。"(賞譽下)

詣州府訴不得理,遂至撾登聞鼓,猶不被判。(規箴)

身被征作禮官,不關此事。(同上)

參佐無不被係束。(同上)

公獵好縛人士,會當被縛,手不能堪芒也。(同上)

小字鎮惡,年十七八,未被舉,而童隸已呼爲鎮惡郎。(豪爽)

賈充前婦是李豐女。豐被誅,離婚徙邊。(賢媛)

桓南郡被召作太子洗馬。(任誕)

殷中軍被廢,在信安,終日恒書空作字。(黜免)

王武子被責,移第北邙下。(汰侈)

(王平子)始作謝玄參軍,頗被禮遇。(讒險)

陸平原河橋敗,爲盧志所讒,被誅。(尤悔)

逮周侯被害,丞相後知周侯救己,嘆曰:"我不殺周侯,周侯由我而死!"(同上)

這一種語法結構的表示不幸,並不限於"被"字句,"爲"字句和"爲……所"式也是如此。

"被"字句在唐代以前,有時候還不帶任何感情色彩。例如上文所舉《晉書》"仲由以兼人被抑,冉求以退弱被進"。但是,就壓倒多數例子看來,我們説漢語被動式的作用基本是表示不幸或不愉快的事情,這話是可以説的。再説,就絶大多數的"例外"看來,似乎還是有規律可尋的。它們所表示的絶大多數是關於在上的恩寵,如《世説新語》的"被遇"、"被舉"、"被知遇"、"被禮遇"等。我們可以這樣設想:在古代封建社會裏,一般人以爲在上者的恩寵是和災禍一樣地不可抗拒的,所以要用被動式。這只是一個假設。這個假設能否成立,都不會影響到我們的結論,就是被動式的作用基本上是表示不幸或者不愉快的事情。

被動式這種基本作用發展的結果,使"被"字句有可能脱離了被動式的正常結構,甚至脱離了被動的意義而單純地表示不幸。最晚在唐代,被動式開始部分地脱離了正常的軌道。例如:

其時被諸大臣道:"大王! 太子是妖精鬼魅……。"(八相成道變文)

至神廟五裏以來,泥神被北方大王唱一聲。(同上)

從變文這兩個例子看來,還没有表示不幸的意思,但就後代一般情況看來,這類脱離正常軌道的被動式還是用來表示不幸的。

這種表示不幸的脱離常軌的句子可以大致分爲兩種情況。第一種情況是施事者在動詞前,受事者在動詞後,和一般"主動賓"的結構相似,但是"被"字放在主語的前面。例如:

被猴行者騎定馗龍。(大唐三藏取經詩話第七)

(等於説:"馗龍被猴行者騎定。")

且説那朱温出澗,取登州路去。方入城,被一人向前將朱温扯住。(五代史平話・樑史)

(等於説:"朱温被一人向前扯住)

被楊行密拿了龐師古,就軍前斬了。(同上)

(等於説:"龐師古被楊行密拿了。")

蔡陽持槍欲取關公,關公縱馬輪刀,鼓響一聲,被關公一刀砍了蔡陽頭。(三國志平話卷中)

(等於説:"蔡陽的頭被關公一刀砍了。")

被我咬斷繩索,到得這裏。(水滸傳第六十五回)

(等於説:"繩索被我咬斷。")

被你殺了四個猛虎。(同上,第四十四回)

(等於説:"四個猛虎被你殺了")

被我罵那老猪狗,那婆子便來打我。(同上,第二十六回)

(等於説:"那老猪狗被我罵了。")

第二種情况,在結構上和第一種相同,只是没有被動的意味,"被"字僅僅用來表示一種不幸的遭遇。這種句子不能改爲被動式。例如:

白虎精聞之,心生忿怒,被猴行者化一團大石,在肚內漸漸會大。(大唐三藏取經詩話第六)

只見馗龍……喊動前來。被猴行者隱形帽化作遮天陣。(同上,第七)

程宗楚、唐弘夫跨馬迎敵,被黄巢放一箭。(五代史平話·樑史)

楊行密先布陣索戰,與龐師古交鋒,鬥經數合,被朱瑾統五千人駐中軍,壅淮水灌師古軍營,汴兵大亂。(同上)

那單可及素號驍勇,心裹欺負着李思安兵少,卻被李思安將兵馬藏伏在四處了,寫着了書來單可及軍前索戰。(同上)

韓建使壯士三百人夜襲存孝軍營,被存孝設伏兵了出戰,建兵大敗。(同上,唐史)

卻説晉王往魏縣勞軍,自帥馬軍百餘人沿河而上,要覘覷劉鄩軍營。

恰天時陰晦下雨，塵霧冥迷，卻被劉鄩將五千軍在河曲田地裏藏伏了，四面鼓譟，圍了晉王數重。（同上）

由上述兩種情況看來，宋元兩代“被”字句的用途雖然擴大了，卻顯然没有定型。同時，這些情況更有力地證明瞭被動式的作用不是單純地變主動爲被動；相反地，“被”字句可以拿主動式的姿態出現，只要求達到一個目的，就是表示不幸或不愉快的事情。這種脱離正軌的結構形式在後代逐漸被淘汰了。語法是逐步趨向完美的，我們於此又一次得到證明。

*　　*　　*

被動式和處置式有一個共同的特點：它們都是動詞後面不帶賓語的。從意義方面説，差不多所有的帶施事者的被動式都可以轉爲處置式（“侵略軍被我們打敗了”、“我們把侵略軍打敗了”）。近代處置式要求同時把行爲的結果説出來，近代被動式也要求同時把行爲的結果説出來。由此可見，語法結構相互間是有它們的聯繫性的。從語言的節奏方面説，在處置式中，賓語提前了，單音節動詞放在後面就顯得孤單，被動式也不能例外。因此，帶施事者的被動式發展的結果，也和處置式一樣，同使成式結合起來。下面是一些被動式和使成式結合的例子：

於是王郎既被唬倒，左右宫人扶起，以水灑面。（醜女緣起變文）

全忠被克用搏倒。（五代史平話·唐史）

關興、張苞縱馬衝突，被亂箭射回。（三國演義第八十四回）

諸葛亮今番被吾識破。（同上，第九十回）

我準定被這廝們燒死了。（水滸傳第十回）

自從被動式和使成式經常結合以後，就一般情況説，被動式的動詞就不能再是孤單的。“我們把侵略軍打”不成話，“侵略軍被我們打”同樣不成話。必須説成“侵略軍被我們打敗了”(用使成式)，然後語意才完整了，節奏才諧和了。

當然，除了使成式之外，被動式也可以和别的形式相結合。

(一) 它可以和連動式相結合。[①] 例如：

我因八百歲時偷吃十顆，被王母捉下。(大唐三藏取經詩話第十一)

時護衛者數人皆爲阿計替揮去。(宣和遺事利集)

(二) 它可以和處所狀語相結合。例如：

被他三人拉到聚昇樓酒館裏。(儒林外史第二十九回)

(三) 它可以在動詞後面簡單地跟着一個“了”字或“着”字。例如：

今定軍山已被劉封、孟達奪了。(三國演義第七十一回)

遠遠望見枕溪靠湖一個酒店被雪漫漫地壓着。(水滸傳第十一回)

這些情況和處置式完全相同，所以我們説，處置式、被動式、使成式這三種結構相互間是有密切關係的。

---

① 這一類連動式，我在《漢語史稿》中認爲使成式。

第二十二章　遞係式的發展

遞係式又叫兼語式。在兼語式中,同一個名詞一身兼兩職,它既做前一動詞的賓語,又做後一動詞的主語。例如:“我叫他來”,又如“我請他喫飯”①。

遠在上古時代,遞係式就產生了。“有”字的賓語,常常兼作主語。例如:

有不速之客三人來。(易·需卦)

有朋自遠方來。(論語·學而)

有鄙夫問於我,空空如也。(同上,子罕)

有盜人入,闔其自入而求之,盜其無自出。(墨子·尚賢上)

婦妖宵出,有鬼宵吟。(同上,非攻下)

是故庶人不得次己而爲正,有士正之;士不得次己而爲正,有大夫正之;大夫不得次己而爲正,有諸侯正之;諸侯不得次己而爲正,有三公正之;三公不得次己而爲正,有天子正之;天子不得次己而爲正,有天正之。(同上,天志下)

嬖人有臧倉者沮君,君是以不果來也。(孟子·梁惠王下)

有爲神農之言者許行自楚之滕。(同上,滕文公上)

其有真君存焉。(莊子·齊物論)

---

① 我在《漢語史稿》(中册 437—444 頁)中,把遞係式分爲兩類:(一)賓語兼主語的遞係式;(二)謂語兼主語的遞係式。現在我認爲,只有第一種是遞係式。第二種(“得”字句)則是能願式的發展。

有老者哭之如哭其子。(同上,養生主)

獨有一丈夫儒服而立乎公門。(同上,田子方)

有一人在其上,則呼張歙之。(同上,山木)

有長者教予曰:"若乘日之車,而游於襄城之野。"(同上,徐無鬼)

有國於蝸之左角者曰觸氏,有國於蝸之右角者曰蠻氏,時相與争地而戰。(同上,則陽)

這種"有"字句一直沿用到現代。

在先秦時代,"命""使""遣""令"一類動詞往往用於遞係式。例如:

乃命羲和欽若昊天。(書・堯典)

王命衆悉至於庭。(書・盤庚上)

皇天震怒,命我文考肅將天威。(書・泰誓上)

有夏桀弗克若天,流毒下國,天乃佑命成湯降黜夏命。(書・泰誓中)

二公命邦人凡大木所偃盡起而築之,歲則大熟。(書・金縢)

天乃大命文王殪戎殷,誕受厥命。(書・康誥)

乃命重黎絶地天通。(書・吕刑)

乃命三後恤功於民。(同上)

晉侯使吕相絶秦。(左傳成公十三年)

孔子聞之,使子貢往侍事焉。(莊子・大宗師)

外内不相及,而丘使女往吊之,丘則陋矣。(同上)

其於治天下也,猶涉海鑿河而使蚉負山也。(同上,應帝王)

黄帝游乎赤水之北,登乎崑崙之丘,而南望還歸,遺其玄珠,使知索之而不得,使離朱索之而不得。(同上,天地)

富而使人分之,則何事之有?(同上)

莊子釣於濮水,楚王使大夫二人往先焉。(同上,秋水)

公使人視之,則解衣般礴贏。(同上,田子方)

郢人堊漫其鼻端,使匠石斫之。(同上,徐無鬼)

是使羣臣百姓皆以制度行。(荀子·王制)

不能使人必用己。(同上,非十二子)

令彭氏之子御。(墨子·貴義)

令陶者爲薄瓿。(同上,備城門)

令賁士主將皆聽城鼓之音而出。(同上,備梯)

毋令水潦能入。(同上,備突)

吾令羲和弭節兮,望崦嵫而勿迫。(離騷)

吾令鳳鳥飛騰兮,繼之以日夜。(同上)

令余且會朝。(莊子·外物)

乃遣子貢之齊。(墨子·非儒下)

遣他候奉資之。(同上,號令)

到漢代以後,"命"、"令"、"使"、"遣"等字仍舊沿用。例如:

唐叔得禾,異畝同穎,獻諸天子,王命唐叔歸周公於東,作《歸禾》。(書序)

周公既没,命君陳分正東郊成周,作《君陳》。(同上)

成王將崩,命召公、畢公率諸侯相康王,作《顧命》。(同上)

(以上"命"字句。)

高宗夢得説,使百工營求諸野,得諸傅巖,作《説命》三篇。(書序)

成王在豐,欲宅洛邑,使召公先相宅,作《召誥》。(同上)

始皇乃使將軍蒙恬發兵三十萬人,北擊胡,略取河南地。(史記·秦始皇本紀)

石勒不知書,使人讀《漢書》。(世説新語·識鑒)

於是叔本使安世出荅,言不在。(神仙傳·陳安世)

天使汝來侍衛我。(同上,介象)

(以上“使”字句。)

欲令魏先事秦,而諸侯效之。(史記·張儀列傳)

乃令樊噲召高祖。(漢書·高帝紀)

宣武與簡文、太宰共載,密令人在輿前後鳴鼓大叫。(世説新語·雅量)

豈不欲令吾與他人俱往乎?(神仙傳·衛叔卿)

令母在後設齋供佛。(大目干連冥間救母變文)

(以上“令”字句)

能令公子百重生,巧使王孫千迴死。(張鷟遊仙窟)

(以上“令”、“使”對舉。)

而遣沛公西收陳王、項梁散卒。(漢書·高帝紀)

高府君復遣珍往求根,請消除疫氣之術。(神仙傳·劉根)

逢師僧時,遣家僮打棒。(目連緣起變文)

(以上“遣”字句。)

但是,漢代以後,還使用其他的動詞構成遞係式,於是遞係式的應用範圍更加擴大了。大致可分爲三種方式:第一,使用與“命、令、使、遣”意義差不多的字眼,如“呼”、“喚”等,表示命令或祈使①。例如:

桓宣武與郗超議芟夷朝臣,條牒既定,其夜同宿。明晨起,呼謝安、王坦之入,擲疏示之。(世説新語·雅量)

王子猷、子敬同坐一室,上忽發火。子猷遽走避,不惶取屐。子敬神色恬然,徐喚左右扶憑而出。(同上)

詔中書舍人常景爲寺碑文。(洛陽伽藍記·永寧寺)

卽喚香兒取酒。(遊仙窟)

第二,使用“留”、“邀”等字眼,表示邀請。例如:

① 《漢書·高帝紀》:“範增數目羽擊沛公。”也屬於這一類。

沛公旦日從百餘騎見羽鴻門。……羽因留沛公飲。（漢書·高帝紀）

寧王邀臣喫飯。（神仙感遇傳·羅公遠）

第三，使用“拜”、“立”等字眼，與“爲”字呼應，表示封拜，册立。例如：

秦王拜斯爲客卿。（史記·李斯列傳）

正月，張耳等立趙後趙歇爲趙王。（漢書·高帝紀）

後兼三公，署數十人爲官屬。（世説新語·識鑒）

山公舉阮咸爲吏部郎。（同上，賞譽）

宋代以後，又有“教”、“叫”等字用於遞係式。例如：

得着婁忒没家收活去做小厮，教敬瑭去牧羊。（五代史平話·晉史）

對不上來，就叫你儒大爺打他的嘴巴子。（紅樓夢第八十八回）

“使”等字後面的名詞雖然處於兼位（賓語兼主語），但是，當古人用人稱代詞來代替名詞的時候，由於没有表示兼位的人稱代詞，就只能用賓語代詞“之”字來表示。例如：

取瑟而歌，使之聞之。（論語·陽貨）

若使之治國家，則此使不智慧者治國家也。（墨子·尚賢中）

上賢，使之爲三公；次賢，使之爲諸侯；下賢，使之爲士大夫。（荀子·君道）

正是由於它是處於兼位，所以這個賓語代詞“之”字是容易動摇的。在中古時期，“之”字在這種地方漸漸讓位於“其”字。例如：

修德使其來，羈縻固不絶。（杜甫留花門詩）

勸其死王命，慎莫遠奮飛。（杜甫甘林詩）

我們知道，在中古時期，口語裏有了“伊、渠、他”之後，書面語裏的"其"字就不限定用於領位,至少它可以用於包孕句裏的主位①。這一個轉變很重要。這可以説明:遞係式中的兩係是一個整體,其中處在兼位的名詞或代詞既不能單純地認爲是賓語,也不能單純地認爲是主語。

由於"使"、"令"、"叫"、"唤"等動詞的詞彙意義的要求,在漢語裏使用遞係式是必要的。"五四"以後,漢語的表達内容豐富了,遞係式的應用範圍就比任何時期都更加擴大。例如:

既是她的婆婆要她回去,那有什麽話可説呢?(魯迅祝福)

然而叫他離開飯鍋去拼命,卻又説不出口。(魯迅在鐘樓上)

教會學校不是還請腐儒做先生,教學生讀"四書"麽?(魯迅忽然想到)

所以印這個材料,是爲了幫助同志們找一個研究問題的方法。(毛澤東選集,第三卷 809 頁)

馬克思、恩格斯、列寧、斯大林教道我們認真地研究情況。(同上,817 頁)

在兼位名詞顯然可知的情況下,它可以被省略,這樣就使不同施事者的兩種行爲並列在一起。從上古到現在都有這種情況。例如:

無使滋蔓,蔓難圖也。(左傳隱公元年)

寡人有弟不能和協,而使糊其口於四方。(同上,隱公十一年)

謁者復通。盗跖曰:"使來前!"孔子趨而進。(莊子·盗跖)

---

① 它甚至可以用作一般的主語。例如《宋書·劉邵傳》:"其若見聞,當作依違答之。"《南齊書·垣崇祖傳》:"其恒自擬韓白。"參看吕叔湘《漢語語法論文集》182 頁。

塞下之民,禄利不厚,不可使久居危難之地。(漢書·鼂錯傳)

竇光妻傳其法,霍顯召入其第使作之。(西京雜記)

衆雛爛漫睡,唤起沾盤飧。(杜甫彭衙行)

官命促爾耕,勗爾植,督爾獲。(柳宗元種樹郭橐駝傳)

這高俅……若留住在家中,倒惹得孩兒們不學好了。(水滸傳第二回)

總之,遞係式的來源是很遠的。自先秦到現代,兩千多年來,除了兼位代詞由“之”到“其”的變换以外,它是最穩固的一種結構形式。“五四”以後,這種遞係式有了新的發展,那只是動詞多樣化了(如“選他做總統”、“派他當代表”、“讓他回去”,“批準他請假”等);它的結構形式仍然是和三千年前一樣的。

第二十三章　語氣詞的發展

漢語語氣詞所表示的語氣雖然近似於西洋語言的語氣(mood),但在表現方式上大大不同。西洋語言的語氣是通過動詞的屈折變化來表示的,而漢語的語氣則是通過語氣詞來表示的。

在原始時代,漢語可能没有語氣詞。直到西周時代,語氣詞還用得很少。在整部《尚書》裏,没有一個"也"字,只有一個"乎"字①:

帝曰:"疇咨若時登庸?"放齊曰:"胤子朱啓明。"帝曰:"吁!嚚訟,可乎?"

七個"矣"字:

逖矣,西土之人!(牧誓)
拜手稽首告嗣天子王矣。(立政)
拜手稽首後矣。(同上)
宅乃事,宅乃牧,宅乃準,茲惟後矣。(同上)
嗚呼!孺子王矣。繼自今,我其立政,立事,準人,牧夫。(同上)
嗚呼!予旦已受人之徽言,咸告孺子王矣。(同上)
今文子文孫,孺子王矣。(同上)

① 《尚書》共有六個"乎"字,其他五個都是介詞,不是語氣詞。

一百十六個“哉”字①,但都是感嘆語氣,而不是疑問語氣。例如:

帝曰:“往欽哉!”(堯典)

欽哉!欽哉!惟刑之恤哉!(舜典)

天叙有典,勑我五惇五典哉!天秩有亂,自我五禮有庸哉!同寅協恭和衷哉!天命有德,五服五章哉!天討有罪,五刑五用哉!政事懋哉!懋哉!(皋陶謨)

嗚呼,邦伯師長、百執事之人,尚皆隱哉!(盤庚下)

春秋時代以後,語氣詞逐漸産生和發展了。《馬氏文通》把助字(即語氣詞)分爲傳信助字和傳疑助字兩大類。傳信助字有“也”、“矣”等,傳疑助字有“乎、哉、與(歟)、邪(耶)”等。傳信助字就是陳述語氣,傳疑助字就是疑問語氣。此外還有祈使語氣,用“也”字,馬氏歸入傳信助字;感嘆語氣,用“哉”、“夫”等字,馬氏歸入傳疑助字。下面分别叙述一些主要的語氣詞及其演變。

“也”字

“也”字的語法作用大致可分爲七種。(一)表示一種情況,這是静態描寫。例如:

墻有茨,不可埽也。中冓之言,不可道也。所可道也②,言之醜也。(詩·鄘風·墻有茨)

玼兮玼兮,其之翟也。玉之瑱也,象之揥也。揚眉之晳也。(詩·君子偕老)

---

① 《尚書》共有107個“哉”字,不過《顧命》中“惟四月哉生魄”,的“哉”字是“始”的意思,不在此例。

② 這個“也”字是用來足句的,不是語氣詞。

樂其可知也。始作，翕如也；從之，純如也，皦如也，繹如也，以成。（論語・八佾）

吾猶及史之闕文也。（同上，衛靈公）

鯤之大不知其幾千裏也。（莊子・逍遥游）

（二）表示一種解釋或説明。例如：

小惠未徧，民弗從也。（左傳莊公十年）

苟有用我者，三月而已可也。（論語・子路）

逍遥，無爲也；苟簡，易養也；不貸，無出也。（莊子・天地）

其爲氣也，配義與道；無是，餒也。（孟子・公孫醜上）

夏后氏五十而貢，殷人七十而助，周人百畝而徹。其實皆什一也。徹者，徹也；助者，籍也。（同上，滕文公上）

我諱窮久矣而不免，命也；求通久矣而不得，時也。當堯舜而天下無窮人，非知得也；當桀紂而天下無通人，非知失也。時勢適然。（莊子・秋水）

此縣官重太后，故不竟也。（漢書・霍光傳）

在複句中，“所以……者”與“也”相呼應，也是表示解釋或説明原因。例如：

凡君之所以安者，何也？以其行理也。（墨子・所染）

察國之所以治者，何也？國君唯能壹同國之義，是以國治也。（同上，尚同上）

是故子墨子之所以非樂者，非以大鍾鳴鼓琴瑟竽笙之聲以爲不樂也；非以刻鏤文章之色以爲不美也；非以芻豢煎炙之味以爲不甘也；非以高臺厚榭邃野之居以爲不安也。（同上，非樂上）

察九有之所以亡者，無從飾樂也。（同上）

凡姦人之所以起者，以上之不貴義，不敬義也。（荀子・彊國）

凡禹之所以爲禹者，以其爲仁義法正也。（同上，性惡）

所以隱忍苟活，幽於糞土之中而不辭者，恨私心有所不盡，鄙陋沒世而文采不表於後世也。（司馬遷報任安書）

庶民所以安其田裏而亡歎息愁恨之心者，政平訟理也。（漢書·循吏傳序）

也可以不用“所以”，單憑“者”、“也”相呼應，來説明原因。例如：

向也不怒而今也怒者，向也虚而今也實也。（莊子·山木）

夫使孔子名布揚於天下者，子貢先後之也。（史記·貨殖列傳）

斯，上蔡布衣也。上幸擢爲丞相，封爲通侯，子孫皆至尊位者，將以安危存亡屬臣也。（同上，李斯列傳）

（三）表示一種判斷。例如：

或問子産。子曰：“惠人也。”（論語·憲問）

陳良，楚産也。（孟子·滕文公上）

故爲淵毆魚者，獺也；爲叢毆爵者，鸇也；爲湯武毆民者，桀與紂也。（同上·離婁上）

窮發之北有冥海者，天池也。（莊子·逍遥游）

齊諧者，誌怪者也。（同上）

丘也與女皆夢也，予謂女夢亦夢也。（同上，齊物論）

秦始皇帝者，秦莊襄王子也。（史記·秦始皇本紀）

項籍者，下相人也。（同上，項羽本紀）

（四）表示命令或祈使。例如：

孤雖歸，辱社稷矣，其卜貳圉也！（左傳僖公十五年）

潘崇曰：“享江芈而勿敬也！”（同上，文公元年）

吴雖無道，猶足以患衛，往也！（同上，哀公十二年）

行也！懷與安，實敗名。（同上，僖公二十三年）

君其往也！苟有寡君，在楚猶在晉也。（同上，昭公三年）

子路問事君。子曰：“勿欺也，而犯之。”（論語·憲問）

寡人非此二姬,食不甘味,願勿斬也!(史記・孫子吳起列傳)

（五）表示感歎。例如:

小人哉,樊須也!(論語・子路)

野哉,由也!(同上)

昔者齊景公問於晏子曰:"吾欲觀於轉附朝儛,遵海而南,放於琅邪,吾何脩而可以比於先王觀也?"晏子對曰:"善哉問也!"(孟子・梁惠王下)

上退,謂左右曰:"甚矣汲黯之戇也!"(史記・汲黯列傳)

（六）在複句的兩個分句中間,表示停頓。例如:

夫子至於是邦也,必聞其政。(論語・學而)

且予與其死於臣之手也,無寧死於二三子之手乎!(同上,子罕)

始吾於人也,聽其言而信其行;今吾於人也,聽其言而觀其行。(同上,公冶長)

耕也,餒在其中矣;學也,禄在其中矣。(同上,衛靈公)

吾聞之也,君子周急不濟富。(同上,雍也)

孩提之童無不知愛其親者;及其長也,無不知敬其兄也。(孟子・盡心上)

誠如是也,民之歸之,由水之就下。(同上,梁惠王上)

在單句中,如果前面是"之、其"構成的名詞性詞組,這個詞組後面也常常用"也"字表示停頓。例如:

子産之從政也,擇能而使之。(左傳襄公三十一年)

昔我先王之有天下也,規方千裏,以爲甸服。(國語・周語)

赤之適齊也,乘肥馬,衣輕裘。(論語・雍也)

地之相去也,千有餘裏;世之相後也,千有餘歲。(孟子・離婁下)

鵬之徙於南冥也,水擊三千裏,搏扶搖而上者九萬裏。(莊子・

逍遥游)

其爲舟車也,全固輕利,可以任重致遠。(墨子・辭過)

其爲政乎天下也,兼而愛之,從而利之。(同上,尚賢中)

其事鬼神也,酒醴粢盛不敢不蠲潔。(同上,尚同中)

其視下也,亦若是則已矣。(莊子・逍遥游)

其存人之國也,無萬分之一。(同上,在宥)

其爲鳥也,翂翂翐翐而似無能。(同上,山木)

(七) 在主語和謂語的中間,表示小停頓。例如:

古之狂也肆,今之狂也蕩。(論語・陽貨)

君子謂是盟也信。(左傳僖公二十八年)

夷狄也而亟病中國。(公羊傳僖公四年)

是鳥也,海運則將徙於南冥。(莊子・逍遥游)

之人也,物莫之傷。(同上)

其寐也魂交,其覺也形開。(同上・齊物論)

其厭也如緘。(同上)

其作始也簡,其將畢也必巨。(同上,人間世)

其動也天,其静也地。(同上,天道)

專名後面也可以帶"也"字。例如:

柴也愚,參也魯,師也辟,由也喭。(論語・先進)

今由與求也,可謂具臣矣。(同上)

回也,非助我者也。(同上)

賜也,非爾所及也。(同上,公冶長)

子謂子貢曰:"女與回也孰愈?"對曰:"賜也,何敢望回?"(同上)

吾將使獲也佐吾子。(左傳襄公十一年)

若之何其以虎也棄社稷?(同上,襄公二十一年)

吾與戊也縣,人其以我爲黨乎?(同上,昭公二十八年)

須也弱。(同上,哀公十一年)

故謁也死，餘祭也立；餘祭也死，夷昧也立；夷昧也死，則國宜之季子者也。（公羊傳襄公二十九年）

慶父也存。（同上，莊公三十二年）

是黄帝之所聽熒也，而丘也何足以知之？（莊子·齊物論）

夫子聖人也，丘也直後而未往耳。（同上，德充符）

丘也嘗使於楚矣。（同上）

丘也請從而後也。（同上，大宗師）

丘也聞不言之言矣。（同上，徐無鬼）

諸侯惡其害己也，而皆去其籍。然而軻也嘗聞其略也。（孟子·萬章下）

“今”、“古”、“向”、“必”等字用作副詞時，也往往帶“也”字。例如：

於我乎每食四簋，今也每食不飽。（詩·秦風·權輿）

哀公問弟子孰爲好學。孔子對曰：“有顔回者好學，不遷怒，不貳過。不幸短命死矣。今也則亡。”（論語·雍也）

麻冕，禮也。今也純，儉。（同上，子罕）

古者民有三疾，今也或是之亡也。（同上，陽貨）

古也有志：克己復禮，仁也。（左傳昭公十二年）

向也不怒而今也怒。（莊子·山木）

必也使無訟乎！（論語·顔淵）

總之，“也”字是肯定或否定的語氣。有的語法家以爲“也”字也表示疑問，那是誤解。“也”字一般要在句中已有疑問詞時，才能表示疑問。在這種情况下，“也”字表示疑問的語調，例如：

叔兮伯兮，何多日也？（詩·邶風·旄丘）

夫子何哂由也？（論語·先進）

誰能出不由户？何莫由斯道也？（同上，雍也）

是何人也？惡乎介也？（莊子・養生主）

而吾辭爲諸侯而耕，敢問其故何也？（同上，天地）

當先後兩個"也"字同時並用的時候，更足以證明後一個"也"字只是憑語調而不是憑詞彙意義表示疑問。例如：

是可忍也，孰不可忍也？（論語・八佾）

偶然也有一些"也"字前面没有疑問詞而仍能表示疑問的，那也只是憑語調而不是憑詞彙意義表示疑問。例如：

子張問：十世可知也？（論語・爲政）

仁者，雖告之曰："井有仁焉"，其從之也？（同上，雍也）

公都子曰："冬日則飲湯，夏日則飲水，然則飲食亦在外也？"（孟子・告子上）

"也"字的用法，似乎在中古以後没有在口語中流傳下來。至少是少用了。《世説新語》接近口語，其中就很少用"也"字。主要原因之一就是大量使用了係詞"是"字。

"矣"字

"矣"字的問題比較簡單。"矣"字的詞彙意義大致等於現代漢語的"了"字。

如果説"也"字是静態的描寫的話，那麽，"矣"字就是動態的敍述，它告訴人們一種新的情况。例如：

使子路反見之，至則行矣。（論語・微子）

吾聞道矣。（莊子・大宗師）

伯州犁侍於王后。王曰："騁而左右，何也？"曰："召軍吏也。""皆聚於軍中矣。"曰："合謀也。""張幕矣。"曰："虔卜於先君也。""徹幕矣。"曰："將發命也。""甚囂，且塵上矣。"曰："將塞井夷竈而爲行也。""皆乘矣，左右執兵而下矣。"曰："聽誓也。""戰乎？"曰："未可知也。""乘而左右皆下矣。"曰："戰禱

也。”(左傳成公十六年)

實際上,“矣”字表示的是一個確定語氣。凡已經發生的情況,已經存在的狀態,必然發生的結果,可以引出的結論,都可以用“矣”字煞字。分别舉例如下。

(一) 已經發生的情況。例如:

險阻艱難,備嘗之矣。(左傳僖公二十八年)

不幸短命死矣。(論語·雍也)

賓不顧矣。(同上,鄉黨)

舜往於田則吾既得聞命矣。(孟子·萬章上)

虞卿未返,秦之使者已在趙矣。(戰國策·趙策)

今妾自知有身矣,而人莫知。(同上,秦策)

日月出矣,而爝火不息。(莊子·逍遥游)

山東豪俊遂並起而亡秦族矣。(賈誼過秦論)

賢人已與我共平之矣。(史記·高祖本紀)

脱身獨去,已至軍矣。(同上,項羽本紀)

假定式的前分句用“矣”字煞句,也屬於這一類。例如:

苟志於仁矣,無惡也。(論語·里仁)

既庶矣,又何加焉?(同上,子路)

既富矣,又何加焉?(同上)

(二) 已經存在的狀態。例如:

晉侯在外十九年矣。(左傳僖公二十八年)

禄之去公室五世矣,政逮於大夫四世矣,故夫三桓之子孫微矣。(論語·季氏)

吾君已老矣,已昏矣。(穀梁傳僖公十年)

若是則夫子過孟賁遠矣。(孟子·公孫醜上)

牛山之木嘗美矣。(同上,告子上)

皆曰:“紂可伐矣。”(史記·劉敬列傳)

（三）必然産生的結果。例如：

文獻不足故也。足，則吾能征之矣。（論語·八佾）

觀過，斯知仁矣。（同上，里仁）

我欲仁，斯仁至矣。（同上，述而）

如有復我者，則我必在汶上矣。（同上，雍也）

上下交征利而國危矣。（孟子·梁惠王上）

如有不嗜殺人者，則天下之民皆引領而望之矣。（同上）

若伐曹衛，楚必救之，則齊宋免矣。（左傳僖公二十七年）

公族，公室之枝葉也。若去之，則本根無所蔽蔭矣。（同上，文公七年）

肯定必將産生的情況也屬於此類。例如：

趙孟將死矣。（左傳昭公元年）

諾，吾將仕矣。（論語·陽貨）

（四）可以引出的結論①。例如：

賢賢易色，事父母能竭其力，事君能致其身；與朋友交，言而有信。雖曰未學，吾必謂學矣。（論語·學而）

子曰："非禮勿視，非禮勿聽，非禮勿言，非禮勿動。"顏淵曰："回雖不敏，請事斯語矣。"（同上，顏淵）

公叔文子之臣大夫僎與文子同昇諸公。子聞之曰："可以爲'文'矣。"（同上，憲問）

故夏書曰："禹七年水。"殷書曰："湯五年旱。"此其離兇餓甚矣。"（墨子·七患）

（"離"，通"罹"。）

今王公大人之加罰此也，雖古之堯舜禹湯文武之爲政，亦無以異此矣。（同上，天志下）

---

① 這種用法很重要，語法家很少提及，所以多舉例。

以爲實在,則戇愚甚矣。(同上,非儒下)

風之積也不厚,則其負大翼也無力,故九萬裏則風斯在下矣。(莊子·逍遥游)

今夫斄牛,其大若垂天之雲,此能爲大矣,而不能執鼠。(同上)

臣之所好者道也,進乎技矣。(同上,養生主)

夫藏舟於壑,藏山於澤,謂之固矣。(同上)

且夫知不知是非之竟,而猶欲觀於莊子之言,是猶使蚊負山,商蚷馳河也,必不勝任矣。(同上,秋水)

故《書》者政事之紀也,《詩》者中聲之所止也,故學至乎禮而止矣。(荀子·勸學)

以上所述語氣詞“矣”字的四種用法,都和現代漢語語氣詞“了”字相當。大約在宋代以後,在口語裏,“了”字已經取代了“矣”字。例如:

臨清已被周侍中早據了也。(五代史平話·唐史)

秦王軍至端門外了,計將安出?(同上)

郭成寶,您今恁地成長了,又怎生刺了臉兒?(同上,周史)

只爲吃董璋争了功賞,肚悶,將佩刀當些酒吃,醉後將他殺了。(同上)

老太尉一家老小皆被曹操使人殺了。(三國志平話卷下)

實不瞞師父説,酒卻有些茅柴白酒,肉卻多賣没了。(水滸傳三十一回)

干爺不必記罣,小僧都分付了。(同上,第四十四回)

你兩個的話我已都聽見了。(紅樓夢第七十七回)

(以上已經發生的情況。)

我説與你三日限,今已兩日了。(水滸傳第十回)

我卻有個道理對他,只是在這裏安不得身了。(同上,第四十二回)

小人雖是中山人氏,到此多年了。(同上,第四十七回)

(以上已經存在的狀態。)

你明日若無投名狀時,也難在這裏了。(水滸傳第十回)

若只打得那個寨子時,這三個寨便罷了。(同上,第五十九回)

倘或明日後日這兩天一家子要來,你就在家裏好好的款待他們就是了。(紅樓夢第十回)

倘或再砸了盤子,更了不得了。(同上,第三十一回)

不可拿進園去,叫人知道了,我就吃不了兜着走了。(同上,第二十三回)

(以上必然發生的結果。)

你這媽媽太小心了。(紅樓夢第八回)

太太見奶奶這樣才情,越發都推給奶奶了。(同上,第十五回)

只從我出去了不大進來,你們越發没了樣兒了,别的嬷嬷越不敢説你們了。(同上,第十九回)

看了混帳書,也拿我取笑兒,我成了爺們解悶兒的了。(同上,第二十六回)

扮作小子樣兒,更好看了。(同上,第三十一回)

只聽外頭柴草響,我想着必定有人偷柴草來了。(同上,第三十九回)

這麽着,我也不要了。(同上,第四十六回)

他又比我知書識字,更利害一層了。(同上,第五十五回)

(以上引出的結論)

"了"字比"矣"字的應用範圍更寬了。許多地方,在文言裏是不用"矣"字的,在白話裏也用了"了"字。例如:

了便了了,只是我手脚軟了,安排不得。(水滸傳第二十五回)

朱仝領了十個弓手,二十個士兵,先去了。(同上,第十八回)

搬了盞碟,自向厨下去了。(同上,第二十三回)

況且湘雲没來,颦兒才好了,人都不合式;不如等着雲丫頭來了,颦兒也大好了,香菱詩也長進了:如此邀一滿社,豈不好?(紅樓夢第四十九回)

這是因爲“了”字同時用於動詞詞尾,而“矣”字不能用作動詞詞尾的緣故。

另一方面,古代的“矣”字也有不能譯成“了”字的。那就是表示感嘆的語氣。這種“矣”字往往放在主語前面,使句子成爲倒裝句。例如:

逷矣西土之人!(書・牧誓)
展矣君子!實勞我心。(詩・邶風・雄雉)
可矣富人!哀此惸獨!(詩・小雅・正月)
甚矣吾衰也!久矣吾不復夢見周公!(論語・述而)
甚矣魯侯之淑,魯侯之美也!(公羊傳莊公十二年)
巧言令色,鮮矣仁!(論語・學而)
幸矣子之先生遇我也!(莊子・應帝王)
甚矣天下之惑也!(同上,在宥)
甚矣夫好知之亂天下也!(同上,胠篋)
甚矣夫人之難説也!(同上,天運)
遠矣全德之君子!(同上,田子方)
久矣夫丘不與化爲人!(同上,天運)
久矣夫莫以真人之言謦欬吾君之側乎!(同上,徐無鬼)
甚矣子之好學也!(同上,漁父)
甚矣子之難悟也!(同上)
甚矣由之難化也!(同上)

其實這種“矣”字的詞彙意義和煞句的“矣”字並没有什麼不同,如果改爲順裝句,一樣地可以表示感嘆。改爲順裝句以後,就可以譯成“了”字了。例如:

美哉禹功！明德遠矣！（左傳昭公元年）

有以爲未始有物者，至矣！盡矣！不可以加矣！（莊子·齊物論）

汝得全而形軀，具而九竅，無中道夭於聾盲跛蹇，而比於人數，亦幸矣！（同上，達生）

吾子欲見溫伯雪子久矣！（同上，田子方）

不知處陰以休影，處靜以息迹，愚亦甚矣！（同上，漁父）

下面講一講“也”和“矣”的區别。

《淮南子·説林》説：“‘也’之與‘矣’，相去千裏。”可見“也”與“矣”是有區别的。“也”字所表示的語氣没有保留下來（往往被判斷詞“是”字代替了），“矣”字所表示的語氣卻留下來（變成“了”字），這也可以證明“也”、“矣”的語氣是不同的，“也”字表示肯定或否定，“矣”字表示確定，語氣似乎差不多。其實“也”字表示一種静態，“矣”字表示一種動態，就差得遠了。“矣”字往往是把新發現的情况告訴别人，這是“也”字所不能表示的。

過去已發生的事用“矣”字，過去未發生的事用“也”字。例如：

由也昇堂矣，未入於室也。（論語·先進）

天去其疾矣，隨未可克也。（左傳桓公八年）

其言多當矣，而未諭也；其行多當矣，而未安也；其知慮多當矣，而未周密也。（荀子·儒效）

德雖未至也，義雖未濟也，然而天下之理略奏矣，刑賞已諾信乎天下矣。（同上，王霸）

“耳”（爾）字

“耳”字表示不滿語氣，等於現代漢語的“罷了”。例如：

二三子，偃之言是也，前言戲之耳。（論語·陽貨）
鈞之糶，亦於中國耳，何必於越哉？（墨子·魯問）
始吾以爲天下一人耳，不知復有夫人也。（莊子·天地）
且子獨不聞夫壽陵餘子之學行於邯鄲與？未得國能，又失其故行矣。直匍匐而歸耳。（同上，秋水）
以魯國而儒者一人耳，可謂多乎？（同上，田子方）
通天地一氣耳，故聖人貴一。（同上，知北游）
世人直爲物逆旅耳。（同上）
吾得斗昇之水然活耳。（同上，外物）
天地非廣且大也，人之所用容足耳。（同上）
夫可規以刺而可諫以言者，皆愚陋恒民之謂耳。（同上盜跖）
直不百步耳，是亦走也。（孟子·梁惠王上）
人病不求耳，子歸而求之，有餘師。（同上，告子下）
口耳之間則四寸耳，曷足以美七尺之軀哉？（荀子·勸學）
在魏者，乃據圉津，卽去大梁百有二十裏耳。（同上，彊國）
故君子之所以日進，與小人之所以日退，一也。君子小人之所以相縣者，在此耳。（同上，天論）

"耳"字又寫作"爾"，意思是一樣的。例如：

其在宗廟朝廷，便便言，唯謹耳。（論語·鄉黨）
不崇朝而徧雨乎天下者，唯太山爾。（公羊傳僖公三十一年）
其國亡矣，徒葬於齊爾。（同上，莊公四年）
天下宜爲君者，唯魯侯爾。（同上，莊公十二年）
莊王圍宋，軍有七日之糧爾。盡此不勝，將去而歸爾。（同上，宣公十五年）①

① 《馬氏文通》說："諸引'爾'殿句義同上（按，指《論語·鄉黨》一例），皆出公羊傳，諸書不概見。"其實《荀子》還有一些殿句的"爾"字，見下文所引。

彼人之才性之相縣也,豈若跛鼈之與六驥足哉?然而跛鼈致之,六驥不致。是無他故焉:或爲之,或不爲爾。(荀子·脩身)

葉公子高入據楚,誅白公,定楚國如反手爾。(同上,非相)

故事不揣長,不揳大,不權輕重,亦將志乎爾。(同上)

是非容貌之患也,聞見之不衆,論議之卑爾。(同上)

煞句"耳"字在現代漢語裏爲"罷了"所代替[①]。"罷了"始見於何書,還没有考證出來。但是我們發現《紅樓夢》裏就有了。例如:

那也瞧我的高興罷了。(第十七回)

誰又參禪?不過是一時的頑話兒罷了。(第二十二回)

太太不過偶然聽了别人的閑言,在氣頭上罷了。(第七十七回)

天知道罷了!(同上)

"焉"字

馬建忠、楊樹達都認爲"焉"有"於是"的意義[②]。同時把它歸入助字(助詞)。黎錦熙把"焉"字認爲是"介代兼助"(即介詞"於"、代詞"是"兼有助詞的主要作用,是語氣詞)。不過"焉"字確也兼有間接賓語或直接賓語的作用。其兼有間接賓語作用者,例如:

① 《馬氏文通》説:"'耳'字後世用之,有非'而已'之解者。《魏志·崔琰傳》注:後與南郡習授同載,見曹公出,授曰:'父子如此,何其快耳!'又《吴志·劉惇傳》注:吴主共論鱠魚何者最美,象曰:'鯔魚爲上。'吴主曰:'論近道耳。此出海中,安可得耶?'象曰:'可得耳。''何其快耳'之'耳'有詠嘆之意,'可得耳'之'耳'乃語之餘聲,言外猶雲'易得'也,皆與'而已'義别。"按,這不是正常的語法形式,所以這裏不談。

② 其實譯爲"於之"更爲確切,但古書上没有"於之"的説法,只好譯作"於是"。

爲壇於南方北面,周公立焉。(書・金縢)
(立焉,立於壇上。)
制,巖邑也,虢叔死焉。(左傳隱公元年)
(死焉,死於制。)
既富矣,又何加焉?(論語・子路)
(加焉,加於富。)
長沮桀溺耦而耕,孔子過之,使子路問津焉。(同上,微子)
(問津焉,問津於長沮桀溺。)
不得已而之景醜氏宿焉。(孟子・公孫醜下)
(宿焉,宿於景醜氏。)
宋穆公疾,召大司馬孔父而屬殤公焉。(左傳隱公三年)
(屬殤公焉,屬殤公於孔父。)
初,晉侯使士蔿爲二公子築蒲與屈,不慎,寘薪焉。(同上,僖公五年)
(寘薪焉,寘薪於所築之城。)
晉侯之入也,秦穆姬屬賈君焉。(同上,僖公十五年)
(屬賈君焉,屬賈君於晉侯。)
改館晉侯,饋七牢焉。(同上)
(饋七牢焉,饋七牢於晉侯。)
於是秦始征晉河東,置官司焉。(同上)
(置官司焉,置官司於河東。)
秦納女五人,懷嬴與焉。(同上,僖公二十五年)
(與焉,與於五人之列。)
執衛侯,歸之於京師,寘諸深室,甯子職納櫜饘焉。(同上,僖公二十八年)
(納櫜饘焉,納櫜饘於衛侯。)
項羽由是始爲諸侯上將軍,諸侯皆屬焉。(史記・項羽本紀)

(屬焉,屬於項羽。)

齊冠帶衣履天下,海岱之間斂袂而往朝焉。(同上,貨殖列傳)

(朝焉,朝於齊。)

文王之囿方七十裏,芻蕘者往焉,雉兔者往焉。(孟子·樑惠王下)

(往焉,往於文王之囿①。)

事物的比較,也用間接賓語"焉"字。例如:

國家之敗,由官邪也。官之失德,寵賂章也。郜鼎在廟,章孰甚焉?(左傳桓公二年)

(孰甚焉,孰甚於此。)

貳而執之,服而舍之,德莫厚焉,刑莫威焉。(同上,僖公十五年)

(莫厚焉,莫厚於此;莫威焉,莫威於此。)

過而能改,善莫大焉。(同上,宣公二年)

(莫大焉,莫大於此。)

君有辱命,惠莫大焉。(同上,昭公三年)

知而弗從,禍莫大焉。(同上)

主以不賄聞於諸侯,若受梗陽人,賄莫其焉。(同上,昭公二十八年)

若以尊卑爲歲月數,則是尊其妻子與父母同,而親伯父宗兄而卑子也,逆孰甚焉?(墨子·非儒下)

夫仁義潛然,乃憤吾心,亂莫大焉。(莊子·天運)

餘語汝三皇五帝之治天下,名曰治之,而亂莫甚焉。(同上)

天子、諸侯、大夫、庶人,此四者自正,治之美也。四者離位,而亂

① 這只是可以這樣理解,實際上没有什麼"往文王之囿"的說法,因爲上古漢語裏,"往"字後面不帶賓語。

莫大焉。(同上,漁父)

不仁之於人也,禍莫大焉。(同上)

晉國,天下莫强焉。(孟子·梁惠王上)

反身而誠,樂莫大焉;强恕而行,求仁莫近焉。(同上,盡心上)

是姦人將以盗名於暗世者也,險莫大焉。(荀子·不苟)

將其爲智邪?則愚莫大焉。將以爲利邪?則害莫大焉。將以爲榮邪?則辱莫大焉。將以爲安邪?則危莫大焉。(同上榮辱)

口好味,而臭味莫美焉。耳好聲,而聲樂莫大焉。目好色,而文章致繁,婦女莫衆焉。形體好佚,而安重閒静莫愉焉。心好利,而谷禄莫厚焉。(同上,王霸)

無其人而幸有其功,愚莫大焉。(同上,君道)

譬之是猶立直木而恐其景之枉也,惑莫大焉。(同上)

譬之是猶欲壽而歾頸也,愚莫大焉。(同上,彊國)

然則是殺人者不死,傷人者不刑也。罪至重而刑至輕,庸人不知惡矣,亂莫大焉。(同上,正論)

然則先王以人之所不欲者賞,而人之所欲者罰邪?亂莫大焉?(同上)

是大刑之所加也,辱孰大焉?(同上,議兵)

是高爵豐禄之所加也,榮孰大焉?(同上)

不仁不知,辱莫大焉。(同上,正論)

若是,則與無上同也,不祥莫大焉。(同上)

然則是誅民之父母而師民之怨賊也,不祥莫大焉。(同上)

夫德不稱位,能不稱官,賞不當功,罰不當罪,不祥莫大焉。①(同上)

---

① 《馬氏文通》雲:“此種句法,《國策》以下,不習見焉。”這話不合事實。

其兼有直接賓語的作用者[①]，例如：

子女玉帛，則君有之；羽毛齒革，則君地生焉。（左傳僖公二十三年）

衆好之，必察焉；衆惡之，必察焉。（論語·衛靈公）

太守甚任之，吏民敬愛焉。（史記·循吏列傳）

爲什麽不用"於是"和"之"而用"焉"字呢？這是因爲要用"焉"作語氣詞，表示一句的結束。試看"衆好之，必察焉"，不能换成"衆好焉，必察之"，就知道"焉"字是用來煞句的。

"焉"字又可以純任語氣詞，不兼代詞的作用。例如：

擊之，必大捷焉。（左傳僖公三十二年）

故臨武事，將發大命而蕩王心焉。（同上，莊公四年）

我二十五年矣，又如是而嫁，則就木焉。（同上，僖公二十三年）

君以爲易，則難者將至矣；君以爲難，則易者將至焉。[②]（國語·晉語）

宗廟之事，如會同，端章甫，願爲小相焉。（論語·先進）

君子病無能焉，不病人之不己知也。（同上）

有時候，前面有了"於"字狀語，處所已明，"焉"字也就專任語氣詞了。例如：

寡人之於國也，盡心焉耳矣。（孟子·梁惠王上）

夫子言之，於我心有戚戚焉。（同上）

語氣詞"焉"字在後代口語中没有留傳下來，也没有别的詞替代它。

---

① "焉"依直接賓語和間接賓語分爲兩類，比從前語法學家分爲指代"之"和指代"於是"兩類更切合實際。

② 上句含慨嘆的語氣，故用"矣"，下句不含慨嘆語氣，故用"焉"。

“乎”字

上古疑問語氣詞主要是四個:“乎、哉、與(歟)、邪(耶)”。“與、歟”是古今字,爲了區别於與共的“與”,後人造了一個“歟”字;“邪、耶”是古今字,爲了區别於邪惡的“邪”,後人造了一個“耶”字。其實“與、邪”也是古今字,《論語》用“與”,《莊子》用“邪”。“與、邪”古音同屬喻母魚部,可能只是方言讀音不同。《孟子》用“與”,《莊子》用“邪”。由此看來,古代疑問語氣詞可以分爲三類:

1. 純粹傳疑:乎
2. 純粹反詰:哉
3. 要求證實:與(歟)、邪(耶)

“乎”字表示純粹傳疑,是所謂是非問。例如:

管仲儉乎?(論語·八佾)

廄焚,子退朝,曰:“傷人乎?”(同上,鄉黨)

吾恐齊之攻我也。可救乎?(墨子·魯問)

苟械於此,一日浸百畦,用力甚寡而見功多。夫子不欲乎?(莊子·天地)

“乎”字又可用於反問,那是由於前面有反詰副詞(如《左傳》宣公十二年:“困獸猶鬥,況國相乎”?)或類似反詰副詞的詞語(如《論語·學而》“不亦樂乎?”),並非乎字本身能表示反詰。

“乎”字的意義在現代漢語裏是“嗎”字。“嗎”的前身是“麽”,“麽”的前身是“無”。“無、麽、嗎”是一聲之轉。①

① “無”在上古屬明母微部,讀 miua,後又讀 ma,“麽”在中古屬明母戈韻,讀 ma;“嗎”在現代也讀 ma。

例如:

江花未落還成都,肯訪院花老翁無?(杜甫入奏行)

幕下郎君安隱無?從來不奉一行書。(杜甫投簡梓州幕府簡韋十郎官詩)

晚來無欲雪,肯飲一杯無?(白居易問劉十九詩)

更作三年計,三年身健無?(白居易歸來二周歲詩)

家池動作經旬別,鬆竹琴魚好在無?(白居易履道池上作)

海味腥咸損聲氣,聽着猶得斷腸無?(白居易寄明州於駙馬使君詩)

池月幸閑無用處,今宵能借客游無?(白居易集賢池答侍中問詩)

自生自滅成何事,能逐東風作雨無?(白居易嶺上雲詩)

不知詔下懸車後,醉舞狂歌有例無?(白居易戲問牛司徒)

粧罷低聲問夫壻,畫眉深淺入時無?(朱慶餘近試上張籍水部詩)

吾欲探時謡,爲公伏奏書。但恐抵忌諱,未能肯聽無。(元結別何員外詩)

不知他日事,兼得似君無。(元稹與樂天同葬杓直)

彼此業緣多障礙,不知還得見兒無。(元稹哭兒詩)

唯愛劉君一片膽,近來還敢似人無?(元稹寄劉頗詩)

野人愛静仍耽寢,自問黄昏肯去無?(元稹晨起送使君不行詩)

(以上"無"字。)

衆中遺卻金釵子,拾得從他要贖麽?(王建宫詞)

問達摩:未來此土時,還有佛法也無?曰:"萬古長空,一朝風月。闍黎會麽?"(傳燈録)

爲報顔公識我麽?我心唯只與天和。(姚巖傑報顔標詩)

南齋宿雨後,仍許重來麽?(賈島王侍南原莊詩)

不知陶靖節,還動此心麽?(李中聽蟬寄朐山孫明府詩)

我已謝公,公怒不已,怎麽要與範延光同反麽?(五代史平話·晉史下)

汝内淫父妾,姦污弟妻,行如禽獸,這事莫也是咱教汝麽?(同上,唐史上)

今日爲小兒拿來,您怎生作活計麽道?還着服咱小兒麽?(同上,唐史下)

那公事有些下落麽?(水滸傳第十七回)

輕則打你半死,重則結果你命,你依得麽?(同上,第二十九回)

哥哥在家裏麽?(同上,第三十六回)

卿可召黄河神行雨麽?(宣和遺事元集)

你原來是那鬧天宫的弼馬温麽?(西遊記第十七回)

妖王道:"可有熟瓜麽?"(同上,第六十六回)

這話是説我麽?(紅樓夢第二十一回)

是我,還不開門麽?(同上,第二十六回)

不聽見説要進來麽?(同上,第八十七回)

你也是我這屋裏的人麽?(同上,第二十四回)

老太太近日安麽?(同上,第八十一回)

你還認得我麽?(同上,第一百十三回)

(以上"麽"字。)

幸虧是姨媽這裏,倘或在别人家,那不叫人家腦嗎?(紅樓夢第八回)

你既拿款,我敢親近嗎?(同上,第三十二回)

姑娘知道妙玉師父的事嗎?(同上)

難道這一首還不好嗎?(同上,第四十八回)

何況這塊玉不見了,難道不問嗎?(同上,第九十四回)

(以上"嗎"字。)

大致説來,唐代用“無”,晚唐以後用“麽”,清代以後用“嗎”。《紅樓夢》“麽、嗎”並用,可能全都讀 ma,用“麽”字時只不過是仿古罷了。

“哉”字

疑問語氣詞“哉”字來自感嘆語氣詞“哉”字。它本身不能表示疑問,只有前面有疑問詞時才能表示疑問。而這種疑問不是真正疑問,而是反詰。反詰就帶有感嘆語氣,所以適用“哉”字。反詰句,往往既可用疑問號(?),又可用感嘆號(!)。在這種情況下,有人兼用疑問號和感嘆號,例如《論語·爲政》:“視其所以,觀其所由,察其所安,人焉廋哉?!人焉廋哉?!”這樣,就規定了“哉”字句必須是反詰,而不能表示純粹疑問①。例如:

夫實爲之,謂之何哉?(詩·邶風·北門)

夫召我者,而豈徒哉?(論語·陽貨)

吾之不遇魯侯,天也。藏氏之子焉能使予不遇哉?(孟子·樑惠王下)

若夫乘天地之正而御六氣之辯,以游無窮者,彼且惡乎待哉?(莊子·逍遥游)

口耳之間則四寸耳,曷足以美七尺之軀哉?(荀子·勸學)

“與(歟)、邪(耶)”

“與”字作爲疑問語氣詞,一般是要求證實。這就是説,説話人猜想大約是這樣一件事情,但是還不能深信不疑,所以要求對話人予以證實。例如:

---

① 楊樹達以爲“哉”字既表示反詰,也表示疑問(《詞詮》376—377 頁),那是不對的。他所舉的疑問也都是反詰,只不過感嘆語氣較輕罷了。

女弗能救與？（論語・八佾）
是魯孔丘與？（同上，微子）
然則師愈與？（同上，先進）
則文王不足法與？（孟子・公孫醜上）
抑王興甲兵，危士臣，搆怨於諸侯，然後快於心與？（同上，樑惠王上）

《墨子》、《莊子》、《荀子》等書，在這一用途上，常常不用"與"而用"邪"（耶）①。例如：

國既已治矣，天下之道盡此已邪？（墨子・尚同下）
然則物無知邪？（莊子・齊物論）
然則子無師邪？（同上，田子方）
是其市南宜僚邪？（同上，則陽）
子自謂才士聖人邪？（同上，盜跖）

但是，應當注意到：在這些著作裏，"邪"同時也用於純粹傳疑（《莊子・在宥》："叟何人邪？"），而且用於純粹反詰（《莊子・齊物論》："庸詎知吾所謂知之非不知邪？"）可見由於方言的不同，②"與"和"邪"用途的廣狹也不同。

"乎"、"與"、"邪"有一個共同點，它們都可以用於選擇問。例如：

滕，小國也，間於齊楚。事齊乎？事楚乎？（孟子・樑惠王下）
敬叔父乎？敬弟乎？（同上，告子上）
不知論之不及與？知之弗若與？（莊子・秋水）
子巧與？有道與？（同上，知北游）
求牧與芻而不得，則反諸其人乎？抑亦立而視其死與？（孟

① 這些書也用"與"字，不過只用於交替問和疊問。
② 《馬氏文通》說："'邪'是楚音，此戰國南學北漸之證。"（校注本 472 頁）

子·公孫醜下)

此天下之利與?天下之害與?(墨子·兼愛下)

吾不識孝子之爲親度者,亦欲人愛利其親與?意欲人之惡識其親與?(同上)

(意,通抑。)

豈女爲之與?意鮑爲之與?(同上,明鬼下)

受命於天乎?將受命於户邪?(史記·孟嘗君列傳)

如果加上選擇詞,上古的疑問句就可以分爲四種。我們試看它們和現代漢語的疑問句是怎樣對應的:

(1)純粹傳疑(乎),在現代漢語裏往往用正反並列法。例如"管仲儉乎?"現代説成"管仲儉不儉?"或"管仲算不算儉?""傷人乎?"現代説成"傷了人没有?"這種正反並列法的來源很早。例如《孟子·公孫醜上》:"如此則動心否乎?"《公孫醜下》:"子之持戟之士一日而三失伍,則去之否乎?"《莊子·天地》:"既已告矣,未知中否?"這種"否"字也可以寫成"不"。例如古詩《陌上桑》:"使君謝羅敷,寧可共載不?"[①]《世説新語·言語》:"二兒可得全不?"

在上古用"乎"的地方,現代也可以用"嗎"、"呢",没有疑問代詞或疑問副詞的時候用"嗎",例如《論語》"管仲儉乎?"可譯爲"管仲儉嗎?"有疑問代詞或疑問副詞(包括反詰副詞)的時候用"呢"。例如《史記·淮陰侯列傳》:"安能鬱鬱久居此乎?"可譯爲"怎能鬱鬱不樂地長久住在這裏呢?"

(2)純粹反詰(哉),在現代漢語裏用"呢"字。例如《論

① 這裏"不"字讀平聲,甫鳩切。

語》"人焉廋哉?"可譯爲"這個人怎能隱蔽得了呢?"

(3) 要求證實(與、邪),在現代漢語裏用"嗎"字。例如《論語·八佾》"女弗能救與?"可譯爲"你不能挽救過來嗎?"

在《莊子》等書裏,有些"邪"字是表示純粹傳疑或反詰的,當句中有疑問代詞或疑問副詞的時候,譯成現代漢語就不是"嗎"而是"呢"。例如《莊子·駢拇》"何以知其然邪?"譯成現代漢語是"怎麽知道它是這樣呢?"

(4) 要求選擇(乎、與、邪),在現代漢語裏用"呢"字。例如《孟子》"事齊乎!事楚乎?"譯成現代漢語是"事齊呢?還是事楚呢?"

由此看來,現代疑問語氣詞和古代疑問語氣詞不能成爲簡單的對應。"嗎"和"呢"的分工不等於"乎"和"哉"的分工,也不等於"乎"和"與、邪"的分工。"嗎"是獨立性疑問語氣詞,沒有疑問詞的句子要靠它來表示疑問;"呢"是依存性疑問語氣詞,必須句子本身已經有了疑問詞,它才能幫助疑問的語氣。這樣我們就能瞭解爲什麽選擇性的疑問也要用"呢"字,因爲正反並列法("他來不來?")本身已經搆成疑問。現代疑問語氣詞和古代疑問語氣詞的用途是交錯的,因爲現代疑問語氣詞不是來自古代疑問語氣詞,而是來自其他的詞。

"嗎"字的來源,前面已經講過了。現在談談"呢"字的來源及其應用的範圍。

"呢"字的最初形式是"那"。"那"字最初用於夸張語氣,例如:

公是韓伯休那!乃不二價乎!(後漢書·韓康傳)

這種“那”字一直沿用到元曲裏。例如：

小姐，你揀個好財主每，好秀才每，或招或嫁，可不好那！（鴛鴦被）

我無事也不來，你許下這狗兒，我特來取那。（殺狗勸夫）

母親，你好喬也！丢了一個賊漢，又認了一個秃厮那！（合汗衫）

你犯下十惡大罪，須饒不得你那！（争報恩）

别人家不似這般利害那！（燕青博魚）

在元曲裏“那”字作爲語氣詞，又用來表示疑問和反詰。例如：

他是官宦人家小姐，怎生與你爲妻那？（鴛鴦被）

我是個女孩兒，羞答的怎生去那？（同上）

嫂嫂，假如哥哥覺來，怎生好那？（殺狗勸夫）

喒手裏無錢呵，可着這麽去買那？（合汗衫）

我且問你，你那兒可姓甚麽那？（同上）

父親，你好下的也，怎麽着人打死我那？（東堂老）

你不道來我姓李你姓趙，俺兩家是甚麽親那？（同上）

哥哥，你唤我做甚麽那？（燕青博魚）

相公，你爲何不肯認老相公那？（曲江池）

“呢”的另一來源是“哩”①。“哩”字大約産生在十三世紀左右。在元代已經普遍應用了。《正字通》説：“哩，音裏，元人詞曲借爲助語。”“哩”字的較早形式可能是“裏”。據吕叔湘先生考證，唐宋時代有個語氣詞“在裏”，宋人多單言“裏”（例如《同話録》：“若還替得你，可知好裏。”《履齋詩

① 是否“那”先變爲“哩”，然後變爲“呢”呢？我想不是的。應該是“那”直接變爲“呢”（泥母雙聲相轉）。“哩”則是方音，轉變爲“呢”。

餘》:“春意,春意,只怕杜鵑催裏”)。“哩”就是“裏”的另一個寫法。[1]

在元代,“哩”字主要是用來表示誇張語氣。例如:

說漢朝大臣來投見哩。(元曲漢宮秋)

二位老丞相,他還不信哩。(同上,陳州糶米)

俺兄弟兩個將一瓶酒來與哥哥上壽哩。(同上,打狗勸夫)

門外有個親眷尋你哩。(同上,合汗衫)

兀那没眼的大漢,店門首有你個鄉親喚你哩。(同上,燕青博魚)

在後花園亭子上,正在那裏吃酒哩。(同上)

哎,我等那崔鶯鶯怎的?我只等着桂花仙子哩。(同上,張天師)

店裏有個好女子請你哩。(同上,救風塵)

都是你這兩個歹弟子孩兒弄窮了我哩。(同上,東堂老)

在元曲裏,“哩”字有時候也用來表示疑問或反詰,例如:

你怎麼量米哩?俺不是私自來糶米的。(陳州糶米)

仙子,可再有何人思凡哩?(張天師)

你父親立與我的文書上,寫着的甚麼哩?(東堂老)

在元曲用“哩”表示疑問語氣的地方,“哩”字都可以用“那”字來代替。試比較下面兩組例子,就可以看出,“哩”和“那”在表示疑問的語氣上没有分別。例如:

(1) 張千,你說甚麼哩?(陳州糶米)

兀那老的,你說甚麼那?(合汗衫)

(2) 你做甚麼哩?(救風塵)

---

① 參看吕叔湘《漢語語法論文集》,4頁。

孩兒也,你來做甚麽那?(東堂老)

《水滸傳》裏的"哩"字只表示誇張語氣,不表示疑問語氣。例如:

你兀自不知哩。(第二十三回)

將去鎖在大牢裏,求生不得生,求死不得死,大鐵鏈鎖着,也要過哩。(第二十八回)

老爺方才睡,你要偷我衣裳也早些哩。(第三十一回)

到了《西遊記》裏,"哩"字既可以表示誇張語氣,又可以表示疑問語氣。例如:

我有用他處哩。(第十七回)

這和尚還説不是賊哩。(第二十五回)

還有陪綁的在這裏哩。(同上)

(以上誇張語氣)

你在那裏叫我哩?(第二十一回)

你把那個姐姐配我哩?(第二十三回)

你幾時又吃人肉哩?(第二十八回)

現代漢語普通話裏用"呢"不用"哩"①。"呢"字的出現似乎也應該推到元代,但是只有少數例子,而且是不完整的句子。例如:

婆婆,俺那孩兒的呢?(合汗衫)

天那!攪了我一個好夢,正好意思了呢?(東堂老)

到了《西遊記》裏,"呢"字也偶爾出現,也是不完整的句子。例如:

還是古人的呢?還是現在人畫的?(第一回)

---

① 方言還有用"哩"的,但只是用於誇張語氣。

却是誰作的呢？（第二回）

要主親做甚麽呢？（第四回）

況且你又有個病人，那裏方便呢？（第十六回）

到了《紅樓夢》裏，“呢”字完全接代了“哩”字的兩種語氣，既可以表示誇張，又可以表示疑問或反詰。例如：

只要他發一點善心，拔一根毫毛，比偺們的腰還壯呢！（第二十三回）

你若看了，連飯也不想吃呢！（同上）

要不是他經管着，不知叫人誆騙了多少去呢！（第三十九回）

湘雲道：“有，多着呢！”（第二十四回）

阿彌陀佛，可來了！没把花姑娘急瘋了呢！（第四十三回）

（以上是誇張語氣。）

這會子做什麽呢？（第十九回）

我寫的那三個字在那裏呢？（第八回）

依你怎麽樣呢？（第四十三回）

誰叫你去打劫呢？（第六回）

何嘗不是這樣呢？（第十回）

你們多早晚才念夜書呢？（第十四回）

我那裏有這工夫説閒話呢？（第二十四回）

昨兒寶丫頭他不替你圓謊，爲什麽問着我呢？（第二十八回）

（以上疑問和反詰語氣。）

吕叔湘先生認爲“呢”即“哩”的變形①，這一説不是没有道理的。在北方話裏，界限雖然相當分明，但也不是絶對不可以相通（“弄”字，今北京文言讀[luŋ]，白話讀[nəŋ]，所以

① 參看吕叔湘《漢語語法論文集》，4—6頁。吕先生還用現代漢語方言（蘇州話）相印證。他的話是有相當大的説服力的。

“哩”字變“呢”是完全可能的)。

*　　*　　*

總起來説,漢語語氣詞的發展有一個特色,就是上古的語氣詞全部都没有在口語裏留傳下來,“也、矣、焉、耳、乎、哉、歟、耶”之類,連痕迹都没有了。代替它們的是來自各方面的新語氣詞。譬如説,有來自語尾的“的”,有來自詞尾的“了”,有來自否定詞的“無、麽”,有來自誇張語氣的“那、哩”的“呢”。近代漢語還有一些新興的語氣詞,如祈使語氣用“罷”(吧)和用途越來越大的“啊”及其變音“呀、哇、哪”。這裏就不一一詳述了。

第二十四章　省略法的演變

在上古漢語裏，某些結構可以認爲是省略。現在只談兩種情況：（一）主語的省略，主要是"則"字後面主語的省略；（二）賓語的省略，主要是介詞"以"和"爲"後面的賓語的省略。

（一）主語的省略，和第三人稱代詞不用作主語有關。除非重復上文已出現的名詞（如《左傳》桓公六年："齊侯欲以文薑妻鄭太子忽，太子忽拜。"），否則只好省略了主語。例如：

> 孺悲欲見孔子，孔子辭以疾。將命者出户，（孔子）取瑟而歌，使之聞之。（論語·陽貨）

> 楚狂接輿歌而過孔子曰："鳳兮！鳳兮！何德之衰？往者不可諫，來者猶可追。已而！已而！今之從政者殆而！"孔子下，欲與之言。（接輿）趨而避之，（孔子）不得舉之言。（同上，微子）

> 初，若敖娶於䢵，生鬬伯比。若敖卒，（鬬伯比）從其母畜於䢵，淫於䢵子之女，（䢵子之女）生子文焉。䢵夫人使棄諸夢中，虎乳之。䢵子田見之，懼而歸，以告，（䢵子）遂使收之。（左傳宣公四年）

> 郤子至，請伐齊，晉侯弗許。（郤子）請以其私屬，（晉侯）又弗許。（同上，宣公十七年）

連詞"則"字可以幫助讀者瞭解主語的變換，所以"則"字後面往往可以省略主語。例如：

季康子問使民敬忠以勸,如之何？子曰:"臨之以莊則(民)敬;孝慈,則(民)忠;舉善而教不能,則(民)勸。"(論語·爲政)

子路從而後,遇丈人,以杖荷蓧。子路問曰:"子見夫子乎?"丈人曰:"四體不勤,五穀不分,孰爲夫子?"植其杖而芸。子路拱而立。(丈人)止子路宿,殺鷄爲黍而食之,見其二子焉。明日,子路行,以告。子曰:"(丈人)隱者也。"使子路反見之。(子路)至則(丈人)行矣。(同上,微子)

這仍舊和第三人稱代詞的不用作主語有關。試看《莊子·德充符》:"我先出則子止,子先出則我止",第一、第二人稱用於主語的時候,是不可以省略的。

(二) 在上古漢語裏,一般賓語的省略很少見。只有在平行句的第二句的否定語裏,賓語才往往被省略①。例如:

吾弟則愛之,秦人之弟則不愛也。(孟子·告子上)

一簞食,一豆羹,得之則生,不得則死。(同上)

至於介詞後賓語被省略的就比較多了。最常見的賓語省略是在介詞"以"和"爲"的後面。其所省略的應該認爲是代詞"之"字或"此"字。但是,這裏所謂"省略"僅僅是爲了分析句子的便利而説的;實際上有許多地方根本不能補出這個代詞賓語來。

先談"以"字後面賓語的省略。例如:

吾嘗終日不食,終夜不寢,以思,無益,不如學也。(論語·衛靈公)

長沮、桀溺耦而耕。孔子過之,使子路問津焉。長沮曰:"夫執輿者爲誰?"子路曰:"爲孔丘。"曰:"是魯孔丘與?"曰:"是

① 參看《馬氏文通》校注本,上册,279頁。

也。"曰:"是知津矣。"問於桀溺。桀溺曰:"子爲誰?"曰:"爲仲由。"曰:"是魯孔丘之徒與?"對曰:"然。"曰:"滔滔者天下皆是也,而誰以易之①?且而與其從辟人之士也,豈若從辟世之士哉?"耰而不輟。子路行以告。(同上,微子)

苟行仁政,四海之内皆舉首而望之,欲以爲君。(孟子・滕文公下)

凶年饑歲,君之民老弱轉乎溝壑,壯者散而之四方者,幾千人矣;而君之倉廩實,府庫充,有司莫以告,是上慢而殘下也。(同上,梁惠王下)

《詩》雲:"周雖舊邦,其命維新。"文王之謂也。子力行之,亦以新子之國。(同上,滕文公上)

我非堯舜之道不敢以陳於王前。(同上,公孫醜下)

如果瞭解"以"字後面賓語的省略,就能認識到,上古漢語的"以爲"和"可以"並不等於現代漢語的"以爲"和"可以"。現代漢語的"以爲"和"可以"都是單詞(雙音詞);上古漢語的"以爲"和"可以"都應該認爲兩個詞的結合,"以"字後面省略了賓語。例如:

魏王貽我大瓠之種,我樹之成,而實五石。以盛水漿,其堅不能自舉也。剖之以爲瓢,則瓠落無所容。(莊子・逍遥游)

爲善無近名,爲惡無近刑,緣督以爲經,可以保身,可以全生,可以養親,可以終年。(同上,養生主)

吾知道之可以貴,可以賤,可以約,可以散。(同上,知北游)

① 孔注:"空舍此適彼,故曰:'誰以易之?'"劉寶楠曰:"空舍此通彼,言彼此皆同,不必以此易彼也。"王引之《經傳釋詞》以爲當解作"誰與易之",非是。

今燕虐其民,王往而征之,民以爲將拯己於水火之中也。①(孟子·梁惠王下)

漢代以後,“以爲”和“可以”才逐漸凝爲單詞(雙音詞)。例如:

乃復問被曰:“公以爲吳興兵是邪非邪?”被曰:“以爲非也。”(史記·淮南王世家)

司馬引袁盎起,曰:“君可以去矣。”

再談介詞“爲”字後面賓語的省略。例如:

雖然,每至於族,吾見其難爲,怵然爲戒,視爲止,行爲遲。(莊子·養生主)

妻不下帷,嫂不爲炊。(戰國策·秦策)

自如淳於髡以下,皆命曰列大夫,爲開第康莊之衢,高門大屋,尊寵之。(史記·孟子荀卿列傳)

臣竊見大赦之後,姦邪不爲衰止。(漢書·匡衡傳)

以上所講的這些省略法,一直沿用到後代的文言文。至於近代的口語,在多數情況下不能再沿用這些省略法。

* * *

有一種省略法是先秦常見的,後代漸漸罕見了,到了近代的白話文裏更是幾乎絶迹。但是,“五四”以後,受了西洋語法的影響,卻又“復興”了。那就是對話的省略法。

在先秦對話裏,“曰”字的主語往往承前而被省略。例如:

樊遲請學稼。子曰:“吾不如老農。”請學爲圃。(子)曰:“吾不

---

① 這個“以爲”和“剖之以爲瓢”的“以爲”在語法形式上是完全一樣的。在意義上,則“剖之以爲瓢”是指具體行爲,“以爲將拯己”是抽象的猜想。

如老圃。"(論語·子路)

子曰:"賜也,女以予爲多學而識之者與?"(子貢)對曰:"然。"(子)曰:"非也。予一以貫之。"(同上,衛靈公)

有時候,在不妨礙瞭解的情況下,連"曰"字也省略了。例如:

陳亢問於伯魚曰:"子亦有異聞乎?"(伯魚)對曰:"未也。(孔子)嘗獨立,鯉趨而過庭。(孔子)曰:'學詩乎?'(鯉)對曰:'未也'。(孔子)曰:'不學詩,無以言。'鯉退而學詩。他日,(孔子)又獨立,鯉趨而過庭。(孔子)曰:'學禮乎?'(鯉)對曰:'未也'。(孔子)曰:'不學禮,無以立。'鯉退而學禮。——聞斯二者。"(論語·季氏)

子路、曾晳、冉有、公西華侍坐。子曰:"以吾一日長乎爾,毋吾以也。如或知爾,則何以哉?"子路率爾而對曰:"千乘之國,攝乎大國之間,加之以師旅,因之以饑饉。由也爲之,比及三年,可使有勇,且知方也。"夫子哂之。(子)曰:"求,爾何如?"(冉有)對曰:"方六七十,如五六十,求也爲之,比及三年,可使足民。如其禮樂,以待君子。"(子)曰:"赤,爾何如?"(公西華)對曰:"非曰能之,願學焉。如會同,端章甫,願爲小相焉。"(子曰:)"點,爾何如?"(曾晳)鼓瑟希,鏗爾。舍瑟而作。對曰:"異乎三子者之撰。"(同上,先進)

客指孔子曰:"彼何爲者也?"子路對曰:"魯之君子也。"……又問曰:"有土之君與?"子貢曰:"非也。"(客又問曰:)"侯王之佐與?"子貢曰:"非也。"客乃笑而還。(莊子·漁父)

在現代文藝作品的對話裏,也正是采取這一類的敍述方式。由於分行寫出,所以就更加清楚了。例如:

但總不免着了急,忍不住要問,便局局促促的說:

"先生,我家的寶兒什麽病呀?"

"他中焦塞着。"

"不妨事麽？他……"

"先去吃兩帖。"

"他喘不過氣來,鼻翅子都扇着呢。"

"這是火克金……"(魯迅明天)

車夫毫不理會,——或者並没有聽到,——卻放下車子,扶那老女人慢慢起來,攙着臂膊立定,問伊説：

"你怎麽啦?"

"我摔壞了。"(魯迅一件小事)

省略是語言所必有的事。只要不妨礙瞭解,省略是完全可能的。關於省略法的演變是談不完的,因爲省略的可能性是各種各樣的。

第二十五章　“五四”以後新興的句法

“五四”以後，漢語的詞法和句法受西洋語法的影響，有相當大的變化。這裏就重要的幾點分别加以敍述：

1. 無定冠詞的産生及其受到限制；
2. 新興的使成式；
3. 新興的被動式；
4. 新興的聯結式；
5. 新興的平行式；
6. 新興的插語法；
7. 新興的複句——分句位置的變化。

（一）無定冠詞的産生及其受到限制

大家知道，英語、法語、德語等都有冠詞（articles）。西洋所謂冠詞是一種特殊的形容詞，放在普通名詞的前面。它們的作用是顯示後面跟着的詞是屬於名詞性質；因此即使不是名詞（不用作定語的形容詞，不定式動詞等），只要緊跟在冠詞後面，也就帶有名詞性質。冠詞又細别爲兩種：一種是有定冠詞（在英語裏是 the），表示它後面的名詞所代表的事物是有定的（上文已經提到的事物，等等）；第二種是無定代詞（在英語裏是 a，an），表示它後面的名詞所代表的事物是無定的（例如不能確指的事物）。有定冠詞和漢語的語法結構距離很遠，所以漢語不能接受它的影響。無定冠詞恰恰相反，它是漢語所最容易接受的。在法語和德語裏,無定冠詞是借用數詞"一"字(法語 un,une,德語 ein,eine,ein)來表示的。在英語裏,無定冠詞雖不是借用數詞"一"字(one)來表示,但是它所用的 a,an 也帶有"一"的意思。因此,我們用"一個"、"一種"之類來對譯,實在方便得很。久而久之,我們自己寫的文章,也喜歡用"一個"、"一種"等。當然我們不需要在漢語語法裏分出無定冠詞一個詞類來(没有有定冠詞和它相配,無定冠詞也是不能成立的),我們只是説,這種起冠詞作用的"一個"、"一種"等,在"五四"以前的漢語裏是没有的。

"一個"自然是漢語所原有的。但是,"五四"以後,"一個"的用途擴大了,本來可以不用一個的地方也用上了。例如:

> 但究竟還看見尖劈的尖,也算得一個缺點。(魯迅高老夫子)
>
> 它的食量,在我們其實早是一個極易覺得的很重的負擔。(魯迅傷逝)
>
> 其實這在我不能算是一個打擊。(同上)
>
> 我揀了一個機會,將這些道理暗示他。(同上)
>
> 只有一個虛空。(同上)
>
> 給我一個難堪的惡毒的冷嘲。(同上)
>
> 然而正當這時候,一個後悔又兜頭撲上他的全心靈。(茅盾子夜)

在近代的白話文裏,用"一個"往往是指具體的數量,例如《紅樓夢》第六十七回:"這屋裏單你一個人惦記着他,我們都是白閑着混飯吃的。"否則往往省去"一"字,例如《紅樓夢》第六十八回:"二姐是個實心人,便認做他是個好人。"在新興的語法中,"一個"只是指出後面跟着的是名詞或名詞性詞組。

“一種”比“一個”更富有啓示性。在唐代,“一種”只是“同樣”的意思。例如:

一種爲人妻,獨自多悲凄。(李白江夏行)

東屯復瀼西,一種住清溪。(杜甫自瀼西荆扉且移居東屯茅屋詩)

八年身世夢,一種水風聲。(元稹遣行詩)

清江碧草兩悠悠,各自風流一種愁。(韓偓寒食夜詩)

當然一個種類也可以稱爲“一種”(杜甫憶弟詩:“即今千種恨,惟共水東流”)。但今天作冠詞用的“一種”也不是一個種類的意思。作爲無定冠詞,它所管的是抽象名詞或近似抽象名詞的名詞。我們知道,漢語的抽象名詞前面本來是數量詞的。例如《紅樓夢》第七十回:“偺們重新整理起這個社來,自然要有生趣了。”“五四”以後,受西洋語法的影響,就要用“一個”來表示無定冠詞。例如上文所舉的“一個負擔”,“一個打擊”、“一個虚空”、“一個後悔”。這樣用是可以的,但是和具體名詞没有分别了。爲了更加明確,人們另用“一種”來作爲抽象名詞的冠詞。

幸虧薦頭的情面大,辭退不得,便改爲專管温酒的一種無聊職務了。(魯迅孔乙己)

其實也不過是一種手段。(魯迅頭髮的故事)

在我是一種驚異和悲哀。(魯迅風筝)

而且他對於我,漸漸的又幾乎變成一種威壓。(魯迅一件小事)

好順風呀!使我感到一種强烈的快慰。(葉聖陶隔膜)

這是何等可怕的消息,使他周身起一種拘攣的感覺。(葉聖陶飯)

對面一張椅子裏坐着吴少奶奶,説不出的一種幽怨的遐思,深刻在她的眉梢眼角。(茅盾子夜)

他感到疲乏,可是很痛快的,值得驕傲的,一種疲乏,如同騎着名馬跑了幾十裏那樣。(老舍駱駝祥子)

這對他不僅是個經驗,而也是一種什麽形容不出來的擾亂,使他不知如何是好。(同上)

這種無定冠詞性的"一個"和"一種",對漢語語法的發展起了很大的作用。它不但能憑造句的力量使動詞、形容詞在句中的職務(主語、賓語)更爲明確("一個後悔又兜頭撲上他的全心靈","在我是一種驚異和悲哀","使我感到一種强烈的快慰"),更重要的是,在很長的修飾語前面放一個"一個"或"一種",使對話人或讀者預先感覺到後面跟着的是一個名詞性詞組(魯迅《傷逝》:"給我一個難堪的惡毒的冷嘲",老舍《駱駝祥子》:"一種明知不妥,而很願試試的大膽和迷惑緊緊的捉住了他的心。")。這樣就大大地增加了語言的明確性。

(二)新興的使成式

"五四"以後,使成式起了相當大的變化,這就是外動詞帶形容詞的使成式大量增加。外動詞帶形容詞的使成式雖然在漢代就産生了,但是一直到近代漢語裏,它還是用得不多。"五四"以後,漢語受西洋語言的影響,這種結構逐漸占了優勢。因爲西洋語言有許多動詞(或行爲名詞)是來自形容詞的,而這種來自形容詞的動詞(或行爲名詞),拿我們使成式的結構來翻譯,最爲適當。例如:

增强	strengthen	擴大	widen
延長	lengthen	縮短	shorten

革新	innovation	改正	correction
闡明	clarify	加快	quicken
加寬	broaden	加固	reinforce
加熱	heating	加深	deepen
加劇	aggravate	減輕	lighten
減弱	weaken		

此外當然也增加了一些外動詞加内動詞的使成式,如“改進”、“增進”等;也利用了一些舊形式而賦予新的意義,如“展開”、“打開”等。

在現代漢語裏,有些使成式逐漸單詞化了。例如“推翻”、“擴大”、“改善”、“革新”等。由於它們的背景是西洋語言的單詞,同時由於它們不能被“不”字或“得”字隔開,它們就逐漸喪失其爲使成式,而成了一個僅僅是用使成式的結構形式搆成的新詞。

(三)新興的被動式

從古代到近代,漢語的被動式一般只限於指稱不幸或不愉快的事情。“五四”以後,漢語受西洋語言的影響,被動式的範圍擴大了。這就是説,不再限於不幸或不愉快的事情。例如:

二十來歲的,他已經很大很高,雖然肢體還没有被歲月鑄成一定的格局,可是已經象個成人了。(老舍駱駝祥子)

金桂被村裏選成勞動英雄,又選成婦聯會主席,李成又被上級提昇到區上工作。(趙樹理傳家寶)

其實那位青年教師只不過把幾十年以前即被科學所鐵般確定的原理重述一下罷了。(社會發展簡史,1950 年解放社版,第 2 頁)

勞動乃是奴隸的命運。在自由民中間,勞動被認爲是可耻的一回事。(同上,第88頁)

但是,一般説來,這種語法結構只在書面語言上出現。在口語裏,被動式的基本作用仍舊是表示不幸或者不愉快的事情。我們應當注意,在現代普通話的口語裏,被動式一般不用"被"字表示,而是用"叫"、"讓"、"給"等字表示,凡用"叫"、"讓"、"給"等字來表示的被動式,它們的應用範圍仍舊和傳統一樣,並没有擴大。也就是説,它們仍舊表示不幸或者不愉快的事情。例如:

誰知道那孩子又會給狼銜去的呢?(魯迅祝福)

再哭!一家人家都給你哭完了!(葉聖陶一生)

這話偏生又讓我聽見了。(冰心姑母)

好象活人得讓死人管着似的。(老舍黑白李)

稽察長叫反動派給炸了醬。(老舍上任)

由此可見,接受外語語法的影響是有一定限度的。它可以在某種程度上影響到書面語言,但是在口語裏,歷史因素還占着主要的地位。兩千年來的語言習慣,不是一下子可以改變過來的。

(四)新興的聯結法

連詞是漢語所固有的,至於聯結方式,漢語和西洋語言也有不同之點。魯迅説:"老兄,你可知道頭髮是我們中國人的寶貝和冤家。"(《頭髮的故事》)這樣用"和"字就是新興的用法。依照老的説法,我們只能説"頭髮不但是中國人的寶貝,而且是中國人的冤家";或者説"頭髮既是中國人的寶貝,又是中國人的冤家"。一般地説,"五四"以前的判斷句在主語後面不用平行的判斷詞(平行的兩個名詞)。因此,這樣的語法結構是新興的。

當三個以上的人或三件以上的事物聯結在一起的時候,按漢語的老辦法,是先把他們或它們分爲兩類或三類,然後把連詞插入這兩類或三類的中間①。例如:

這裏王夫人和李紈、鳳姐兒、寶釵姊妹等見大夫出去,方從厨後出來。(紅樓夢第四十二回)

鳳姐和李嬸娘、平兒又吃了兩杯酒。(同上,第五十四回)

難爲你孝順老太太、太太和我。(同上,第四十四回)

薛蟠、賈珍、賈璉、賈蓉並幾個近族都來了。(同上,第四十七回)

薛姨媽和寶釵、香菱並兩個年老的嬷嬷連日打點行裝。(同上,第四十八回)

“五四”以後,由於西洋語法的影響,漸漸把連詞限定在最後兩個人或兩件事物的中間。例如:

這些幹部、農民、秀才、獄吏、商人和錢糧師爺,就是我的可敬愛的先生。(毛澤東選集,第三卷810頁)

看着他們,再看看自己的喜棚,壽堂,畫着長板坡的掛屏,與三個海碗的席面,他覺得自己確是高出他們一頭。(老舍駱駝祥子)

不大會兒,失去國土,自由與權利。(老舍斷魂槍)

三個以上的動詞(或動賓結構)的聯結,也用同樣的辦法。例如:

只會片面地引用馬克思、恩格斯、列寧、斯大林的個別詞句,不會

① 參看王力《中國現代語法》上册384頁,下册354頁。

運用他們的立場、觀點和方法,來具體地研究中國的現狀和中國的歷史,具體地分析中國革命問題和解決中國革命問題。(毛澤東選集,第三卷817頁)

……才能使大家學會應用馬克思主義的方法去觀察問題,提出問題,分析問題和解決問題。(同上,861頁)

口似乎專爲喫飯喝茶和吸煙預備的。(老舍駱駝祥子)

三個以上的形容詞(或定語)的聯結,仍用這樣的辦法。例如:

現在我所見的故事清楚起來了,美麗,幽雅,有趣,而且分明。(魯迅好的故事)

只是摸摸這涼、滑、硬而發顫的桿子,使他心中少難過一些而已。(老舍斷魂槍)

我覺得在路上時時遇到探索、譏笑、猥褻和輕蔑的眼光。(魯迅傷逝)

他一走出學校,就彷彿進了讎敵的國土,只看見些冷酷譏諷與鄙夷的眼光。(葉聖陶校長)

用"或"字來聯結的時候,按漢語的老辦法,是每一項的前面都加上一個"或"字。例如:

快帶了他去,或打、或殺、或賣,我一概不管。(紅樓夢第七十四回)

現在我們也用不着這麼多的"或"字,因爲依照西洋語法,只在最後兩項中間放一個"或"字就够了。例如:

……又搭上他平日不和他們一塊喝酒,賭錢,下棋或聊天,他的話只能圈在肚子裏,無從往外說。(老舍駱駝祥子)

每人報告着,形容着或吵嚷着自己的事。(同上)

走,得扛着,拉着或推着兵們的東西。(同上)

（五）新興的平行式——共動和共賓

這裏指的是平行的能願動詞共帶一個動詞(共動),以及平行的不同時間的同一動詞共同支配一個賓語(共賓)的情況,分别敍述如下:

(1)平行的能願動詞共帶一個動詞。例如:

倘使插了草標到廟市去出賣,也許能得幾文錢罷,然而我們都不能,也不願這樣做。(魯迅傷逝)

她是來享受,她不能,不肯,也不願,看别人的苦處。(老舍駱駝祥子)

能够而且必須在戰略的防禦戰中采取戰役和戰鬥的進攻戰。(毛澤東選集,第二卷354頁)

但是文藝作品中反映出來的生活卻可以而且應該比普通的實際生活更高,更强烈,更有集中性,更典型,更理想,因此就更帶普遍性。(同上,第三卷883頁)

這個過程可能而且一定會發生許多痛苦,許多磨擦,但是只要大家有決心,這些要求是能够達到的。(同上,899頁)

也可以是兩個相同的能願動詞,只是所用的副詞不同。例如:

就單説三條大活駱駝,也不能,絶不能只值三十五塊大洋!(老舍駱駝祥子)

有時候,可以用一個普通動詞(或動賓結構)和一個能願動詞來造成平行式,共帶一個動詞。例如:

中國幼稚的資産階級還没有來得及也永遠不可能替我們預備關於社會情況的較完備的甚至起碼的材料。(毛澤東選集,第三卷811頁)

他没法,也不會,把自己的話有頭有尾的説給大家聽。(老舍駱駝祥子)

也可以只用一個能願動詞,同時用一個表示時間的副詞,來造成平行式。例如:

你仍然像在特別包厢裏看戲一樣,本身不曾,也不必參加那出戲。(林徽音窗子以外)

西洋語言裏常有兩個助動詞共帶一個動詞的結構形式,現代漢語在一定程度吸收了這種形式。

(2) 在西洋語言裏,動詞有時態的變化。漢語裏没有這種變化。我們當然不能説這是漢語的缺點,在許多情況下,動詞不表示時間是完全可以的。但是,在另一些情況下,動詞表示時間也的確有它的好處。在漢語裏,我們雖不能用形態變化來表示時間,但是我們可以用一些詞尾或副詞(或副詞性結構)來表示時間。例如:

現在,受過或正在受着殖民主義灾害的國家和人民愈益認識到……(劉少奇中國共産黨中央委員會向第八次全國代表大會的政治報告)

發展我國教育的目的,現在是、將來也是服務於社會主義的生産建設。(胡耀邦中國新民主主義青年團第二屆中央委員會向第三次全國代表大會的報告)

兩個以上的動詞共同支配一個賓語(共賓)的結構在先秦已經有了,但是這種結構在後代並没有得到發展,而且很少應用。"五四"以後,這種結構又漸漸普遍應用起來了。例如:

使犧牲者直到被吃的時候爲止,還是一味佩服讚嘆它們。(魯迅狗、猫、鼠)

透進並逗留一些乳白的光。(老舍駱駝祥子)

每人報告着形容着或吵嚷着自己的事。(同上)

有些同志,在過去,是相當地或是嚴重地輕視了和忽視了普及。(毛澤東選集第三卷 881 頁)

觀察、體驗、研究、分析一切人,一切階級,一切羣衆,一切生動的生活形式和鬥争形式,一切文學和藝術的原始材料,然後才有可能進入創作過程。(同上,883 頁)

有時候,兩個動詞也可以有各自狀語,這是漢語原來所没有的結構形式。例如:

每個領道者都必須善於耐心地聽取和從容地考慮反對的意見。(劉少奇中國共產黨中央委員會向第八次全國代表大會的政治報告)

從上面的例子中可以看出,現代漢語的共賓結構有一個特點,就是動詞與動詞之間往往用"和"、"或"等來聯結。

(六) 新興的插語法

漢語本來也有過一些插語法①。例如:

好姐姐——不是我説,你又該惱了,——你懂得什麽?懂得也不傳這個舌了。(紅樓夢第二十回)

倒是這個和尚道人,阿彌陀佛,才是救寶玉性命的。(同上,第八十一回)

但是,"五四"以後,有些插語法顯然是和老辦法不同的。老的插語法往往是插進一兩句不相干的話,新的插語法不是這樣。我們隨便拿兩種情況來説:

(1) 附注式的插語。例如:

做工的人,傍午傍晚散了工,每每花四文銅錢,買一碗酒,——這是二十多年前的事,現在每碗要漲到十文,——靠櫃外站着,

① 參看王力《中國現代語法》,下册 278—282 頁。

熱熱的喝了休息。(魯迅孔乙己)

曾經常常,——幾乎是每天,出入於質舖和藥店裏。(魯迅吶喊自序)

五虎棍、開路、太獅少獅……雖然算不了什麽——比起走鏢來——可是到底有幾個機會活動活動,露露臉。(老舍斷魂槍)

恰好有輛剛打好的車——定作而没錢取貨的——跟他所期望的車差不甚多。(老舍駱駝祥子)

忽然一種懷疑——人類普遍的玄秘的懷疑——侵入他的心裏。(葉聖陶一理)

(2) 用"他想"、"他以爲"、"他曉得"、"某某説"等插入一個句子裏,好像把句子隔開爲兩半;或者插在一個複句中間,把分句隔開。例如:

假如他平日交下幾個——他想——像他自己一樣的大漢,再多有個虎妞,他也不怕。(老舍駱駝祥子)

有了自己的車,他以爲,就有了一切。(同上)

虎姑娘一向,他曉得,不這樣打扮。(同上)

"那倒不要緊",賬房先生説:"總有人看的。"(魯迅出關)

(七) 新興的複句——分句位置的變化

"五四"以後,漢語受西洋語言的影響,複句中的分句的位置有了一些變化。

從前漢語的條件式和讓步式,都是從屬分句在前,主要分句在後的。在西洋語言裏,條件式和讓步式的從屬分句前置後置均可。"五四"以後,這種從屬分句也有了後置的可能。例如:

所以什麽謊都可以説,只要説得好聽;做賊,賭錢,都可以做,只要做得好看。(丁西林一只馬蜂)

我可以跑,假如我手中有錢。(老舍月牙兒)

女媧圓睜了眼睛,好容易才省悟到這便是自己先前所做的東西,只是怪模怪樣的已經都用什麽包了身子,有幾個還在臉的下半截長着雪白的毛毛,雖然被海水黏得像一片白楊葉。(魯迅故事新編)

蘭花煙的香味頻頻隨着微風,襲到我官覺上來。……雖然那四個人所坐的地是在我廊下的鐵紗窗以外。(林徽因窗子以外)

在西洋小説裏,在敍述對話的時候,往往先把所説的話寫出,然後指出這話是誰説的,如果所説的話不止一句,往往先把第一句話(或半句)寫在前面,中間指出説話人是誰,其餘的話都放在後面。這一種結構形式在"五四"以後也爲漢語的文學語言所吸收了。例如:

"我是蟲豸,好麽?……"小D説。(魯迅阿Q正傳)

"完了?"趙太爺不覺失聲的説,"那裏會完得這麽快呢?"(同上)

"那麽邵大爺,"年長的農民向我説,因爲水車停了,顯出他的聲音的響亮,"他有一次真是石頭一般地定心,叫人萬萬學不來。……"(葉聖陶曉行)

"根據我過去的經驗,"他搶口回答道,"也只有往多處報呵!"(茅盾《腐蝕》)

有人指出,條件式和讓步式之類的複合句從屬分句後置的情況,古代漢語裏也有,如《左傳閔公二年》:"孝而安民,子其圖之,與其危身以速罪也。"先敍述對話,後指出説話人,這種情況古代漢語裏也有,如韓愈《張中丞傳後敍》:"嵩無子,張籍雲。”①這種論據是不正確的。我們不能從古書堆中找出極其偶然的現象來和現代相當普遍的現象相比。那樣的比較是没有意義的。

① 這是我自己説過的話。見《甲寅週刊》第一捲第三十五號《文話平議》。

第二十六章　句法的嚴密化

句法的嚴密化，和邏輯思維的發展是有密切關係的。所謂嚴密化，是指句子由簡單到復雜的發展。上文我們已經討論過的一些句法現象（如使成式、處置式等）的產生和發展，都是使漢語句法走向嚴密代的重要事實。本章我們打算全面地分析和比較一下歷代的句子結構，着重地來談談這個問題。

甲骨文的句子是非常簡單的。一方面是由於書寫的困難和文體（卜辭）的限制；另一方面也可以説明當時的句子的確也很簡單。金文的句子比較復雜一些，也就是因爲金文所代表的時代比甲骨文晚一些，甚至晚得多。

《尚書》的句子也是很簡單樸素的。例如：

> 夏王率遏衆力，率割夏邑。有衆率怠弗協。曰："時日曷喪？予及汝皆亡！"夏德若玆，今朕必往。爾尚輔予一人，致天之罰。予其大賚汝。爾無不信，朕不食言。"（湯誓）

《周易》比起《尚書》來，除瞭風格不同之外，句子也稍爲復雜了些。例如：

> 豫順以動，故天地如之，而況建侯行師乎？天地以順動，故日月不過，而四時不忒；聖人以順動，則刑罰清而民服。豫之時義大矣哉！（豫卦）

《論語》的文體和《周易》很相近似，句子的結構也差不多[①]。

---

① 郭沫若認爲《周易》是戰國初年的作品（《十批判書》第 2 頁），大約是可信的。

例如：

子曰："若聖與仁，則吾豈敢？抑爲之不厭，誨人不倦，則可謂云爾已矣。"（述而）

比較一下上面三段引文，我們可以看出，在《尚書》裏，複句中的分句與分句之間的關係是用意合法來表現的；而在《周易》、《論語》裏，這種關係是用"故"、"況"、"則"等語法成分（連詞）表示出來的，這樣，句子的結構當然也就比較復雜而嚴密了。

戰國以後，漢語的句法進入了一個新的發展階段。戰國時代的句法比春秋時代的句法復雜多了。所謂簡單和復雜，自然和句子的長短有關。拿《孟子》和《論語》來比，《孟子》的平均字數多得多。但是，簡單和復雜的主要標準不在於句子的長短，而在於句子結構的嚴密程度。有了比較嚴密的結構，然後更適宜於表達比較嚴密的思想。

後代的文人喜歡學《孟子》、《莊子》的文章，其原因之一就是這兩部書的文氣很盛。所謂氣盛就是句子的結構非常緊凑，非把全句念完就没法子停頓下來①。

我們舉出一種典型的例子。試以反詰句爲例。一般地説，在反詰句裏，前面有疑問代詞或疑問副詞，句末有疑問語氣詞。這樣，疑問副詞（或疑問代詞）和疑問語氣詞的中間，如果話長了，就表示語氣緊凑，非一口氣念下去不可。例如：

金重於羽者，豈謂一鉤金與一輿羽之謂哉？（孟子·告子下）

湯使人以幣聘之。囂囂然曰："吾何以湯之聘幣爲哉？我豈若

① 當然邏輯性强也是氣盛的標誌，但邏輯性强也與句子結構的緊凑有關。

處畎畝之中,由是以樂堯舜之道哉?”湯三使往聘之。既而幡然改曰:“與我處畎畝之中,由是以樂堯舜之道,吾豈若使是君爲堯舜之君哉?吾豈若使是民爲堯舜之民哉?吾豈若於吾身親見之哉?”(同上,萬章上)

庸詎知吾所謂知之非不知邪?庸詎知吾所謂不知之非知邪?(莊子·齊物論)

予惡乎知説生之非惑邪?予惡乎知惡死之非弱喪而不知歸者邪?……予惡乎知夫死者不悔其始之蘄生乎?(同上)

彼又惡能憒憒然爲世俗之禮,以觀衆人之耳目哉?(同上,大宗師)

漢魏的散文,基本上是按照戰國時代的句子結構來寫的。六朝駢體文造成了書面語言的桎梏,我們在駢體文中看不出邏輯思維發展的痕迹來。到了唐代,才又是漢語句法嚴密化的另一個新階段。

佛教的傳入中國,對漢語的影響是大的。“聲明”的影響只是在漢語體系的説明上(如等韻之學);“因明”則影響到邏輯思維的發展[1]。唐代是佛教比較成熟的時期,唐代的文人在邏輯思維上或多或少地都受過佛教的影響。

邏輯思維的發展在語言結構形式中的具體表現可以有兩個方面。一方面是把要説的話盡可能概括起來,成爲一個完整的結構。唐代史學家劉知幾批評《公羊傳》的一段話:“郤克眇,季孫行父秃,孫良夫跛,齊使跛者逆跛者,秃者逆秃者,

---

① “聲明”大致等於現代所謂語法(包括語音學);“因明”大致等於現代所謂邏輯。

眇者逆眇者。”他説“齊使”以下可以改爲“各以其類逆”①。姑勿論在修辭上重叠有重叠的妙處,卽以“各以其類逆”這一類高度概括性的敍述而論,也不是在漢魏以前的史料所容易找到的。

下面舉韓愈的文章爲例,來説明唐人能造成高度概括性的句子:

> 視時屋食之貴賤,而上下其圬之傭以償之。(圬者王承福傳)

這樣簡潔的一句話,如果换一個不善於做文章的人來説,可能要説上幾句才能達意。而事實上,這是把許多不同的情況加以概括的結果。

邏輯思維的發展表現在語言結構形式中的另一方面就是:化零爲整,使許多零星的小句結合成爲一個大句,使以前那種藕斷絲連的語句變爲一個有機聯繫的整體。這樣,句子雖然長了,但是語言不是變爲拖沓,而是更簡潔了,而且脈絡分明,更有條理了。下面我們還是引韓愈的文章爲例子:

> 官以諫爲名,誠宜有以奉其職,使四方後代知朝廷有直言骨鯁之臣,天子有不僭賞從諫如流之美,庶巖穴之士聞而慕之,束帶結發,願進於闕下而伸其辭説,致吾君於堯舜,熙鴻號於無窮也。(争臣論)

這是一個相當復雜的句子。主要的骨幹是一句按斷句(“官以諫爲名,誠宜有以奉其職”)。其餘部分是表示目的的從屬句,但是從屬之中有從屬。“庶”字以下是説明“使”字以下所述行爲的目的的,“致”字以下又是説明“庶”字以下所述行爲

① 劉知幾《史通》卷六,敍事篇。

的目的的。此外還有平行結構,有謂語形式狀語("束帶結發"),就更形成了句子的復雜性。但是,整個句子的結構還是嚴密的。

從唐代到鴉片戰爭以前,漢語句子結構的嚴密性没有顯著的變化。鴉片戰爭以後,"五四"以前,也不過有一些政治性的文章(如梁啓超、孫中山的著作)在某種程度上接近西洋句子的結構,這種變化是微不足道的。

*　　*　　*

"五四"以後,漢語的句子結構,在嚴密化這一點上起了很大的變化。基本的要求是:主謂分明,脈絡清楚,每一個詞,每一個詞組、每一個謂語形式、每一個句子形式在句中的職務和作用,都經得起分析。這樣,也就要求主語盡可能不要省略,聯結詞(以及類似聯結詞的動詞和副詞)不要省略,等等。古代漢語不是没有邏輯性,而是有些地方的邏輯關係可以意會而不可以言傳。現在我們寫文章不能像古人那樣,我們要求在語句的結構形式上嚴格地表現語言的邏輯性。

所謂句子結構的嚴密化,一方面是上面所説的,要求每一個句子成分各得其所,另一方面還要求語言簡練,涵義精密細緻,無懈可擊。這兩方面的關係也是很密切的。要求簡練就是使語言更經濟;要求涵義精密細緻,自然使句子加長了些,但是故意拖長的。

下面我們將分析六種情況來討論現代漢語的句子是怎樣嚴密化了的。

(一) 定語。——上古漢語的定語總是比較短的。唐代以後,雖然有了一些比較長的定語,但是,比起現代漢語來,無

論在長度上,在應用的數量上,都遠遠超過古人。在定語的結構上(如結構的復雜性),也往往有所不同。例如:

救治像我父親似的被誤的病人的疾苦。(魯迅《吶喊》自序)

至於自己,卻也並不願將自以爲苦的寂寞,再來傳染給也如我那年青時候似的正做着好夢的青年。(同上)

這是我們交際了半年,又談起她在這裏的胞叔和在家的父親時,她默想了一會之後,分明地、堅決地、沉静地説出的話。

也没有一般洋車夫的可以原諒而不便傚法的惡習。(老舍駱駝祥子)

常常聽到一些同志在不能勇敢接受工作任務時説出來的一句話。(毛澤東選集第一捲 278 頁)

長定語的作用是把一些在一般口語裏可能分爲幾句的話,改變組織方式,作爲一句話説了出來,這樣在句子結構上就顯得緊凑[①]。

(二) 行爲名詞。——行爲名詞的應用,是化零爲整最有效的手段之一。本來,行爲用動詞表示,動詞的一般用途是用作謂語的中心詞(述詞),這是漢語的語法傳統。但是,如果這樣,就往往一個行爲用一個敍述句,語言就不够經濟了。行爲名詞的應用,可以産生簡潔的效果。這裏所謂行爲名詞,就是動詞用作主賓語。例如:

十年内戰時期的經驗,是現在抗日時期的最好的和最切近的參考。(毛澤東選集,第三卷 812 頁)

國民黨政府所采取的對日消極作戰的政策和對内積極摧殘人民

① 我們這樣説,並不是鼓勵長句,反對短句。句子的長短所表現出來的優點和缺點,要從文體來決定,也要從其所起的作用來決定。

的反動政策，招致了戰爭的挫折，大部國土的淪陷，財政經濟的危機，人民的被壓迫，人民生活的痛苦，民族團結的破壞。（同上，1056 頁）

毫無疑問，社會主義國家的存在，社會主義國家對於民族獨立運動的同情和支持，大大地便利了這一運動的發展和勝利。（劉少奇中國共産黨中央委員會向第八次全國代表大會的政治報告）

應該改善對知識分子的使用。（中國共産黨第八次全國代表大會關於發展國民經濟的第二個五年計劃的決議）

當然，行爲名詞的應用，有時候也和作家的風格有關。不過，從句法的嚴密化來看，行爲名詞的巨大作用是應該加以肯定的。

（三）範圍和程度。——古人説話，往往不能精確地估計到一個判斷所能適用的範圍和程度。古人所謂“不以辭害意”，就是希望對話人或讀者能瞭解所下的判斷也容許有些例外。但是，今天我們要求語言的表達具有科學性，就不能再用“不以辭害意”爲自己辯護，而是要辭意相稱，并且在某些情況下要做到“説話有分寸”。因此，在句子裏面表示某一判斷（或某一敍述、某一描寫），是加强語言的明確性的必要手段。例如：

北京的冬天，地上還有積雪，灰黑色的禿樹枝枒叉於晴朗天空中，而遠處有一二風箏浮動，在我是一種驚異和悲哀。（魯迅風箏）

只會片面地引用馬克思、恩格斯、列寧、斯大林的個別詞句，而不會運用他們的立場、觀點和方法。（毛澤東選集，第三卷 817 頁）

在第一個五年計劃期間,我們一般地還不能够自己製造重型的和精密的機器。(劉少奇中國共産黨中央委員會向第八次全國代表大會的政治報告)

對一部分手工業可以逐步地實行機械化或者半機械化。(中國共産黨第八次全國代表大會關於發展國民經濟的第二個五年計劃的建議)

(以上是指出範圍。)

在一定程度上參加了新民主主義革命。(劉少奇中國共産黨中央委員會向第八次全國代表大會的政治報告)

全國資本主義工業已經基本上實現了全行業的公私合營。(同上)

直到現在,他們仍然是我國具有比較豐富的文化知識,擁有比較多的知識分子和專家的一個階級。(同上)

凡是社會所需要和原料供應充足的輕工業,更應該充分發揮原有設備的生産潛力,并且應該適當地提高輕工業的投資比重。(同上)

(以上是指出程度)

(四)時間。——古代漢語並不是沒有時間的表示;但是,現在我們的時間觀念更强,常常考慮到一件事的時間因素,所以在現代漢語裏,時間的表示更爲常見。例如:

兩年以來,特別是從一九三三年上半年起,因爲我們開始注意,因爲羣衆生産合作的逐漸發展,許多手工業和個別的工業現在是在開始走向恢復。(毛澤東選集,第一捲 127 頁)

在全行業公私合營以後,贖買的形式采取定息的制度,即在一定時期内,由國家經過專業公司支付資本家一定的利息。(劉少奇中國共産黨中央委員會向第八次全國代表大會的政治報告)

國民經濟的技術改造，在第二個五年計劃内必須首先集中在重工業特别是機器製造工業和冶金工業方面。（同上）

在兩千多年前，漢語就用“將”字表示將來（論語・陽貨：“吾將仕矣”；孟子・公孫醜上：“今人乍見孺子將入於井”）；但是，到了近代口語裏，反而缺乏純粹表示將來的副詞（“要”、“就要”、“快要”等都不是純粹表示將來的），現在我們爲了把時間觀念表示得更明確，仍沿用古代的“將”字。例如：

關於這個建議，周恩來同志將代表黨中央委員會作專門的報告。（劉少奇中國共産黨中央委員會向第八次全國代表大會的政治報告）

糧食、棉布和其他重要消費品如食油、食糖、煤油、煤炭等的供應，都將有所增長。（同上）

（五）條件。——條件的表示，是表示事物的關係。人們考慮一件事的可能性的時候，必然同時考慮到這件事所依賴的條件。因此，當我們陳説一件事的時候，就往往把這個或這些條件同時説了出來。這裏説的不是條件式（conditional mood），而是某些狀語結構。例如：

至於遠距離的分兵，則要在好一點的環境和比較健全的領道機關兩個條件之下才有可能。（毛澤東選集，第一捲 108 頁）

八路軍、新四軍及其他人民軍隊，應在一切可能條件下，對於一切不願投降的侵略者及其走狗實行廣泛的進攻。（同上，第三卷 1143 頁）

他們在一定條件下願意參加反對帝國主義、反對國民黨反動統治的鬥争。（劉少奇中國共産黨中央委員會向第八次全國代表大會的政治報告）

同時各地區應該根據當地的需要和可能修建地方性的簡易公路,大車路和其他道路。(中國共産黨第八次全國代表大會關於發展濟國經的第二個五年計劃的建議)

有時候,時間和條件是互相關連着的。像下面的一個例子,表面上是時間修飾,實際上是條件限制:

在優先發展重工業的同時,應該在農業發展的基礎上,適當地加速輕工業的建設。(中國共産黨第八次全國代表大會關於發展國民經濟的第二個五年計劃的建議)

(六)特指。——特指也是語言的一種細緻的表現方法。它在指出某一事物的共同情況的同時,還指出這一事物當中的某一小類最適合於這種情況。例如:

中國共産黨是在復雜的環境中工作,每個黨員,特別是幹部,必須鍛煉自己,成爲懂得馬克思主義策略的戰士,片面地簡單地看問題,是無法使革命勝利的。(毛澤東選集,第三卷813頁)

這一些偉大的歷史變化,是同帝國主義的,特別是美帝國主義的願望背道而馳的。(劉少奇中國共産黨中央委員會向第八次全國代表大會的政治報告)

某些行業還應該適當分散,并且容許一部分手工業者,特別是特種手工藝品的生産者繼續獨立經營。(中國共産黨第八次全國代表大會關於國民經濟第二個五年計劃的建議)

上面這六種情況,只是舉例的性質。事實上,鴉片戰争以後,特別是"五四"以後,漢語句子結構的嚴密化,要比上面所説的六種情況復雜得多。

應該指出,現代漢語句子結構的嚴密化,並非單純地由於西洋語言的影響。整個人類的邏輯思維都是發展的。有了現代的思想,必然要用現代的語言來表達;除非思想回到古代的樸素狀態,否則不可能回到古代的語言,也不可能停留在幾十年前的狀況。在幾百年前,西洋語言的句子結構也没有像今天這樣嚴密。因此,如果説没有西洋語言的影響,今天漢語會産生另一些新的結構,那是不錯的;如果説没有西洋語言的影響,漢語的句子結構就不會像今天這樣嚴密,那就不對了。

*　*　*

末了,我們談一談關於漢語語法發展的一些結論,及其今後發展的基本趨向。

在語言的三要素(語音、語法、詞彙)中,語法是比較富於穩定性的。但是,由於漢語有三千多年的史料,從這麼豐富的史料中,我們還是有可能看出,漢語語法的變化是比較顯著的。像係詞、被動式、使成式、處置式的産生及其發展,像名詞詞尾、動詞情貌、形容詞詞尾的産生及其發展,像代詞、單位詞的發展,語氣詞的交替等等,都是漢語語法史上的重大事件。最值得注意的是"五四"以後語法發展的速度。現代漢語曾經接受和正在接受西洋語言的巨大影響,這種影響包括語法在内,這是不能否認的事實。但是直到現在爲止,事實證明,漢語是按照自己的内部發展規律來接受這種影響的。外因通過内因而起作用,這也是不能否認的事實。

今後漢語語法發展的基本趨向主要是兩個方面:(一)在構詞法上,今後創造的新詞絶大多數將是雙音詞,雙音詞對單音詞的比重將逐年增加。將來改用拼音文字以後,吸收外語時將會有許多地方直接采用原文(例如英文),一個詞可達三個音節以上。(二)在句法上,將來的句子結構會更加嚴密化,邏輯和語法將要結合得更緊,使句子經得起分析。現在句法謹嚴的文章還不多。將來國家注重語言教育,可以做到一般書報上的文章在句法上都没有毛病。這樣發展,是向健康的道路上發展。